W0295117

CHALOM, JÉSUS !

DU MÊME AUTEUR

Ils sont fous ces Juifs,
essai, Albin Michel, 1993

Orthodox Street,
roman, Ramsay, 1998

Jacquot Grunewald

CHALOM, JÉSUS !

Lettre d'un rabbin d'aujourd'hui au rabbi de Nazareth

Albin Michel

Albin Michel
▪ *Spiritualités* ▪

Collections dirigées
par Jean Mouttapa et Marc de Smedt

© Editions Albin Michel S.A., 2000
22, rue Huyghens, 75014 Paris

www.albin-michel.fr

ISBN 2-226-11508-0
ISSN 0755-172X

À Henri.
Il avait 14 ans.

En hommage à nos parents.

Dans la longue histoire d'Israël, le premier « séder* » dont on connaît les participants, c'est le tien, rabbi ! Encore que ce terme dont les Juifs n'ont usé qu'après le XIe siècle pour désigner la veillée pascale est un peu anachronique. Comme l'est ton nom, Jésus ! À Jérusalem, on disait « Yéchou », ou « Yehochoua ». Mais quand, à l'instar des multitudes qui t'adressent leurs prières, je me tourne vers toi, j'en appelle à ce personnage qui, par l'entremise de la Bible grecque, reçut un nom nouveau. Changer de nom, c'est naître à une mission. Quand commença celle d'Abram, il fut appelé Abraham, et Jacob sera nommé Israël.

Dans la Hagada — le récit que depuis des dizaines de générations nous faisons le soir de la Pâque —, le premier *séder* est celui de Bné Brak, pas très loin, sans doute, du vaste faubourg de Tel-Aviv qui a repris ce nom. Il réunit Rabbi Éliézer, Rabbi Yehochoua, ton homonyme, Rabbi Él'azar ben 'Azaria, Rabbi Akiba et Rabbi Tarfon. Ils ont vécu plusieurs décennies après toi. Mais tout laisse à penser qu'à l'exception de l'agneau ou du chevreau qu'on ne devait plus manger depuis que le Temple était détruit, la veillée que les chrétiens appellent la « Cène » s'est déroulée de la même

* Voir lexique en fin d'ouvrage.

manière. Comme notre *séder* : l'essentiel du cérémonial qui nous est familier, à nous, juifs d'aujourd'hui, était déjà intégré aux agapes que tu célébrais.

Oh, je le sais bien : le *séder* de Jérusalem dont parlent les Évangiles et que tu as dirigé, il y a mille neuf cent et soixante-dix années, fut tragique ; il évoque si peu les souvenirs merveilleux que nous gardons de ces nuits de Pessa'h où, communiant avec l'Histoire et l'espoir, nous croyons entendre, de l'autre côté de la porte entrouverte, le craquement mystérieux des pas du Messie qui approche...

Mais ton destin ne fut pas exceptionnel, rabbi. Les maîtres réunis à Bné Brak étaient recherchés par l'occupant romain. C'est cachés au fond d'une caverne qu'ils ont commémoré la libération d'Égypte. Rabbi Akiba sera pris, torturé, mis à mort. Pour lui aussi, ce *séder*-là, le *séder* de Bné Brak, annonçait le martyre [1].

En fait, depuis que Dieu la divulgua à Abram [2], Pessa'h a dessiné l'épopée dramatique d'Israël — de ton peuple, rabbi. Jusqu'en ces terribles années de la Choa, la Pâque fut au cœur de notre martyre. Et dans le ghetto de Varsovie insurgé, les troupes du général Stroop donneront l'assaut quelques heures avant que ne commence la veillée de Pessa'h, en 1943. Les herbes amères qu'on place sur la table du *séder* furent, pendant d'interminables siècles, la nourriture ordinaire des Juifs.

En cette semaine de Pessa'h, rabbi, parcourant la terre que tes pieds ont foulée, l'envie m'a pris de t'écrire. De t'écrire personnellement — je préférais m'adresser à toi plutôt qu'à tes saints, ou à ceux que ton Église a reconnus comme tels. De t'écrire en toute sincérité, j'allais dire d'homme à homme, puisque c'est ainsi que je te comprends et t'accepte parmi les miens. Ce fut une envie irrépressible et parfois douloureuse — de ce douloureux bonheur que l'on ressent lorsque des retrouvailles familiales mettent fin à des années de silences, de blessures et de discordes. Il *fallait* que tu m'entendes, et la page blanche était le meilleur espace pour ce faire. Puisses-tu vraiment m'entendre ! afin que nous comprenions ensemble pourquoi nous ne nous sommes pas compris.

Et si j'ai mêlé mes interpellations aux réflexions de mon propre journal, c'est peut-être, étrange rabbi, que nous ne sommes pas si étrangers que cela...

1

Pessa'h à Jérusalem

20 nissân — 5e jour de Pessa'h
Jeudi 16 avril 1998

Nissân, « mois du printemps ». Ainsi dit la Bible. Mais, en Orient, le printemps est débridé, c'est l'époque des grands écarts de température. Il y a peu, les filets de givre couvraient encore les jardins au réveil ; en ce cinquième matin de Pessa'h (*Pasqha* en araméen, repris tel quel dans la Bible grecque, d'où la Pâque des juifs et les Pâques des chrétiens), le hamsine qui souffle du désert fait de Jérusalem une forge ardente. Béni soit l'ouest quand le Mur « occidental », l'antique enceinte du Temple, vous protège du soleil !

Ils sont des milliers à se serrer contre le Mur. Sur les dalles de granit clair, 'hassidim en caftan, Yéménites en simarre de toile grise, Éthiopiens enturbannés se mêlent à la foule anonyme. Partout des toges blanches et zébrées — le *talith* aux franges rituelles — recouvrent les hommes en prière. Tout devant, les auréoles de fourrure sont les plus nombreuses. Autour de moi, c'est le borsalino qui domine. Mais au pied du Mur, un borsalino ne fait pas le Latin. Pas plus que l'ouest ne fait l'Occident. Qui eut l'idée saugrenue d'appeler ce Mur « occidental », quand tant de visages rappellent ici l'Europe de l'Est et les cultures d'Orient ?

Enfant, j'admirais, sur le rituel des fêtes, les eaux-fortes représentant les grandes synagogues de Paris. Celles de la rue Buffault ou de la Victoire. Les messieurs distingués en haut-de-forme, le « châle de prière » — on disait comme ça — posé sur les épaules comme une écharpe de soie qui pare un habit de soirée. On devinait leurs pas feutrés ; le silence dans la nef où seuls l'officiant et le chœur élevaient leurs voix. Le Mur, c'est autre chose. Ici les clameurs s'allient à la ferveur, c'est le peuple chaleureux, remuant, sûr de ses vérités toutes simples. Ainsi devait être la foule à l'époque du Temple, quand elle se rendait à Jérusalem pour les pèlerinages.

On venait festoyer trois fois par an[1] « en ce lieu que L'Éternel allait choisir ». À Pessa'h, au « mois du printemps » ; puis cinquante jours plus tard, donc à la Pentecôte que la Tora appelle Chavouot, *Semaines* (sept *Semaines* après Pessa'h) ; et enfin à Soucot, fête des *Cabanes*, « la » fête, quand l'automne commençait. On venait à Jérusalem pour y consommer les récoltes de la seconde dîme, boire le vin nouveau, immoler au Temple les animaux prescrits, écouter la Tora et les rabbis qui la commentaient... « Dévotion itinérante[2] », le pèlerinage chrétien évoque plutôt la prière et la repentance. La Tora, elle, prescrit à ses fidèles d'être « joyeux, seulement joyeux ».

Combien étaient-ils chaque année à Pessa'h, rassemblés dans la Ville sainte, les Juifs de Judée et de Galilée, d'Égypte et de Babel, de Syrie et du pourtour méditerranéen ? Trente mille, ou cent fois plus ? Les chiffres donnés par le Talmud et l'historien Flavius Josèphe, établis d'après le nombre d'agneaux immolés[3] — ou encore par Philon d'Alexandrie —, laissent supposer une foule nombreuse, peut-être trop nombreuse pour s'accorder avec les données topographiques et le délai imparti à l'abattage des animaux. Pour accéder aux portes qui conduisaient à la montagne du Temple, elle se pressait contre la muraille, comme les fidèles, aujourd'hui, devant le Mur.

Déjà la bande d'ombre se rétrécit, mais chacun a assez de place pour prier. À l'époque du Temple aussi, « lorsqu'on y montait pour les fêtes de pèlerinage, on était debout et serré, à l'aise cependant pour se prosterner », rapporte le Talmud [4]. Soudain un appel retentit en un long cri, relayé par les haut-parleurs : « Cohanim ! » Partout, le silence se pose. Au-dessus des hommes en prière, un pigeon hésite, retient son vol, avant de se lover dans l'interstice qu'une pierre en retrait ouvre dans le Mur. Les *Cohanim*, ce sont les descendants des servants qui, il y a près de vingt siècles, officiaient au Temple. Membres de l'antique tribu de Lévi qui a cessé d'exister comme entité organisée, ils sont chargés, aujourd'hui encore, de prononcer quinze mots, répartis en trois courtes phrases. Il leur faut « mettre mon Nom sur les Enfants d'Israël ». Quant à ces derniers, continue Dieu, « c'est moi qui les bénirai [5] ». Le *talith*, dont ils se couvrent la tête et qu'ils soutiennent de leurs bras tendus, transforme les *Cohanim* en d'étranges apiculteurs. Ils tournent leur visage de la gauche vers la droite ; de la droite vers la gauche... Face à la foule, ils prononcent, en les modulant, les trois séquences de la bénédiction.

Tu as connu leurs pères, rabbi, puisque à ton époque les *Cohanim* servaient au Temple. Tu les as vus et tu as fait silence, toi aussi, lorsqu'ils officiaient de l'autre côté du Mur, là-haut, sur l'emplacement qu'occupe en partie le Dôme du Rocher avec sa coupole d'or. Ils se plaçaient alors en arc de cercle, sur les escaliers séparant la cour qui leur était réservée de celle des fidèles, et ils prononçaient la formule prescrite. Mais leur geste était différent de ceux d'aujourd'hui. Sur la montagne du Temple, il y a deux mille ans, les *Cohanim* élevaient les bras à la verticale [6], comme pour toucher le ciel. Le Ciel !

À ton époque, rabbi, plusieurs portes permettaient d'accéder au mont du Temple. Dans la muraille ouest, il y avait quatre ouvertures. On accédait à la dernière par un vaste escalier de près de quatorze mètres de large qui, enjambant la rue, reliait la montagne du Temple à la « ville haute », les quartiers arménien et juif de la vieille ville, aujourd'hui. Tout à droite, dans le prolongement du Mur, l'enceinte garde encore les traces du cintre ainsi que du soubassement de cet escalier, où les gens se croisaient, se saluaient, se retrouvaient. Ses plates-formes servaient de forum improvisé. La foule était joyeuse, sûre du soutien divin. On y racontait les hauts faits des rabbis, les tiens aussi sûrement, les miracles de personnages extravagants comme toi qui, bien des témoins en juraient, étaient des prophètes inspirés par l'Esprit saint, comme l'avaient été, des siècles plus tôt, Élie ou Élisée. Certains d'entre eux adoptaient l'allure et les habits de leurs illustres prédécesseurs : une longue barbe, un pagne pour couvrir les reins et une pelisse qui les protégeait des nuits froides du désert. Mais les avis sur leur compte étaient partagés : ce ne sont que des devins, affirmaient certains, ils usent des sortilèges venus d'Égypte ou de Mésopotamie ! On parlait aussi des hommes du désert vivant en communautés mystérieuses, près de la mer Morte, à Ein Guédi ou du côté de Massada, et qui, pour se purifier, se plongeaient chaque matin, et avant de manger, dans les bains rituels qu'ils avaient aménagés — ton ami Jean le Baptiste les avait-il fréquentés, qui proposait aux foules un bain de purification dans le Jourdain ? Ou bien avait-il repris une tradition d'Élisée qui, par un « baptême » avant la lettre, avait guéri Na'aman[7], le général syrien, atteint de la lèpre ?

Autour de toi, dans cette foule grouillante et bavarde, on se répétait les certitudes qu'en ces jours difficiles l'espoir chevillait au cœur : le Messie, l'élu de Dieu, prince et rejeton de David, délivrera Israël de l'occupant romain, ramènera les exilés en Terre promise. Certains murmuraient qu'il fera plus encore. Que le Messie vaincra le péché et la mort... que la terre entière deviendra le Jardin merveilleux dont Adam et Ève avaient été chassés. Et toi, qu'en disais-tu au juste ?

Que leur répondais-tu ? Car les pèlerins avaient bien des questions à poser aux rabbis comme toi [8]. Dans les villages ou les villes qu'ils habitaient, ils étaient coupés de l'eau vive de la Tora. Certes, en Babylonie, il y avait des maîtres et même des académies où l'on enseignait la Tora. Pas seulement la Tora écrite que les scribes recopiaient sur les saints rouleaux — cette Tora sacrée dont tu ne voulais pas retrancher un iota, ou plutôt un yod, la plus petite lettre de l'alphabet hébreu. Non, dans ces centres d'études on transmettait aussi les centaines d'enseignements oraux que Moïse apprit au Sinaï, qu'il apprit à Josué, qui les apprit aux Anciens, qui les apprirent aux prophètes, qui les apprirent aux membres de la Grande Assemblée, qui les apprirent aux rabbis... Ainsi commence la Michna Avot, qu'on appelle encore le « Traité des Pères » et dont les premiers dires, peut-être, étaient déjà consignés à ton époque, sur l'une ou l'autre tablette.

Mais en dehors de la Babylonie, dans l'immense Diaspora, il n'y avait pas ou peu de maîtres. Même en Galilée, où habitait une forte population païenne, la situation laissait à désirer. Toi, rabbi, tu en venais ! À juste titre, on devait soupçonner cette « Galilée des Nations » mal famée, coupée de la Judée par la Bande de Samarie qu'il était dangereux de traverser, d'être « contaminée » par l'idolâtrie. Tu as dû avoir du mal à être pris au sérieux par ceux de Jérusalem.

Encore que, là-bas, on savait au moins l'araméen, la langue familière aux peuples d'Asie occidentale, si proche de l'hébreu. D'autres communautés l'avaient oublié depuis longtemps. Pour les Juifs d'Égypte et d'Asie Mineure, on avait traduit la Bible en grec ! C'était quelquefois l'unique texte qui les rattachait à la Tora de Moïse. Mais sans le secours de la Tora orale, comment pouvaient-ils pratiquer ? Quand la Loi autorisait l'égorgement de certains animaux dont la chair pouvait être mangée à condition, stipule le texte, de faire « comme [Dieu] l'a ordonné [9] », qui donc, en

Cyrénaïque ou à Carthage, savait encore ce que L'Éternel avait demandé à ce sujet ? Et que répondre aux mille questions que les *goïm* vous posaient, quand ils ne se moquaient pas de vous — ou quand ils voulaient adhérer à la Tora ? Si bien que le pèlerinage de Jérusalem était bien plus qu'une observance religieuse. Un retour aux sources. Aux sources de la Tora. D'autant que les plus célèbres ou les plus savants parmi les rabbins se trouvaient à Jérusalem. Ils étaient membres — ou ambitionnaient de le devenir — du Grand Sanhédrin [10] qui siégeait sur la montagne du Temple. Les pèlerins cherchaient à les saluer, à les interroger. Certes, les grandes écoles n'étaient pas ouvertes aux premiers venus mais, pour le moins, tout le monde se croisait sur la montagne sainte.

Quelquefois, les maîtres allaient à la rencontre des fidèles. C'est « sur un escalier du Temple », raconte le Talmud, que Rabban Gamliel l'Ancien avait écrit les fameuses lettres [11] dont les vieux livres ont conservé l'exacte teneur. « À nos frères de Haute-Galilée et à nos frères de Basse-Galilée », dictait le président du Sanhédrin à son scribe Yo'hanan... « À nos frères du Sud », continuait-il. Il expliquait aux uns et aux autres qu'en cette année du cycle sabbatique, le temps était venu de détruire les restes de la seconde dîme. « À nos frères exilés en Babylonie, à nos frères de Médie et à tous les autres exilés d'Israël. Puissiez-vous être comblés par la paix ! Nous vous informons que les pigeonneaux étant frêles, les agneaux maigres et la récolte printanière en retard, il m'a semblé bon, ainsi qu'à mes collègues, d'ajouter trente jours à l'année en cours », exposait-il dans une troisième lettre. Dépêchées dans toute la Diaspora, ces missives faisaient savoir que les festivités de la prochaine Pâque, ainsi que le pèlerinage, commenceraient un mois plus tard que prévu.

C'est bien de Sion— Isaïe l'avait annoncé ! — que se propageait la Tora !

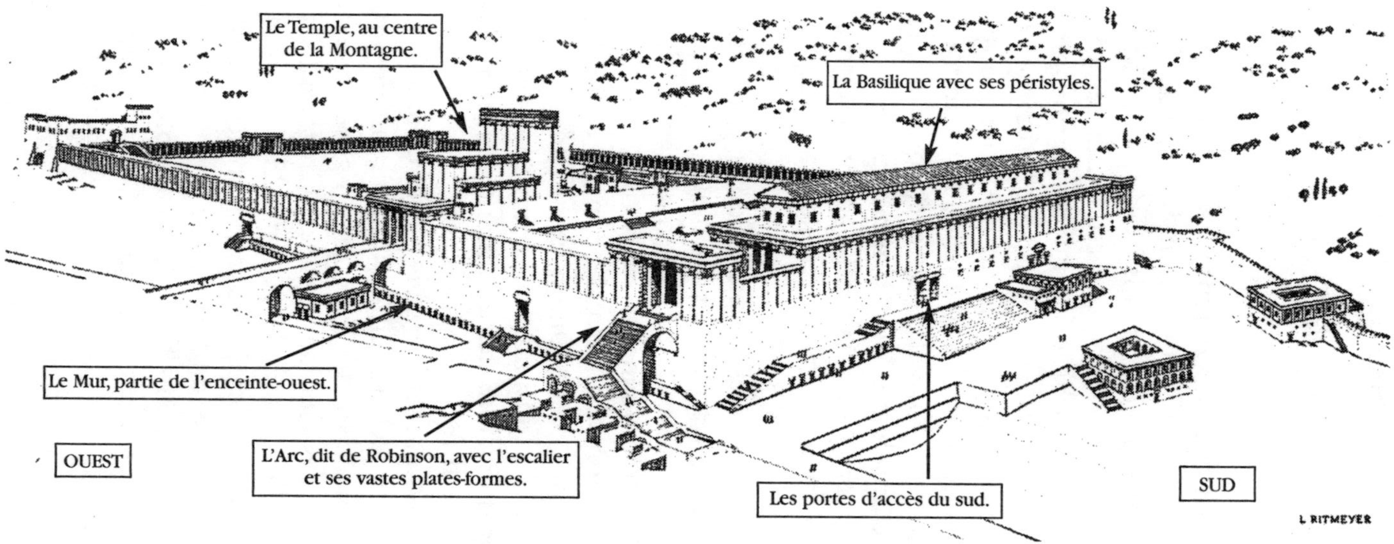

La montagne du Temple à l'époque de Jésus

© Ritmeyer Archaeological Design

6e jour de Pessa'h — veille de Chabat
Vendredi 17 avril

Des milliers de familles « montent » à Jérusalem, pendant la semaine de Pessa'h, plus ou moins chômée en Israël. *Remake* des pèlerinages d'autrefois ? Grâce à Flavius Josèphe, la topographie de l'ancienne cité est familière aux pèlerins de notre temps. Par cet historien juif au patriotisme discutable, on connaît la Jérusalem de l'époque finissante du second Temple. Le témoignage de Philon d'Alexandrie qui vivait, lui, au temps de Jésus et ceux d'auteurs latins sont également précieux. L'histoire d'Israël à cette époque, on la devine encore à la lecture de plusieurs manuscrits de la mer Morte et de textes apocryphes. Mais on l'apprend surtout par le Talmud, rédigé bien plus tard... et par les Évangiles.

Mélange détonant, n'est-ce pas ? Pour toi, rabbi, dont les paroles sont consignées dans les Évangiles, mais dont certaines sont très semblables, si ce n'est franchement identiques, à des sentences traditionnelles transcrites dans le Talmud, une telle association n'aurait pas dérangé. Mais pour nous, Juifs d'aujourd'hui, cette union étroite des deux corpus parmi les matériaux qui nous font connaître la Jérusalem du Ier siècle a quelque chose de perturbant. Au nom des Évangiles n'a-t-on pas brûlé le Talmud ?

Comprends-nous, rabbi, et vois plutôt ce que les tiens, ou plutôt ceux qui se réclamaient de toi, ont fait de notre texte fondateur. Jusqu'au XIIe siècle, « ton » Église ne connaissait du Talmud que des citations éparses. Grégoire IX n'en sut pas beaucoup plus quand, le 9 juin 1239, il ordonna aux évêques et aux souverains de France, d'Angleterre, d'Aragon, de Navarre, de Castille, du Léon et du Portugal d'ouvrir une enquête sur ce livre dont Pierre le Vénérable avait révélé le nom quelques décennies plus tôt. C'est, affirmait-il, un ouvrage secret ! En attendant, le pape ordonna qu'au cours de l'office du chabat 3 mars 1240, on saisisse dans les synagogues, qui servaient aussi de maisons d'étude et de bibliothèques, livres et écrits. Il fut obéi, notamment par Saint Louis, « le plus doux de nos rois[12] », qui, le 6 juin 1242, avant même de connaître l'avis du Saint-Siège sur la question, fit brûler en place de Grève vingt-quatre charretées chargées de manuscrits hébraïques. Innocent IV s'empressa de renouveler les interdits de son prédécesseur en 1244 ; il fut imité par ses successeurs en 1267, 1285, 1320... On brûlait le Talmud avec constance. Il brûlait toujours au XVIIIe siècle[13].

Il est vrai, rabbi, que, de leur côté, les Juifs n'ont accepté ni les Évangiles ni les autres livres qui forment ce que les chrétiens appellent le Nouveau Testament, c'est-à-dire la Nouvelle Alliance[14]. Et mis à part les textes polémiques, on ne trouvait que rarement, dans les écrits rabbiniques classiques, des références au Nouveau Testament. S'il arrivait aux livres d'histoire juive de puiser dans les Évangiles, s'il en allait de même des encyclopédies et des travaux universitaires, l'âme d'Israël et sa culture répugnaient à les évoquer. Même dans ton propre pays, rabbi, et dans une université comme Bar Ilan, pluraliste quoi qu'on en dise, un professeur de philosophie fut congédié, dans les années soixante-dix, pour avoir fait référence aux Évangiles[15] ! Alors, entre les chrétiens et nous, y a-t-il égalité des intolérances ? Un point partout... ou zéro à zéro ?

Non, tu le sais bien, rabbi, l'équation est faussée. Recueil de débats, surtout législatifs, qui ont eu lieu en Érets-Israël — « la terre d'Israël » — jusqu'au IVe siècle, et en Babylonie jusqu'au VIIe, le Talmud ne parle de toi et des nazaréens que de façon accessoire au regard des quatre mille et quelques pages qui composent les deux corpus. D'autant que si le terme *minim*[16] désigne, toutes sectes confondues, les nazaréens ou les chrétiens, il s'applique aussi aux samaritains, aux zoroastriens, aux adeptes du brahmanisme et autres gnostiques.

Ces quelques textes n'en choquaient pas moins l'Église aux époques où le bûcher tenait lieu de forum. Mais par-dessus tout, rabbi, notre pratique de l'étude constante et obstinée, qui faisait du Talmud l'instrument de notre « orgueilleuse » permanence, lui était insupportable. De ce point de vue, il importait peu que nous ayons fait preuve d'une remarquable discrétion, et que nous nous soyons contentés d'une polémique très partielle à ton égard, comme à l'égard de tes premiers partisans. Le Nouveau Testament, lui — dont je t'accorde qu'il ne reflète sûrement pas ta position vis-à-vis d'Israël —, avait pour objet, c'est pour le moins l'un de ses thèmes dominants, de vilipender nos maîtres et leur enseignement [17].

Mais il n'a pas suffi à l'Église de censurer nos écrits. Il lui a fallu encore imposer aux juifs ceux des chrétiens, si bien qu'on les obligeait à se rendre aux prêches dans les églises ; quelquefois, c'est dans leurs synagogues mêmes qu'ils étaient soumis à des séances d'évangélisation ! C'est de cette manière, rabbi, par la violence des mots, puis de l'épée et du feu, que l'Église te fit connaître aux Juifs. Sous une forme ou une autre, ces prêches forcés institués au Moyen Âge continueront, ou reprendront, jusqu'au XIXe siècle, dans certaines régions d'Italie et dans les États du Pape.

Même quand ils faisaient mine de venir à leur secours, papes et évêques se servaient des Évangiles pour meurtrir les Juifs. À l'exemple de Léon VII interdisant qu'on les baptise de force car, expliquait le prélat en osant te citer : « Ne donnez pas ce qui est sacré aux chiens, ne jetez pas vos perles aux pourceaux, de crainte qu'ils ne vous les piétinent [18]. » Pour répondre à ce genre d'attaques, les rabbins ne pouvaient éviter le Nouveau Testament et, dans les textes qui gardent la mémoire des disputations forcées, on en trouve maintes citations. Ces joutes solennelles, particulièrement prisées au

Moyen Âge, « dont l'objectif était dès l'abord de réfuter théologiquement les Juifs en vue de les convertir[19] », pouvaient avoir lieu en présence du roi, de la cour, des dignitaires de l'Église que conseillaient des apostats. Preux évêques contre juifs perfides, le spectacle valait le déplacement !

Pour la communauté juive, l'enjeu était souvent le bannissement, à court ou moyen terme. Il arrivait pourtant, il pouvait arriver, que le délégué d'Israël l'emportât. Ce fut le cas, notamment, lors d'une disputation tardive que remporta rabbi Itshak Lopès. Nous ne savons à peu près rien de cet érudit sinon que, descendant des Juifs d'Espagne expulsés de leur pays en 1485, il participa deux siècles plus tard à une disputation. Où, quand, dans quelles conditions ? Il ne le dit pas. Mais puisque Dieu lui était venu en aide et afin que son savoir puisse servir à d'autres, contraints eux aussi de répondre aux accusations des chrétiens, il consigna ses argumentations dans un livre qu'il intitula *Creuset des croyances et miroir de la vérité.* « Creuset » — d'autres rabbins avaient usé du concept — parce que, dans la fournaise où l'on précipitait les Juifs, leur foi s'épurait encore ! Aux premières pages de ses défenses et illustrations du judaïsme qu'il rédigea à Alep — rabbi Itshak Lopès y séjourna un temps, ou peut-être plus —, il s'excuse longuement d'avoir eu à citer le Nouveau Testament...

Comment pourrais-tu lui en vouloir, rabbi ? Décidément, tu le vois, on ne peut mettre sur le même plan les deux polémiques, comme s'il y avait symétrie entre le ressentiment des bourreaux et celui des victimes. Si, entre toi et nos ancêtres, il y a eu « seulement » malentendu, plus tard, très peu de temps plus tard, ce n'est pas de malentendu qu'il faut parler, mais bien de haine et de persécution.

Samedi, à la nuit tombée

Le Saint-Siège n'a reconnu l'État d'Israël qu'à l'été 1994. Jusque-là, il justifiait son refus par des raisons politiques. Pour nombre d'observateurs, cependant, ce *non possumus* était d'ordre théologique. Dans la destruction du Temple en l'an 70, puis dans le terrible échec de la révolte contre Rome en 135, les premiers chrétiens virent le signe définitif de la déchéance des Juifs et leur châtiment pour avoir rejeté Jésus. Le retour d'Israël, souverain sur sa terre, allait à l'encontre de ces théories. Il contredisait aussi d'autres thèses antijuives, notamment celle de Bernard, abbé de Clairvaux, l'éminent théologien qui fut l'âme de la première croisade, selon lequel les déchus devaient être « dispersés dans tous les pays, afin que tout en expiant un si grand crime — la Passion —, ils soient en même temps les témoins vivants de notre Rédemption... [20] ».

Et voilà que ces « témoins vivants », vivant malgré le silence des nations et de leur Vicaire, bâtissaient sur le sol ancestral, sur la Terre promise, leur propre État. La Parousie [21] se prolongeait désespérément mais les Juifs, eux, étaient rétablis dans leur nation. Leur retour confirmait avec un éclat jamais atteint, depuis qu'en l'an 63 *avant* l'ère chrétienne l'Empire romain eut mis fin à la souveraineté des Juifs dans leur pays, la constance de l'Alliance. Jean-Paul II permit-il au politique de l'emporter parce que les accords d'Oslo bouleversaient l'échiquier du Proche-Orient ? Ou renonça-t-il d'emblée à une théologie douteuse ? Ce qui est sûr, c'est que nul ne peut accuser d'antisémitisme ce pape venu de Pologne [22]. L'Histoire retiendra que, le 13 avril 1986, il s'est rendu à la synagogue de Rome, non pour prêcher l'Évangile, mais pour y prier avec les juifs, « les frères très aimés », voire les frères « aînés » de l'Église, a-t-il précisé. Aucun pape avant lui n'avait pris semblable initiative. Et l'Histoire se rappellera que, sous son pontificat, les relations diplomatiques furent officiellement établies avec l'État juif. C'est à lui, quelques jours avant Pessa'h, en avril 1997, que le second ambassadeur d'Israël au Vatican présentait ses lettres de créance. Ce personnage grisonnant, diplomate de carrière portant avec distinction la kippa des Juifs pratiquants, s'appelle Aron Lopès. Il est, après sept générations, le descendant direct de rabbi Itshak Lopès. Comme quoi le destin sait être spirituel...

2

L'agneau et la ligature

23 nissân — lendemain de Pessa'h
Dimanche 19 avril

Pessa'h/Pâques aurait pu être le lieu privilégié de la rencontre des deux Alliances, l'ancienne et la nouvelle. D'un côté comme de l'autre, on feint de l'ignorer. Ce dialogue de sourds, ou cette absence de dialogue, a une explication, au moins pour les Juifs : durant des siècles, ils ont souffert de façon tragique de la célébration chrétienne [1]. À Toulouse, au XIe siècle, le chef de la communauté juive devait se présenter à l'église pour être souffleté [2] en public le jour des Pâques. Le récit de la Passion ou ses « jeux » — les représentations populaires d'Oberammergau et d'ailleurs tenaient davantage du « happening » antisémite que de l'art théâtral — exacerbaient les passions antijuives et provoquaient d'immenses malheurs. Le terrible pogrome de Kichinev [3] a eu lieu le dimanche et le lundi des Pâques 1903. Au XXe siècle, rabbi !

Les Pâques chrétiennes sont fixées selon le calendrier lunaire, en usage chez les Juifs, au dimanche qui suit le quatorzième jour de la lunaison de mars [4]. Quant à Pessa'h, il tombe au quatorzième jour de nissân, à l'heure où, au Temple on avait fini d'égorger les agneaux de la Pâque. Si bien que Pessa'h et les Pâques peuvent concorder dans le temps

— c'est le cas cette année 1998. Mais sur le terrain des doctrines, quel télescopage !

Pessa'h vient d'un verbe hébraïque qui signifie « passer ». Une signification dont le Nouveau Testament a conservé l'étymologie. « Avant la fête de *Pasqha,* Jésus sut que son temps était venu de passer du monde de la durée présente vers son père », note le quatrième Évangile. Suivent la Cène, la Passion et la Résurrection. En conséquence de quoi, les Pâques chrétiennes vont commémorer le passage de Jésus dans l'Au-delà. Passion et Résurrection. Dans la Tora, Pessa'h célèbre Dieu qui, au moment où la dixième plaie s'abattait sur l'Égypte, a manifesté sa providence en faveur d'Israël, en *passant*[5] au-dessus des demeures des Hébreux, dont le linteau de la porte était marqué par le sang d'un agneau (ou d'un chevreau) appelé « le pessa'h », qui, par métonymie, allait désigner la fête. Dans la nuit du 14 nissân, rapporte le Livre de l'Exode, les esclaves hébreux devaient se réunir en famille, ceinture aux reins et bâton à la main, prêts à sortir d'Égypte après avoir immolé et mangé le *pessa'h*[6]. Cela se passait au temps de la XIXe ou de la XXe dynastie (peut-être sous Ramsès II). Les Israélites garderont le souvenir de ces événements, chaque année quand décline la journée du 14 nissân, en mangeant un chevreau ou un agneau — l'agneau pascal — sacrifié au Temple pour la circonstance[7].

Mais était-il juste, rabbi, de parler de « sacrifice » en opérant un parallèlle entre ta Passion et l'immolation de l'agneau pascal ? Te serais-tu vraiment sacrifié « pour la rémission des péchés » de l'humanité ? Et tout d'abord, que veut dire « sacrifier » ? Tu le sais bien, toi qui priais et lisais la Tora en hébreu, le « sacrifice » hébraïque est appelé *korbân*[8], du radical K-R-B, « être proche », et désigne un animal ou une pâte de farine pétrie qu'on présentait sur l'autel. Comme en français, les termes de présent (au sens de cadeau) et de présentation (au sens de l'offrande) sont liés à celui de *présence,* le fait d'être là ou d'être *proche*. En manifestant une présence active par le *présent* dont il se sépare, le fidèle se sent *proche* de Dieu. Voilà ce que sous-tend le concept *korbân*... Selon le type de *korbân*, les fidèles — et pas seulement les Cohanim — mangeaient tout ou partie de sa chair ; dans certains cas seulement, l'animal devait être totalement consumé sur l'autel. Il s'agissait alors d'un « holocauste ». Le mot est forgé à partir du grec et veut dire « entièrement brûlé ». L'hébreu désignera ce type de *korbân* par un mot évoquant la fumée qui « s'élève »... On pourrait donc oser une comparaison entre l'holocauste et le « sacrifice » d'une personne acceptant de se donner entièrement, jusqu'à la mort, pour défendre ses idéaux.

Mais le rapport cesse dès lors qu'à ce propos on évoque le « sacrifice » de l'agneau pascal. Le rite était particulier. L'animal était immolé dans l'enceinte du Temple[9] ; les Cohanim recueillaient son sang qu'ils déversaient au bas de l'autel puis on le grillait, sans briser ses os. Après, on allait le manger chez soi, en famille ou entre amis. En signe de reconnaissance à Dieu qui avait délivré les esclaves d'Égypte, les pèlerins juifs de ton époque allaient consommer l'animal en chantant des cantiques, avec la même bonne humeur que les Américains d'aujourd'hui découpent la dinde du Thanksgiving Day. En quoi un tel repas de fête pouvait-il évoquer l'acception tragique du « sacrifice » ?

Dans une perspective hébraïque, tu le sais bien, la question ne se pose pas. Une bonne partie des *korbanot* sont *thanksgiving*, ou « eucharistie » au sens propre : un acte de reconnaissance à Dieu. Alors pourquoi le Nouveau Testament fait-il référence aux prescriptions visant l'agneau pascal, pour expliquer que les soldats se sont abstenus de briser tes jambes, alors que tu étais mort sur la croix ? « Afin, est-il dit, que soit accomplie l'Écriture [prescrivant pour le *pessa'h*] : Aucun de ses os ne sera brisé. » Pourquoi les chrétiens affirment-ils que tu es « venu donner (t)a vie en rançon pour beaucoup[10] » ? Tu te serais offert en sacrifice, dans une acception que la Bible hébraïque ne reconnaît ni à l'agneau pascal ni à un autre *korbân* ?

Le rôle de substitution, la Tora le réserve de manière exclusive au « bouc émissaire » de Kippour, un animal envoyé dans le désert, loin du regard des gens, « emportant avec lui les péchés d'Israël ». Le bouc émissaire n'est pas un *korbân* parce que sa mort est l'objet même du culte. L'anéantissement du bouc doit annoncer l'anéantissement et donc le pardon des crimes de la nation. Du point de vue hébraïque, la mort de Jésus telle que la comprennent les Évangiles, à savoir que la Passion procure le pardon à l'humanité, ne peut d'aucune manière s'inscrire dans le cadre des *korbanot*, et moins encore dans le cérémonial de l'agneau pascal. Le seul élément de référence pourrait être le bouc émissaire[11].

L'idée d'une abnégation totale n'est pas, pour autant, étrangère au judaïsme. Mais il use d'une autre terminologie qui fait référence, elle, à Isaac se laissant *lier* sur l'autel. La littérature talmudique parle de « ligature » (*aquéda*) pour exprimer le renoncement absolu ; le ligaturé se laisse lier à Dieu, exclusivement et de façon intégrale. Quand il évoque le récit de la Genèse, le langage d'Occident ignore ces subtilités. Il dit : « Sacrifice d'Isaac. » L'Église va identifier le « sacrifice d'Isaac » à la Passion. En allant à la mort pour sauver l'humanité, Jésus devient la « victime parfaite[12] ». Les rabbins, eux aussi, ont dit d'Isaac qu'il est un *korbân* « parfait ». Mais, précisément, parce qu'il n'a pas été mis à mort ! À Isaac ligaturé sur l'autel, le récit biblique substitue un bélier dont les cornes s'étaient prises dans un buisson voisin. Pour enseigner que même aux instants de zèle religieux extrême, en ces moments exceptionnels où le fidèle se sent libéré de toute attache terrestre pour se fondre dans un appel qui résonne de l'Au-delà, le sacrifice humain reste inacceptable. C'est l'un des enseignements fondamentaux de la ligature.

Et ce n'est ni Abraham ni Isaac — l'un et l'autre passifs jusqu'à ce que le Ciel interdise le geste fatal — mais Jacob, le dernier Patriarche, qui recevra de Dieu le nom d'Israël. Parce qu'il aura « lutté, jusqu'à l'emporter — *avec Dieu* et avec les hommes ». Alors seulement, cette leçon étant comprise, pourra commencer l'aventure d'Israël [13].

Contrairement à la Passion, vers laquelle le récit évangélique est orienté, l'histoire de la ligature ne semble pas avoir particulièrement marqué les auteurs de la Bible hébraïque. Les prophètes ou le psalmiste, qui souvent se réfèrent aux événements passés, n'y font pas allusion. Le Livre des Chroniques n'en fait pas mention. C'est bien plus tard seulement, dans la littérature talmudique, que le souvenir de la ligature va rappeler la détresse d'Abraham attendant de Dieu qu'il épargne son fils, et comme telle sera introduite dans le rituel des jours de jeûne exceptionnels. Puis dans celui de Roch Hachana, le jour de l'an, qui est en quelque sorte celui du Jugement... premier. Mais, là encore, le rappel rituel de cet épisode est effectué sous un angle très différent de l'orientation chrétienne : si le fidèle se souvient de l'extrême abnégation d'Abraham et d'Isaac, acceptant, dit le texte, de « faire violence » à leurs sentiments, c'est pour demander à Dieu, d'une façon quelque peu audacieuse, de prendre modèle sur ces patriarches : Toi aussi, demande l'orant, consens à violer la stricte justice pour nous accorder le pardon [14]... Après avoir prié ainsi, les juifs pouvaient-ils adhérer à l'idée d'un Dieu exigeant le sacrifice de son « Fils » pour apaiser son courroux contre l'humanité ?

C'est seulement à l'époque des martyrs, sous Hadrien, au IIe siècle, que la ligature évoquera le martyre, *al kidouch Hachem,* « pour la sanctification du Nom ». Et au Moyen Âge, à la suite des massacres par les croisés des Juifs de Champagne et de la vallée du Rhin, la « ligature » désignera un genre élégiaque, textes composés en souvenir des victimes de l'antijudaïsme. Une vingtaine de ces élégies font toujours partie du rituel, au petit matin des offices de la repentance, lors des journées qui précèdent Kippour. L'indicible souffrance d'Israël, celle des pères assassinés avec leurs enfants sur les autels de la haine chrétienne, va donner au récit de la ligature, ou plus exactement à sa signification actualisée, un sens que la Bible hébraïque lui refusait. Comme elle refuse la leçon que le Nouveau Testament confère à l'agneau pascal. Si bien que sa mention, qui laissait espérer une ultime réminiscence de la Pâque, devient elle aussi étrangère à ce judaïsme qui était la religion de Jésus. Les Pâques ont fini de dépouiller Pessa'h de tous ses attributs [15].

27 nissân — Yom Hachoa
Mercredi 22 avril

Dehors, la sirène vient d'exhaler sa plainte. Depuis hier, à la nuit tombée, le pays s'est figé dans le souvenir. Les Américains continuent à appeler « Holocaust Day » la journée commémorative de la Choa du 27 nissân que la Knesset a instituée dès 1951. C'est une erreur que l'Église ne commet plus. Il y a vingt ans encore, le pape disait du supplice des déportés [16] qu'il avait « enrichi » l'univers. Aujourd'hui, les documents du Vatican emploient enfin le seul vocable acceptable pour désigner la destruction des Juifs d'Europe : *choa*, terme biblique qui signifie « catastrophe » et « désolation ».

La première tentative de génocide fut perpétrée contre Israël il y a quelque quarante siècles par un pharaon et ses complices. Personne n'eut alors l'idée d'appeler « Holocauste » le massacre des nouveau-nés d'Israël. Ni « ligature ». L'intervention de Dieu, à Pessa'h, la « sortie » d'Égypte-Mitsraïm (*mitsraïm* en hébreu évoque une désespérance redoublée), devenait un événement fondateur de l'histoire d'Israël, et la saga biblique en et hors d'Égypte devenait *exemplaire*, référence principale pour une actualisation permanente. Sur prescription explicite de la Tora, le souvenir de la sortie d'Égypte [17] est omniprésent dans la réflexion quotidienne du fidèle, dans le rituel et dans le rite. Parce que :

— les dix plaies avaient pour objet d'apprendre aux nations à redouter la justice divine. La sanction fut infligée à l'Égypte, afin que tu saches, dit Dieu au pharaon esclavagiste, « que je suis L'Éternel au milieu de la terre » ; « Je t'ai laissé subsister, afin que tu voies ma force et qu'on publie mon Nom de par toute la terre » ;

— sur le long chemin qui, pendant quarante ans, allait conduire les Hébreux vers la terre qui leur était attribuée, la mémoire de l'exil égyptien et de l'esclavage subi devait briser la carapace d'égoïsme consubstantiel au citoyen installé dans son pays : « Tu n'opprimeras pas l'étranger — Vous, vous connaissez l'âme de l'étranger, *car* étrangers vous avez été en pays d'Égypte » ;

— enfin, l'action de Dieu libérant les Hébreux signifiait qu'une première libération ayant eu lieu, la Libération promise était elle aussi assurée. Rien ne pouvait mieux ancrer dans l'espoir des hommes la certitude messianique...

Et voilà que ces idées juives, qui t'étaient aussi naturelles que l'air que tu respirais, ces idées qui sont à l'origine d'une morale internationale et de l'espérance des hommes de bonne volonté, ont été oblitérées par les narrations que le Nouveau Testament fait de ton dernier *séder* : seul compte, seul apparaît dans ces récits ton « passage » dans l'Au-delà. Le « passage » de Dieu au-dessus des demeures égyptiennes est effacé, gommé par ceux qui se réclamaient du Nouvel Israël. Même les références des Évangiles aux dix commandements [18] oublient de rappeler la sortie de Mitsraïm, qui, dans la Bible hébraïque, en constitue l'indispensable introduction !

Certes, rien n'obligeait les Grecs, les Romains, les Corinthiens, les Galates, ceux d'Éphèse, et tous les autres auxquels

Paul, alias Saül, a adressé ses « épîtres », rien n'obligeait les païens à confondre leur Histoire avec celle des Hébreux sortant d'Égypte ! Cela n'empêche que tu n'as pas mérité, rabbi, ces attentats à la mémoire. Il y a deux semaines à peine, quand la nuit de la Pâque s'allongeait, alors que je donnais le *séder* comme mes pères l'ont fait avant moi, que nous nous sommes adressés, ma femme et moi, à nos enfants et à nos petits-enfants — comme ils le feront après nous —, je pensais à toi, rabbi, enfant d'Israël. Tu avais demandé à tes disciples de préparer le *pessa'h*, tu as présidé leur *séder*, ton dernier repas, ici à Jérusalem ! Et je me disais, rabbi, qu'on a été bien injuste envers toi. Les chrétiens te connaissent si mal ; ils ont arraché les racines qui t'unissaient à cette terre, ils ont noyé la sève qui te nourrissait. Quant aux Juifs, ils te connaissent plus mal encore... Ils te rendent responsable, rabbi, de tant de malheurs et des souffrances qu'on leur a infligés en ton nom. Et voilà que pour toi, le Magnifié, le plus célèbre et le plus adulé des êtres, moi simple fidèle, j'ai éprouvé une infinie pitié.

Me revient à l'esprit une histoire que j'ai lue, enfant, dans les *Contes et Légendes d'Israël*[19]. Il y était question des marranes d'Espagne, ces Juifs convertis de force qui continuaient à pratiquer leurs rites clandestinement, au risque de leur vie. Le soir du *séder*, ils étaient surpris par les agents de l'Inquisition. Les dessins du livre, noir et jaune, montraient l'effroi des Juifs pris en flagrant délit et promis au supplice, et j'étais terrorisé, moi aussi, par l'image des hommes encapuchonnés. Dans cette histoire, tout finissait bien, car le chef des inquisiteurs se révélait être un marrane, lui aussi... La réalité, hélas ! dépasse les contes, et l'Inquisition n'était pas une légende. D'innombrables marranes, mais aussi des Juifs non convertis et contraints de pratiquer le judaïsme en secret, craignaient les descentes des inquisiteurs pendant la nuit de la Pâque.

Je les vois, rabbi, guettant leurs victimes, le capuchon rabattu sur la face comme s'ils se cachaient devant toi, faisant intrusion dans les caves où les Juifs se croyaient à l'abri. Se souvenaient-ils alors, dominicains et franciscains, ceux que Clément IV chargea en 1267 d'imposer les rigueurs de l'Inquisition aux « nouveaux chrétiens », se rappelaient-ils le *séder* des Évangiles, le *séder* que tu as donné, rabbi, pour expliquer Pessa'h aux apôtres ?

3

Le *séder* sur le lac

4 iyar — Yom Haatsmaout
Jeudi 30 avril

Pour marquer son cinquantenaire, l'État d'Israël fait le pont. Deux jours chômés d'affilée et deux jours de barbecues ! L'Israélien n'a pas de maison de campagne. Au Yom Haatsmaout, le jour de l'Indépendance, la campagne lui appartient, les jardins publics aussi. Les volutes de fumée qui, de toutes parts, montent des grils chargés de viande rappellent les viandes brûlées dans le Temple et le repas partagé en signe de *thanksgiving*...

Tout Israël est sur les routes, et toutes les routes du Yom Haatsmaout mènent au lac de Tibériade, l'unique lac du pays. La saison des pluies est terminée ; la mer de Galilée présente à ses admirateurs ses plus riches atours.

L'année précédant ta dernière Pâque, rabbi, la Pâque tragique de Jérusalem, tu t'étais dirigé vers ce lac, toi aussi. Des milliers de fidèles s'étaient réunis pour te voir célébrer le *séder*. La rencontre fut immense et magnifique.

Jean, ton apôtre, est le seul à dater cette rencontre sur le bord du lac : « Pessa'h, la fête des Judéens était proche », écrit-il. Quant à Matthieu, Marc et Luc, ils ont occulté dans les Synoptiques[1] ce repère chronologique qui s'insère — ou parce qu'il s'insère — dans le contexte précis de Pessa'h. Ils n'ont gardé que tes miracles, Jésus, celui de la multiplication des pains, ou celui de ta « marche sur les eaux » du lac de Tibériade. La mémoire d'Occident n'en a pas retenu davantage.

Mais pourquoi te fallait-il multiplier des pains[2] ? Parce qu'il y avait famine ? Parce que les cinq mille hommes, « sans compter les femmes et les enfants » qui t'avaient rejoint, n'avaient rien à se mettre sous la dent ? Cet élément ne ressort pas des Écrits de référence et n'apparaîtra que dans les doublets (le récit du même miracle renouvelé, selon Matthieu et Marc). Les autres textes notent, au contraire, que la foule s'apprêtait à acheter de la nourriture. Alors pourquoi le miracle ? Afin que tu fasses la preuve de tes dons extraordinaires et de ton élection ? Il y a de cela, sans doute.

Mais, pour ton apôtre Jean, il y a plus, beaucoup plus. C'est parce que le Pessa'h des Judéens est proche que tu vas retenir ceux de Galilée et partager avec eux le pain du miracle[3]. Dès que tu t'es aperçu de la présence de la foule, tu as demandé à Philippe de te procurer les éléments rituels nécessaires à la réunion, en l'occurrence du pain qui puisse suffire aux quelques milliers de personnes rassemblées. Bien sûr, Jean avait compris que ta demande était purement formelle, qu'elle te servait à mettre Philippe à l'épreuve, puisque, toi, tu savais ce que tu allais faire : multiplier, pour que la nourriture suffise à tous, les cinq pains d'orge — et deux poissons — qu'un jeune garçon avait apportés.

D'où venait la foule avec laquelle tu allais partager le pain du miracle et dans quelles circonstances cette rencontre eut-elle lieu ? Le texte indique qu'« après cela » tu as quitté Tibériade et que les gens t'ont suivi parce que tu faisais des signes en faveur des malades. Mais *après quoi*, rabbi ?

Selon les Évangiles synoptiques, cet épisode de ta vie se situe juste après que tu as appris la mise à mort de ton ami le Baptiste[4] par Hérode Antipas, tétrarque de Galilée et du Pérée — l'un des fils d'Hérode, surnommé le Grand. Le tyran Antipas craignait la profonde influence que Jean le Baptiste exerçait sur le peuple ; il redoutait qu'au nom de l'exigence de pureté les Juifs en viennent à se dresser contre le pouvoir en place. C'est pourquoi il l'avait retenu prisonnier dans une forteresse au-delà du Jourdain, avant de le décapiter. Tu risquais de connaître le même sort, rabbi. D'autant que, l'année d'avant[5] à Jérusalem, tu t'étais fait remarquer en renversant les tables des changeurs et autres marchands du Temple. Aussi n'était-il pas question, cette fois, que tu te rendes à Jérusalem pour y manger le *pessa'h*. Tu es donc resté en Galilée. Tu aurais voulu éviter Tibériade, mais des gens de cette ville et des autres localités installées sur le pourtour du lac suivaient tes traces... « Tu as levé les yeux et tu as vu un peuple nombreux venir à toi. » Voilà ce qui t'a poussé à célébrer une Pâque dont on parle encore, en oubliant souvent qu'il s'agissait de Pessa'h.

Tibériade, que le soleil écrase en été et dont les hôtels prétentieux enlaidissent aujourd'hui le centre flanqué de boutiques pitoyables et de restaurants vulgaires, est appelée ainsi depuis que, pour flagorner Tibère dont les troupes occupaient le pays, Hérode Antipas a, en son honneur, reconstruit l'ancienne Rakat. Voilà pourquoi ce lac de vingt et un kilomètres de long, le plus bas de la terre mais d'une grande beauté — celui que la Bible hébraïque appelle le Kinnéret, parce que, a-t-on dit, il ressemble à une viole *(kinnor)* —, fut affublé à son tour du nom du tyran.

À l'époque de Jésus, Tibériade, la ville, n'avait que quelques années d'âge et ne devait pas être bien étendue, mais c'était déjà un centre de pêche important. Sa population était mixte, juive et païenne ; on ne devait guère y enseigner la Tora de façon intensive. Ce n'est qu'un siècle plus tard, après la destruction du Temple, qu'elle deviendra l'un des foyers du judaïsme rabbinique, jusqu'à être le siège du Sanhédrin, en 235. Là sera rédigée la plus grande partie du Talmud de Jérusalem. Tibériade, la ville que vont habiter les maîtres de la Massora, derniers codificateurs de la Bible, restera, jusqu'au Xe siècle au moins, un lieu de créativité.

Arrêt à Guinossar[6], par la route qui longe le lac. Cet important kibboutz ouvre ses installations aux touristes et le musée qu'il a consacré à l'un de ses membres, Igal Allon, général de Tsahal avant d'être ministre des Affaires étrangères d'Israël, retrace l'histoire des pionniers et du pays. Une sorte de hangar a été rajoutée au musée. Il sert de laboratoire où, pour la maintenir à des taux d'humidité et de température constants, on a enfermé la carcasse d'un bateau en attendant qu'il soit exposé dans un musée de la Barque, dont la construction devrait être terminée en l'an 2000.

La barque fut retrouvée en 1986. Après plusieurs hivers trop secs, le Kinnéret était au plus bas et ce matin-là — un matin clair et bleu, bleu comme le Kinnéret quand il s'unit au ciel —, Moshé Lufan, de service à l'école du kibboutz, était parti avec un groupe d'enfants se promener sur les bords du lac. À une demi-heure de là, il remarqua comme une ossature qui émergeait de la vase. Il se baissa, foula le sol, et décida aussitôt que les enfants s'étaient assez promenés ! Il les raccompagna à Guinossar puis appela son frère, Youval, passionné comme lui d'archéologie. Ensemble, ils coururent sur les lieux de la découverte. Creusant dans la boue, ils dégagèrent bien vite les premiers restes d'une embarcation. Les spécialistes affirment que cette barque de huit mètres vingt de long — dont la plus grande partie, notamment les cerceaux, proéminents comme la cage thoracique d'un squelette, se révéla bien conservée — a quelque vingt siècles d'âge !

Elle a ton âge, rabbi... Tu es assis dans une barque semblable à celle-ci. La nuit est silencieuse et, sur le lac, le vent fait tanguer la chaloupe pendant que les pêcheurs relèvent leurs filets. Pourquoi as-tu embarqué ? Pour te fondre dans l'élément liquide, dans l'eau qui rend pur, pour fuir la terre sur laquelle, on vient de te l'apprendre, Hérode Antipas a assassiné le Baptiste ? Tu l'aimais profondément ; il voyait en toi celui que les Écritures annonçaient, et toi, tu voulais reconnaître dans cet ermite le prophète Élie[7]. C'était un passionné de pureté. Comme les esséniens, comme les pèlerins qui se rendaient au Temple de Jérusalem et qui, après avoir blanchi leur âme, purifiaient leur corps en le plongeant dans les bains qu'ils s'étaient construits. Le Baptiste, lui, s'immergeait dans le Jourdain. Et ceux qui allaient vers lui pour recueillir sa bénédiction ou son approbation faisaient de même. Toi aussi, rabbi, tu t'es plongé dans les eaux du Jourdain en sa présence. C'est ensuite que tu as commencé ton ministère messianique ; tu étais persuadé que le Baptiste avait mission d'annoncer ta messianité à l'instar du prophète Élie, envoyé par Dieu « avant que n'arrive le jour de L'Éternel, grand et redoutable ».

Les pêcheurs vident leurs filets dans les paniers de jonc. Tu regardes les poissons aux reflets phosphorescents que frôle le pâle faisceau de l'astre insensible. Ils se débattent, cèdent et te fixent de leurs yeux morts. La mort encore. Toujours la mort... L'aube paraît à peine que les pêcheurs s'apprêtent à faire demi-tour. Il faut se ressaisir, penses-tu, ne pas laisser faire, ne pas accorder à Antipas et aux Romains la victoire sur l'esprit et sur la vie. Tu vas aller vers les gens ; tu vas leur parler de Pessa'h, de la libération d'hier, et de celle qui se met en place maintenant... « Déposez-moi ici », dis-tu en désignant la plage à bâbord.

Les données géographiques que nous livrent les Évangiles ne coïncident pas. Nous ignorons où doit avoir lieu la grande réunion. Dans un lieu désert, à l'écart », disent Matthieu et Marc ; « à l'écart, vers une ville appelée Bethsaïde », affirme Luc ; de « l'autre côté de la mer de Galilée, de Tibériade...

sur une montagne », selon Jean. Sollicitée par ces textes, l'imagination vagabonde ; elle entrevoit une crique semblable à celle de Karé Déché, à deux ou trois kilomètres d'ici, avant que la route qui suit le tracé du lac ne bifurque vers l'est et le Golan. Ici, ou à Minyé, quelques brassées plus loin, il y avait, à ton époque, un « petit port » (en arabe, *minyé*). Les pèlerins chrétiens qui connaissent l'auberge de jeunesse qu'on a construite à Karé Déché m'accorderont le droit de t'y faire débarquer... Bâtie toute blanche comme un cloître qui se serait marié avec une mosquée d'Afrique, parmi les palmiers majestueux et les bouquets de bougainvilliers, elle réfléchit, prisme magique, l'irradiante pureté que le Kinnéret diffuse.

Les pêcheurs sont tristes que tu veuilles les quitter. Tu es célèbre dans la région ; tu es l'ami de Zébédée et de ses fils. Tu fais des miracles, tu tiens de beaux discours. Encore qu'ils ne te comprennent pas toujours, ils t'aiment bien. Ils disent que grâce à ta présence la pêche a été bonne, que les paniers sont remplis à ras bord. Tu insistes, tu veux descendre là-bas. « Bien, rabbi, mais il faut nous dépêcher. Les autres pêcheurs vont prendre la place ; après on ne vendra plus rien. »

Ainsi les choses ont-elles pu se passer, à la lecture de tes apôtres Jean et Matthieu. Tu as distribué du pain aux cinq mille hommes et tu leur « as parlé du Royaume de Dieu », indique Luc. Tu t'es mis « à les enseigner longuement », écrit Marc[8]. « Pessa'h, la fête des Judéens est proche », précise Jean. Là-bas, en Judée, dans Jérusalem, les fidèles iront manger cette nuit, ou demain, le *pessa'h* et s'apprêtent à célébrer le *séder*. Car le *séder*, au cours duquel on s'entretient de la libération d'hier et de celle de demain, était alors le corollaire du *pessa'h* que les invités allaient — ou venaient de — consommer.

Certes, aucune source ne garantit qu'alors, hors de Jérusalem — où le *pessa'h* devait nécessairement être mangé —, on organisait aussi une veillée pascale[9]. Mais l'usage a dû se répandre progressivement, depuis Jérusalem, d'abord en Judée puis dans le reste du pays ; en effet, raconter la sortie d'Égypte était la chose la plus naturelle à Pessa'h, bien avant qu'on eût institué l'obligation formelle d'en lire le récit, de père à fils, dans la Tora elle-même. À Jérusalem, cette *mitsva*, celle du récit de l'Exode, des débats qu'il sous-tend, était intégrée au repas pascal. Pour manger avec la solennité voulue l'agneau ou le chevreau de la fête, la société juive avait partiellement adopté les usages du symposium grec et romain, ses discours et ses dialogues. Ailleurs qu'à Jérusalem, rien n'exigeait *a priori* qu'on fasse coïncider la *mitsva* du récit avec le premier repas de la « fête des *matsot* ».

D'autant qu'« on aurait pu croire », souligne le Midrach — et la Hagada après lui — que le récit de Pessa'h doit être fait dès le début du mois de nissân, le mois de la libération. Le Livre de l'Exode ne dit-il pas : « Tu célébreras cette cérémonie en ce même mois [de nissân] » ? Mais, preuve scripturaire à l'appui, la *deracha* va conclure que c'est seulement dans la nuit du 14 au 15 nissân que cette obligation incombe.

L'idée que Jésus ait pu célébrer, ce qu'on appelle dans certaines communautés qui l'organisent aujourd'hui, un pré-*séder*, avant même la date de Pessa'h, n'a rien de révolutionnaire ; le *séder* étant ou devant être, avant toute autre chose, l'enseignement donné et discuté de la libération d'Égypte et de la promesse que suppose cette première délivrance. Notre texte de la Mekhilta[10], qui juge nécessaire de reporter l'obligation religieuse du récit de l'Exode à la nuit du 14 au 15 nissân, montre à l'évidence qu'il n'en a pas toujours été ainsi... Il n'est pas impossible non plus qu'à cette époque des calendriers en usage la fête des Judéens ait pu ne pas exactement coïncider avec le Pessa'h des gens de Galilée[11].

« Le Pessa'h des Judéens étant proche », tu as donné ton *séder*, là, sur les bords du Kinnéret, à la foule qui attendait ton enseignement. Quand tu étais enfant, tes parents t'amenaient déjà au Temple à Pessa'h ; plus tard, c'est de ta seule initiative que tu te rendais à Jérusalem pour les fêtes de Pèlerinage [12]. C'est ainsi que tu as appris les formules prononcées pendant le *séder*. Au Kinnéret, tu as organisé une réunion pascale ! Sans le *pessa'h*, bien sûr, mais avec la *matsa*, le pain azyme — symbole de la libération [13] — qui est l'autre élément essentiel de la fête. Tu as dû alors user de la formule araméenne que nous continuons aujourd'hui de prononcer *: « Ha la'hma ania di akhalou avhatana beara' de-Mitsraïm* [14]. » As-tu alors soulevé une *matsa* comme nous le faisons, expliquant que « c'était là le pain du pauvre [15] que nos ancêtres mangeaient en Égypte » ?

Le pain que tu as multiplié était de la *matsa*, du pain azyme [16], du pain « sans levain ». Du pain d'orge [17], précise Jean. Plusieurs fois répétée dans la Tora, la stricte prohibition de manger ou même de posséder du pain levé dès la veille de Pessa'h est sanctionnée par la justice divine. Pessa'h était proche : les cinq pains qui furent à l'origine de ton miracle étaient donc forcément azymes [18].

Tu étais debout dans une clairière que les rochers de basalte tachaient de leurs aspérités grises. Sur les hauteurs boisées face au lac, la brise, légère, apaisait la foule impatiente. Les bourgeons des figuiers, tout gonflés, emplissaient l'air de leur parfum âcre. L'herbe qui tapissait la Galilée tout entière depuis la saison des pluies était verte, encore, pour quelques jours. Y avait-il alors ces rivières d'escarboucle que dessinent les renoncules, la résille de fleurs jaunes qui, à perte de vue, colore les côtes des montagnes, courant depuis le lac jusqu'aux sommets de Galilée ? Et les lis de la vallée qui étincelaient au soleil de Nazareth ? Tu as fait « étendre » tous ces gens, disent les Évangiles, comme on se tenait pour suivre le récit de la Pâque, dans la position des hommes libres, à l'image des Romains couchés sur les lits du *triclinium*. Ainsi continuons-nous à nous comporter aujourd'hui, en nous appuyant, symboliquement, sur le coude gauche pendant la soirée du *séder*. Et tu leur as parlé de l'esclavage en Égypte, de la sortie du pays d'esclavage et de la libération. Tu leur as parlé de la nouvelle libération qui, disais-tu, a commencé et dont, tu le pensais, rabbi, tu serais l'acteur principal.

La foule rassasiée, on emporta les restes dans douze paniers. « Rassemblez les morceaux qui restent afin que rien ne se perde », as-tu demandé. Les hommes ont obéi, « ils ont rempli douze corbeilles de morceaux des cinq pains d'orge qui étaient restés en trop à ceux qui avaient mangé ». Les cinq mille hommes étaient très impressionnés par « le signe » que tu avais fait. Il est vraiment le prophète qu'on attendait, proclamèrent-ils ! Cependant, craignant qu'ils ne t'enlèvent pour te faire roi, « tu t'en es allé de nouveau dans la montagne, toi seul [19] ».

La nuit était tombée. La foule demeurait sur place [20], alors que tes apôtres, descendus sur la rive pour se rendre à Kfar Na'houm (« Capharnaüm », disent les Bibles françaises), attendaient que tu les rejoignes. Mais le vent s'était levé ; pleine au-dessus de leur tête, la lune était balayée par de rapides nuages. Le Kinnéret, alors, n'évoquait plus la douceur de la viole — comme on a raison de l'appeler « la mer de Tibère » ! Il fallait partir. Sans plus attendre. Tes disciples souquaient dur, soucieux d'aborder. Ils avaient progressé de vingt-cinq ou trente stades sur l'eau blanchie de vif-argent, quand le premier des apôtres te vit, derrière eux. Tu marchais sur le lac, calmement, tout droit comme si tu avançais sur la terre ferme. Il s'est levé, stupéfié. Et si la barque n'a pas chaviré, c'est bien la preuve que le miracle existe ! L'effroi a envahi tes apôtres. « C'est moi, n'ayez pas peur », les as-tu rassurés. « Alors ils ont voulu te prendre dans la barque et voici que la barque était parvenue sur la terre vers laquelle ils allaient. »

Telle que Matthieu et Marc relatent cette scène inouïe, l'histoire s'arrête là. Mais pour Jean, c'est maintenant, ou plus exactement le lendemain, qu'elle va prendre sens.

5 iyar
Vendredi 1er mai, à Kfar Na'houm

L'amoncellement désordonné de blocs rocheux, de frontons, de colonnes brisées fichées en terre, tel qu'il apparaît sur une photographie du XIXe siècle, semble illustrer la signification familière du mot « capharnaüm ». Pourtant, les ruines de la belle synagogue de Kfar Na'houm [21] — la synagogue blanche — n'ont été dégagées qu'en 1905, plusieurs siècles après que l'usage du mot est entré dans la langue française. « Capharnaüm » devait évoquer d'autres désordres que ceux des pierres éparpillées.

Dans la synagogue aux colonnades impressionnantes, on accédait par un petit escalier de pierre. Sis à Tel 'Houm, orienté comme d'autres lieux de culte de la même époque, en direction de Jérusalem, le bâtiment date du IVe siècle.

A-t-il été construit sur les restes d'une synagogue plus ancienne qui aurait pu être la tienne, rabbi ? L'identification de Capharnaüm avec Tel 'Houm n'est pas absolument confirmée, et certains archéologues ont pensé que Kfar Na'houm se confondrait plutôt avec Minyé, le « Petit Port ».

Quoi qu'il en soit, c'est à Kfar Na'houm que la foule t'a rejoint. Aux milliers d'hommes et de femmes de la veille, qui étaient restés sur les lieux du miracle, se sont joints de nouveaux arrivants. Sans doute ont-ils été informés des événements, de la multiplication des *matsot*, et de l'enseignement que tu as donné. Ils veulent savoir, eux aussi ; ils veulent s'assurer de la vérité du récit qu'ils ont entendu. D'autres, plus sceptiques, souhaitent pour le moins quelques explications. Mais tu n'es plus là. Alors ils s'en vont à Kfar Nah'oum où, rejeté de Nazareth, tu as élu domicile depuis quelque temps.

Le ciel est resté moutonneux depuis que les vents de la nuit ont fouetté l'eau et, bien que la matinée soit largement entamée, il fait presque froid. La foule qui vient de débarquer est enthousiaste, bruyante ; elle entre dans Kfar Na'houm, avance en direction de la synagogue où tu as l'habitude de prêcher. La veille, ils ont voulu te proclamer prophète et roi. Tu as dû fuir pour échapper à une célébrité qui, après la mise à mort du Baptiste, risquait de t'être fatale. Mais la troupe vient de te retrouver, elle ne va plus lâcher prise !

Je redresse mentalement les ruines de Kfar Na'houm ; les maisons basses de basalte noir sont fleuries ; dans les rues, on applaudit les visiteurs. Est-ce ici ou plus près du rivage, en contrebas, qu'ils vont t'introniser, rabbi ?

Or il ne s'est rien passé de tel. Même la scène de la veille semble oubliée ! Comme s'ils craignaient d'aborder le problème de front, les hommes t'ont posé une question sans intérêt : « Rabbi, quand es-tu venu ici ? » Tu ne réponds pas à cette question, tu leur dis : « Vous me cherchez non pas parce que vous avez vu des signes, mais parce que vous avez mangé des pains et que vous avez été rassasiés. » Tu continues : « Travaillez, non pas [pour] la nourriture qui périt mais pour la nourriture qui demeure pour la vie de la durée éternelle à venir, celle que le fils de l'homme vous donnera car c'est celui-ci que le Père a scellé de son sceau. »

Le miracle des *matsot* multipliées ne compte plus, seulement le pain partagé, l'aliment consommé avec la leçon que toi, le maître, tu leur as donnée : la double nourriture qui rassasie. Tout se passe, et tu le sens bien, comme si les milliers d'hommes que ton miracle avait subjugués quelques heures auparavant n'acceptaient plus la signification ou l'entière signification du signe donné. Et puis, il y a les autres, venus de Tibériade. Des admirateurs, mais aussi des contestataires...

Marc en parle, après son « doublet » sur le miracle du pain multiplié. Tu as été abordé, dit-il, par des « pharisiens » qui « se mettent à discuter avec toi ; ils te demandent un signe venant du ciel pour te mettre à l'épreuve ». « Qu'a cette génération à demander un signe ? as-tu répondu. En vérité, je vous le dis, il ne sera pas donné de signe à cette génération. » La question des rabbins, c'est exactement celle de la foule, ce matin, à Kfar Na'houm : « Alors ils t'ont demandé : — Quel signe fais-tu donc, toi, afin que nous voyions et que nous soyons certains de la vérité [qui est] en toi ? »

Je ne comprends plus : des signes, il y en a eu tant et plus ! La veille, un premier miracle les a conduits à vouloir t'introniser, ils semblent le contester maintenant. Et depuis leur arrivée à Kfar Na'houm, ils ont dû entendre parler du prodige de la nuit, de toi marchant sur une mer déchaînée ! Voilà qu'ils t'en demandent un autre pour « être certains de [la vérité qui est] en toi ». Mais quel sorte de signe leur faut-il donc pour croire en toi, rabbi ?

Ce qu'ils disaient, ce qu'ils tentent de dire, c'est que les miracles, les miracles que tu as accomplis ne prouvent rien. Il leur faut « le » signe, celui que la Tora a fixé. Ce signe, ils le souhaitent ardemment, car en cette époque cruelle où Israël subit le joug d'un occupant sans scrupule, Dieu a dû nommer son Élu, comme il l'avait annoncé par ses prophètes, pour les libérer de l'ennemi ! C'est pourquoi ils te demandent de répondre à la fois aux doutes des uns et à l'espoir des autres par le signe qui doit authentifier ta mission.

Le signe, c'est Moïse, lui-même, qui l'avait communiqué aux Hébreux. Avant leur entrée en Canaan, il leur avait dit, dans le long discours du Deutéronome, que ni les signes ni les miracles ne sauraient être une preuve ; qu'Israël est différent des peuples sur place, « attentifs aux devins et aux magiciens »... Et d'ajouter : « L'Éternel ton Dieu suscitera pour toi, du milieu de toi, parmi tes frères, un prophète comme moi, que vous écouterez. » Mais comment en être sûr ? Peut-être un faux prophète voudra-t-il se faire passer pour l'envoyé de Dieu ? Comment saurons-nous, continue Moïse, « que cette parole — que le prophète a prononcée au nom de Dieu — L'Éternel ne l'a pas dite ? » À cette question — qui est maintenant celle des gens de Tibériade ! — Moïse a donné une réponse tout à fait précise : « Ce dont parlera le prophète au nom de L'Éternel sans que la chose ne soit et n'advienne[22], c'est là la parole que L'Éternel n'a pas dite. Le prophète a parlé avec une audace coupable ; tu n'as pas à le craindre. »

4

Pain du Ciel, pain de la terre

7 iyar
Dimanche 3 mai, à Safed

La route qui serpente à travers une campagne vosgienne permet au regard amoureux de garder en mémoire l'image du lac, blotti dans la vallée, sous le niveau de la mer, jusqu'à ce piton de Haute-Galilée où Safed, l'unique et lumineuse, a su inspirer les grands mystiques du XVIe siècle et les peintres d'aujourd'hui. La lithographie a chassé le pinceau et la mystique a cédé à la superstition. Pour rendre borgne le mauvais œil, on a peinturluré d'un bleu fade les pierres de soleil blanchies que le va-et-vient des hommes en noir, le long des ruelles étriquées, et le reflet sur les murs des figuiers tremblotants vouent aux ombres chinoises. Dans la petite synagogue des hassidim de Braslav, l'accueil qu'on m'a réservé fut des plus chaleureux. J'ai quitté mes compagnons quand, l'office du chabat matin terminé, ils se sont mis à lire un texte sur le démon Lilith.

Sans doute, la Halakha — le droit rabbinique — souffre-t-elle de la sécheresse des codes de lois. Mais il faut rendre justice à rabbi Joseph Caro, l'auteur du code qui a prévalu jusqu'à nos jours, et qui fut ici, il y a près de cinq siècles, l'un des maîtres de la Kabale, d'avoir tenu la Loi hors des atteintes de la mystique que d'inévitables débordements auraient altérée. Globalement, la Halakha échappe aux démons et au fétichisme. Grâce à elle, la lecture liturgique de la Bible vous ramène à la simplicité biblique. Reste que les derniers versets d'Amos dans la *Haftara*, fixés depuis des temps immémoriaux pour ce chabat, s'inscrivent comme par magie dans la célébration du long week-end de Yom Haatsmaout : « Je ferai revenir les captifs de mon peuple Israël ; ils rebâtiront les villes dévastées et les habiteront, ils planteront des vignes et en boiront le vin, ils cultiveront des jardins et en mangeront les fruits. Je les planterai sur leur terre et ils ne seront plus arrachés de dessus la terre que je leur ai donnée, dit L'Éternel ton Dieu[1]. »

Pourquoi, rabbi, n'as-tu pas eu de ces accents-là ? Tu n'as jamais que menacé Israël... Les prophètes qui annonçaient la sanction ont su dire aussi la consolation ; ils promettaient le rétablissement de la nation, le retour des captifs de Sion. Et pour l'amour d'Israël, ils osaient, eux, défier Dieu[2] !

Toi, tu assurais le salut à qui croyait en toi ; et la perdition à tous les autres. À quoi rimait « la bonne nouvelle » pour une nation au désespoir ?

À moins que, rabbi... Cela s'est passé un chabat matin dans une synagogue de Nazareth... Tu t'es levé pour y faire la lecture du chapitre 61 dans le rouleau d'Isaïe — qui devait correspondre à la *Haftara* de ce samedi-là. N'as-tu, alors, vraiment récité que la vingtaine de mots rapportés par Luc ? Tu as dû continuer, rabbi, prononcer les paroles de la consolation qui suivent et qu'Isaïe adressait à la nation. Elles constituent, précisément, l'une des « *Haftarot* de la consolation[3] » en usage dans toutes les synagogues du monde. Ainsi, grâce à Luc, possédons-nous un début de repère sur les textes que tu lisais en public. Matthieu et Marc, qui évoquent cette même scène dans la synagogue de Nazareth, n'ont pas donné la moindre précision. Négateurs de l'élection d'Israël, les Évangiles ont tu d'autres discours, d'autres lectures...

Ce même soir, à Beth Chean

Le vaste amphithéâtre, ses places alentour et les rues adjacentes aux riches péristyles plaquent les fastes romains sur Beth Chean. Au VIIIe siècle, un tremblement de terre ensevelit l'ancienne Scythopolis. Les archéologues ont bien travaillé, les travaux de réfection sont admirables. Mais il ne suffit pas de déterrer des colonnes, de recoller les pierres, de remettre les chapiteaux... Pour rendre vie à la pierre sculptée, suivre les traces du marcheur, il faut que l'esprit les éveille à la vie.

Tu as cheminé ici, rabbi, pour aller à Tibériade célébrer le *séder*. Tu as pris le chemin inverse du mien : Jérusalem, Jéricho, Beth Chean, le lac et Kfar Na'houm. À Jérusalem, tu t'étais rendu, six mois plus tôt, pour la fête de Soucot[4]. Au Temple où tu prêchais, tu as déclaré que le Père te permettait de réaliser des œuvres, des miracles attestant que tu étais son envoyé. Tu reprochais aux Judéens de ne pas être « certains de la vérité qui était en toi », de « scruter les Écritures... ». Ce sont elles, disais-tu, qui attestaient de ta mission ! Et tu as ajouté : « Votre accusateur c'est Moïse en qui vous avez mis votre confiance. Parce que si vous croyiez Moïse, vous me croiriez aussi car c'est de moi qu'il a écrit. Mais si vous ne croyez pas à ses écrits, comment croirez-vous à mes paroles ? »

Parce que le pouvoir en place et l'autorité rabbinique voulaient te réduire au silence, tu as dû habiter hors de Jérusalem, dans l'un des bourgs du mont des Oliviers. Tu as enseigné et prêché de façon plus ou moins clandestine, non seulement au Temple mais encore dans les cavernes alentour.

Les Judéens ne t'ont pas écouté. Alors tu es retourné en Galilée et, Pessa'h étant proche, tu as résolu de prouver à la foule réunie sur les bords du lac ce que les gens de Jérusalem, eux, n'ont pas accepté : que tu es l'envoyé de Dieu, celui dont Moïse a « écrit ». Où ça ? Mais dans le texte du Deutéronome, où il annonce que Dieu « suscitera pour vous [...] un prophète *comme lui* ». Ce verset, tes disciples Pierre et Étienne vont en user pour te désigner comme le continuateur de Moïse. Ton identification avec lui est du reste un thème constant dans les récits de tes apôtres. Pour Jean, le miracle que tu as accompli en marchant sur le lac évoque à la fois le souvenir de Moïse et celui de Josué (*Iésous*, dans la Bible grecque), premier successeur de Moïse, chargé par Dieu de conduire les Hébreux en Terre promise. Tu le sais, rabbi, les miracles lacustres ou fluviaux sont étroitement liés à la Pâque. Il y a eu l'enfant Moïse sauvé des eaux, le passage de la mer Rouge qui paracheva la libération des Hébreux. Quant à la traversée non moins miraculeuse du Jourdain sous Josué, elle s'est produite le 9 ou le 10 nissân, à l'approche immédiate du premier Pessa'h en Canaan.

À ton tour, rabbi, tu as agi comme envoyé de Dieu, investi de fonctions prophétiques et messianiques. La multiplication miraculeuse des *matsot* que tu as distribuées à chacun correspond à la répartition non moins miraculeuse de la manne, qui, tous les matins, sauf le chabat, et pendant quarante années, avait nourri les Hébreux dans le désert[5], et qui leur était accordée, disait-on, grâce au mérite de Moïse[6]. Cet enseignement-là, à en croire la réplique que tu adressas aux Judéens : « ce n'est pas Moïse qui vous a donné le pain du Ciel [...] mais c'est mon Père », devait être connu à ton époque.

Dans le désert, la manne tombait avec une exactitude miraculeuse. Il y avait pour chacun, selon ce qu'il ramassait, la quantité exacte de nourriture nécessaire — ni trop ni pas assez. « Quand ils mesurèrent, celui qui avait beaucoup recueilli n'en avait pas trop et celui qui avait peu recueilli en avait assez. Chacun avait recueilli ce qu'il pouvait manger. » Ainsi, sur un plan social, la manne était une nourriture idéale — ce que ton apôtre Paul ne manquera pas de rappeler[7]. À la suite de Moïse[8], tu as accompli le miracle de la manne... Mais il y eut une première différence entre le pain de Moïse et le pain que tu as multiplié : il est resté un surplus de pain ! La surabondance des *matsot* — douze paniers pleins ! — ne dépréciait-elle pas le miracle, alors que la manne était mesurée à chacun selon ses besoins ? Apparemment, l'assistance ne fut pas déroutée par cet incident. Si quelqu'un dans l'assistance a soulevé cette objection, ce que ne mentionnent pas les Évangiles, on a pu lui répondre que Moïse, lui aussi, avait ordonné à Aaron de déposer une mesure de manne dans un panier[9], « de le placer devant L'Éternel afin de préserver la manne pour les générations » à venir. La répartition des restes de *matsot* dans douze paniers, un pour chacune des douze tribus d'Israël, pouvait être de la même veine.

Tu le savais bien, et ton geste en était la démonstration : rien n'évoque davantage la manne que la *matsa*. Et vice versa. La caractéristique de la *matsa* est d'être a-zyme, privée de levain ; le levain qui fait lever la pâte représentait pour toi ce qu'il évoque dans le Talmud : le péché qui fait monter la passion. La manne, « cette chose menue, floconneuse, fine comme le givre sur la terre », qui, elle, tombait du ciel avec la rosée, était d'une pureté primaire, absolue, comme l'est la *matsa*, faite de farine et d'eau, sans le moindre ajout ; c'est le pain dans sa forme originelle. Sur instruction divine, la *matsa* avait nourri les Hébreux, juste *avant* la sortie d'Égypte. Ils emporteront avec eux la pâte azyme qui va les alimenter jusqu'à ce que la manne se substitue à la *matsa*. C'est dans cette perspective que la Tora appelle Pessa'h : “Fête des matsot[10] ».

Tu as produit la *matsa*, rabbi, distribué sa part à chacun. La foule n'a pas contesté ton miracle. Mais, sous l'influence de nouveaux arrivants, la correspondance entre la manne qui pleuvait chaque matin en faveur des Hébreux — donc le « pain du Ciel » — et le pain que tu as multiplié à partir des cinq « pains de la terre » fut remise en question. Dans la Bible — dans notre Bible, rabbi — les deux formules existent bel et bien. Il y a le « pain du Ciel », pain du miracle, nourriture idéale, égalitaire, divine, dont parle l'Exode, et il y a le « pain de la terre » accordé par Dieu, que l'homme a le devoir de produire. Mais ce jour-là, les deux expressions se sont subitement chargées d'une lourde ambiguïté.

Le débat qui s'ébauche, le malentendu qui se précise et qui, à Kfar Na'houm, t'oppose à la foule, porte sur la nature de ce don : l'un vient du Ciel, le domaine de Dieu ; l'autre de la terre, le domaine des hommes. Le Ciel et la terre ! Toi, rabbi, et les autres... Les Évangiles évoquent souvent ton origine céleste. Selon Matthieu et Luc, ta conception biologique fut, elle aussi, céleste. Les propos du Baptiste vont dans le même sens. Cet homme modeste, profondément respecté par d'innombrables disciples, et qui se réclamait de la terre, affirmait que toi, au contraire, tu venais « d'en Haut [11] ». Tu renchéris sur son propos, déclarant que tu es issu de Dieu, que c'est Lui qui t'a envoyé sur terre. Mais alors, rabbi, si tu es du Ciel, pourquoi as-tu accompli un miracle de la terre ?

Telle est l'origine de la contestation de Kfar Na'houm. C'est si vrai qu'on ne peut expliquer autrement la soudaine référence à la manne. « Nos pères ont mangé la manne dans le désert », a lancé la foule, ou quelqu'un de la foule, alors que, de manne, il n'avait pas été question jusque-là dans les récits évangéliques ! Oui, ont-ils repris, tu as produit du pain de la terre, mais « nos pères ont mangé la manne [...] comme il est écrit, le pain qui venait du Ciel ». Et parce que tu semblais incapable de leur procurer le « pain du Ciel », d'agir comme Moïse l'avait fait dans le désert, ils t'ont alors demandé : « Quel signe fais-tu, toi, afin que nous soyons certains de la vérité qui est en toi ? » Pour être sûr *de la vérité qui est en toi*, ils t'ont demandé le signe, celui du Deutéronome, « ce dont parlera le prophète au nom de l'Éternel » et qui doit s'accomplir à titre de preuve ! Ils te l'ont demandé avec d'autant plus d'insistance qu'ils attendaient de toi, le nouveau Moïse — et précisément en ce mois de nissân, le mois de la Libération —, que tu les libères de l'occupation romaine[12] ! Ne peux-tu, rabbi, nous annoncer la bonne nouvelle ? Celle de la délivrance immédiate de l'occupant, ou pour le moins une délivrance datée ? Voilà ce qu'ils disaient... Or tu ne l'entendais pas ainsi. La libération que tu promettais était d'un autre ordre ; toi, tu parlais d'une libération par la foi... par la foi en toi.

Selon l'un des doublets, les « pharisiens et les sadducéens » sont apparus après la multiplication des pains. Eux aussi, ils t'ont demandé « un signe venant du Ciel » ! Ton refus fut absolu : « Génération mauvaise et adultère ! as-tu crié, elle réclame un signe et de signe il ne lui sera donné que le signe de Jonas. » Les laissant là, tu t'en allas.

Puisqu'ils refusaient de croire en toi, qu'ils exigeaient un signe pour avoir foi en toi, tu les condamnais au « signe de Jonas ». Comme ceux de Ninive vers lequel Jonas refusa d'aller, il leur faudra changer de conduite pour obtenir le secours de Dieu ! Il n'y aura pas d'autre recours. C'est bien ça, le « signe de Jonas » : le salut par les actes de repentance qui s'oppose au salut par la foi. Ce signe du Livre de Jonas, familier aux Juifs par la liturgie des jours de repentance et de jeûnes[13], deviendra-t-il énigmatique, plus tard, pour les Pères de l'Église ? Toujours est-il qu'ils interpréteront ta réponse en faisant un parallèle entre Jonas, resté trois jours dans le ventre du « poisson », et toi, resté enseveli trois jours dans la terre avant de te « relever d'entre les morts ». Ils ont voulu voir dans ton propos l'annonce de ta Passion et ta Résurrection. Mais dans ta bouche, rabbi, le « signe de Jonas » ne pouvait être qu'une référence à la tradition juive.

« Les laissant là, tu t'en allas... », comme Jonas refusant de se rendre à Ninive. Ils ne demandaient qu'un signe pour croire en toi... et tu leur as dénié le droit au pardon. Comment une « génération mauvaise et adultère » parviendrait-elle *à faire acte* de repentance pour mériter la grâce et la libération ?

Tu n'avais pas vocation d'accorder la libération au sens où elle fut consentie aux esclaves hébreux en Égypte, et que te réclamaient les Juifs de ton époque. Ce que tu voulais, ce que tu pouvais, c'était *nourrir* les foules de ton enseignement pour qu'à travers ta personne le royaume de Dieu s'établisse sur terre. « C'est mon Père qui vous donne le véritable pain du Ciel [...], qui donne la vie au monde de la durée présente. » Le pain qui nourrit aux plans biologique et spirituel, celui qui vous a rassasiés et que, moi, je vous ai présenté, il vient de Dieu, de Dieu mon père. La foule qui a la nostalgie d'un passé glorieux est heureuse. Elle répond : « Seigneur, *toujours* donne-nous ce pain ! » Toujours...

Quarante années durant, la manne tombait chaque matin. Que revienne le temps de la manne, de cette nourriture qui satisfaisait l'esprit pour l'ouvrir à l'enseignement du divin... Les gens de Galilée espéraient que toi, rabbi, tu allais rétablir la relation merveilleuse d'antan, de la manne accordée *chaque jour*. Pour eux, le retour de la manne aurait été le signe du retour de Dieu ! Peut-être se répétaient-ils déjà ce que le Midrach consignera dans son commentaire sur l'Ecclésiaste : « De même que le premier libérateur faisait pleuvoir la manne [...], le dernier libérateur fera descendre la manne. » Mais ce signe-là, non plus, tu n'as pu le leur offrir.

La manne ! Ce n'est pas seulement la nourriture égalitaire que Paul cite en exemple. Lorsque Moïse en parle dans le long discours qu'il adresse à Israël avant l'entrée en Terre promise, donc avant que ne cesse le miracle de la manne, il dit à Israël : Dieu « t'a fait endurer la faim, il t'a donné à manger la manne [...] pour te montrer que l'homme ne vit pas seulement de pain, mais que l'homme vit de tout ce qui sort de la bouche de L'Éternel[14] ».

Pour se nourrir de l'enseignement divin, Moïse n'avait ni mangé ni bu pendant les quarante jours et les quarante nuits où il se trouvait sur le Sinaï. En ces temps exceptionnels, la Tora, don du Ciel, pouvait être accordée aux hommes sur terre, à des hommes appelés à assimiler son enseignement[15], et qui, dans l'immensité du désert, sous la voûte du Ciel, face à Dieu, seront soumis à un « régime » évoquant celui de Moïse sur le Sinaï. Les rabbins ne disaient-ils pas que seul l'enseignement des « mangeurs de manne » faisait autorité ? Ils affirmaient encore que la manne était pareille à la Voix de Dieu qui parvenait à chacun selon ses capacités intellectuelles. Et voudrait-on imaginer que, dans la Tora dictée par Dieu à Moïse, ce fut le hasard qui de toutes les lettres de l'alphabet — il n'en manque pas une seule ! — a serti le verset accordant sa mesure de manne à chacun en Israël ? Manger la manne, c'est manger le Livre ! Voilà pourquoi elle *rassasiait.*

Dans la nuit, à Naarata

Arrêt à l'embranchement de la nouvelle route qui, depuis les accords d'Oslo, conduit à Jérusalem sans passer par Jéricho. J'ai éteint les feux de la voiture pour rendre ses droits à la nuit. Au-dessus de nous, les rivières d'étincelles dessinent les champs fleuris de l'au-delà. Le ciel était comme ça, quand le camp des Hébreux avançait pour faire le siège de Jéricho.

Le ciel était comme ça, rabbi, quand tu t'es retiré dans le désert. C'est tout près d'ici, à Naarata, affirme une tradition locale, que tu as été tenté par Satan. Matthieu et Luc accentuent la comparaison avec Moïse dans le désert du Sinaï :

« Jésus jeûna quarante jours et quarante nuits, après quoi il eut faim. » Le tentateur t'a invité à faire la preuve que tu es le fils de Dieu en changeant en pain les pierres alentour. Mais toi, tu... ne mangeais pas de ce pain-là ! Tu lui as répondu en citant précisément les paroles de Moïse : « L'homme ne se nourrit pas seulement de pain, mais de tout ce qui sort de la bouche de L'Éternel. » Tu as refusé le pain de la terre, le pain fait de pierre ! Tes apôtres Matthieu et Luc ont l'air de suggérer que, dans le désert, tu as reçu l'enseignement que les gens de Kfar Na'houm t'ont reproché de ne pas savoir dispenser : le pain du Ciel, la manne, qui seule est capable de nourrir vraiment. Et seule capable de guider les hommes.

Dans le système de pensée de l'hébraïsant, l'identification entre pain et Tora est une démarche toute naturelle[16]. Si bien qu'à Kfar Na'houm tes interlocuteurs pouvaient comprendre ta proclamation : « C'est moi qui suis le pain de la vie, celui qui vient vers moi n'aura plus faim. » Par cette formule, tu leur signifiais que tu allais continuer ton œuvre missionnaire, « parcourir toute la Galilée, enseigner dans les synagogues, proclamer la bonne nouvelle du Royaume ». Mais ce que les hommes et les femmes réunis ce matin de Pessa'h, ou la veille ou même l'avant-veille, ont bien plus de peine à accepter, c'est la suite de ton discours. « Je suis descendu du Ciel », as-tu affirmé, signifiant par là qu'il suffisait de croire en toi pour gagner la vie éternelle.

Comment est-ce possible ? se sont demandé les gens de Tibériade. « Celui-ci n'est-il pas Jésus le fils de Joseph ? Nous connaissons son père et sa mère. Comment donc peut-il dire maintenant : du Ciel je suis descendu ? » Tu as cherché à t'expliquer mais les dernières paroles que tu leur as adressées ont mis fin, définitivement, à l'espoir que tu avais suscité en Galilée...

Tu leur as déclaré, rabbi, que ton pain, le pain que tu es, surpasse la manne qu'ils réclament ; qu'il est supérieur au pain du miracle que Dieu, inlassablement et pendant quarante ans, a accordé à leurs ancêtres. Tu leur as encore dit — tu *aurais* dit : « Vos pères à vous, ils ont mangé la manne dans le désert et puis ils sont morts ; [...] moi je suis le pain vivant qui est descendu du Ciel, si quelqu'un mange de ce pain-là, il vivra dans la durée éternelle à venir. » Et puis : « Celui qui dévore ma chair et qui boit mon sang demeure en moi et moi en lui » ! Parce que boire le sang est une interdiction cardinale de la Tora — la Tora que tu enseignais —, la répulsion que les gens de Tibériade devaient éprouver à l'idée de se nourrir, même spirituellement, du sang d'un être animé de vie était si profonde que j'ai bien de la peine à croire dans l'authenticité de la formule. Ici, à Kfar Na'houm, à la foule impatiente, tu as dû déclarer autre chose, rabbi...Tout cela s'accorde si peu avec ce que les Évangiles eux-mêmes disent de ton art oratoire.

Tu fus un rassembleur. Tu étais éloquent, porteur d'une espérance magnifique que d'autres, assurément, n'ont pas su prodiguer avec la même conviction. Matthieu [17] déclare que les foules « étaient frappées de tes enseignements, car tu enseignais avec autorité et non pas comme leurs scribes ». Encore que ton enseignement était le même, ce sont leurs leçons que tu prodiguais, celles que la Tora et les prophètes avaient inculquées à Israël. Mais tu avais la manière. Tu appartenais au groupe des rabbins qui, à l'aide de paraboles, exposaient les enseignements imagés, percutants, que nous retrouvons disséminés dans toute la littérature talmudique. Certes, tes disciples ne te comprenaient pas toujours. Mais si Matthieu a raison, si tu te faisais mieux entendre que les autres — et le discours sur la Montagne le prouve superbement —, tu n'as pu tenir un propos qui, sans être étranger à la symbolique du Midrach, avait toutes les raisons d'indigner ceux qui voulaient croire en toi.

Le quatrième Évangile reconnaît la difficulté. « Il est dur ce propos », fait-il dire aux apôtres...

Nous atteignons les faubourgs de Jérusalem, mais c'est à Kfar Na'houm que va ma pensée. Sur la rive sablonneuse que je devine derrière les maisons du village et les champs de blé encore verts, le lac efface et retrace ses lisérés d'écume.

Ils partent, déçus, le regard vide, tous ceux qui t'avaient rejoint devant ta synagogue. Ils voulaient te nommer roi, rabbi ! Le lendemain, c'est à peine s'ils t'ont salué en partant. Seuls les plus craintifs, ceux qui redoutaient une malédiction, ont fait le signe de s'incliner en passant devant toi. Sur le lac, les premières barques prennent le large et voguent en direction de Tibériade.

Ils t'ont laissé là, avec les Douze, les seuls qui sont restés fidèles. Ceux-là te rassurent : « Toi tu es le saint de Dieu, le *machia'h*, le fils du Dieu vivant. » Tu les observes, ton regard s'arrête sur chacun d'entre eux. Mais de ces douze hommes, même de tes douze disciples, tu n'es plus sûr ! L'un d'entre eux est un adversaire. Judas fils de Simon, l'homme des Keriot, va t'abandonner, tu le sais. Lui non plus ne peut accepter ce que tu as dit sur le pain qui donne la vie éternelle pourvu qu'on croie dans la vérité qui est en toi ; sur le sang... sur ton sang nourrissant.

5

Le miracle interdit

Tu n'as rien fait pour les retenir, les gens de Tibériade. Ils comprendraient plus tard ! Matthieu et Luc écrivent que tu les as maudits ; que tu as maudit Kfar Na'houm, Bethsaïde, Chorazïn, les villes [1] riveraines qui furent témoins de tes miracles et qui n'y ont pas cru. Pourtant les foules guettaient tes prodiges. Ils t'avaient suivi « de l'autre côté de la mer de Galilée, dit Jean, parce qu'ils voyaient les signes que tu faisais en faveur des malades [2] ». Comme ils vont aujourd'hui chez un rabbin qui les guérit ou sur la tombe d'un *tsadik*, à Netivot ou à Méron, à Brooklyn ou à Ouman [3]...

Tu étais habité de dons particuliers. Miracle ! criaient les gens quand tu rendais la lumière à un aveugle, quand tu libérais un paralytique des chaînes qui l'immobilisaient... Tu as usé de ces dons pour guérir, mais aussi pour convaincre ceux qui allaient à ta rencontre. Après quoi tu es monté à Jérusalem et au Temple. Tu y as agi comme tu le faisais sur les rives du lac de Tibériade. Mais à Jérusalem, mais au Temple, des hommes veillaient... Il y avait tant de faux prophètes, tant d'êtres étranges qui croyaient ou prétendaient que la libération était proche. « Prenez garde que personne ne vous égare », as-tu dit à tes disciples. À Jérusalem, on prenait garde. Il y avait les Romains qu'il fallait rassurer et le « système » à protéger.

Le système ! Je t'entends, rabbi... Ce mot, tu n'en veux pas. Le système vide l'être de son âme, le système corrompt. Seulement les prophètes l'ont dit avant toi ; comme l'ont dit les meilleurs parmi les sadducéens ; et les hommes de Qumrân qui ont quitté non seulement le système, mais encore Jérusalem ; et les *perouchim* (les pharisiens) qui s'en sont « séparés », comme l'indique leur nom ; mais aussi les tanaïm dont le Talmud a consigné les actes et les sentences. Et les esséniens [4] bien sûr, et le Baptiste, et tous les autres anachorètes, tous éperdus de pureté et d'immensité. Plus tard, parmi les Karaïtes et les 'hassidim du Moyen Âge [5], on tentera de changer le système, comme le feront tant de rabbins à travers les siècles ; comme le fait l'innombrable cohorte des simples fidèles, hommes et femmes qui, par-delà la Loi, cherchent la parole du Dieu vivant. Et les kabbalistes de Safed et les 'hassidim du Baal Chem Tov. Chabtaï Tsvi, lui aussi, a cherché. Et la foule de ses fidèles, de Smyrne à Varsovie, qui, au XVIIIe siècle, étaient sûrs, mais absolument sûrs qu'il était le Messie, a cherché elle aussi. Tous ont cherché ; tous ont inventé de nouveaux systèmes... Sans le vouloir, parfois sans le savoir. Toi aussi, rabbi. Si ce n'est toi, ce sont les hommes qui sont venus après toi, et c'est en ton nom qu'ils ont élaboré leurs systèmes. Pour sauver le système, ils n'ont pas hésité à mutiler l'œuvre même qui les inspirait en tronquant dans les Évangiles tes propos et tes actions [6].

Ils l'ont fait parce que, sans le système, tout s'écroule. Privé de système, Dieu ne serait plus que le père de quelques-uns. Or la Tora ne fut donnée ni à Moïse ni à Coré ; c'est à la multitude, au peuple désigné à cet effet, au peuple tout entier, rassemblé au pied du Sinaï qu'elle a été confiée. La Tora fut donnée dans le désert, avant l'entrée en Canaan, ont souligné les rabbins. Parce que la Tora appartient à tous. On pouvait l'entendre... on peut l'entendre dans toutes les langues que parlent les hommes, ajoutait Rabbi Yo'hanan [7].

14 iyar
Dimanche 10 mai

Système et mémoire ! Israël n'oublie rien, sa tradition garde la trace d'événements qui n'ont plus aucune pertinence aujourd'hui sur le plan pratique, mais qui véhiculent l'espoir du Retour, du passé qui anticipe. La Tora avait accordé aux personnes atteintes d'une impureté rituelle au 14 nissân le droit d'immoler le *pessa'h* un mois plus tard. Il n'y a plus d'agneau pascal et les notions de pureté ou d'impureté n'ont plus cours depuis la destruction du Temple. Mais qu'importe ! Le 14 iyar, ou « Pessa'h *bis*[8] », figure toujours dans nos calendriers. Les manifestations rituelles de tristesse, le jeûne et l'oraison funèbre y sont interdits. Ce matin, à la synagogue, on a supprimé le texte liturgique de la contrition.

La mémoire talmudique est, elle aussi, étonnante — encore que ses repères historiques soient souvent discutables. Elle se rappelle le jour funeste où le système bascula de façon dramatique. Cela se passait dans le pavillon de 'Hanania ben 'Hizkiya ben Garon. Une série d'articles législatifs fut alors fixée à l'avantage des thèses plus rigides et absolues de Chamaï dont les représentants étaient majoritaires. « Ce jour-là, dirent les rabbins, fut aussi néfaste à Israël que celui où les Hébreux avaient fondu le veau d'or. » Peut-être parce que, dans le camp de Chamaï, on en vint « ce jour-là », par la menace des armes, à empêcher des partisans de l'école de Hillel de participer au vote. Le fait est relaté dans le Talmud de Jérusalem, mais la nature des décisions prises laisse supposer que les oppositions entre les deux écoles étaient politiques et d'ordre nationaliste. Les ultras en politique l'auraient emporté ! Ce qui a amené des chercheurs à situer cette histoire au temps de l'insurrection contre Rome. D'autres pensent que 'Hanania ben 'Hizkiya ben Garon[9] fut un élève de l'illustre Chamaï, ce qui avancerait l'événement de quelques décennies. Quoi qu'il en soit, le système a basculé plusieurs fois, de l'école de Chamaï à celle de Hillel, puis de nouveau de la rigueur à davantage d'ouverture. Ce dernier revirement date d'un homonyme de Jésus, Rabbi Yehochoua, qui vécut aux premières décennies suivant la destruction du Temple. « Ce jour-là », raconte le Talmud, les écoles furent ouvertes à un plus grand nombre, même aux étudiants dont on ne savait pas s'ils auraient la force d'âme nécessaire pour enseigner et légiférer sans fausse dévotion [10].

Les systèmes se reproduisent, meurent, renaissent à la vie. Pour éviter le pire, quand la mesure est comble, il arrive que quelqu'un provoque le système. Mais la provocation est toujours dangereuse...

Rabbi, tu fus un provocateur. Reste que dans le camp des rabbins qui était le tien, tu es resté minoritaire à une époque où toute décision rituelle ou législative était prise à la majorité. Tu fus un révolutionnaire, mais très minoritaire ! Depuis Jérusalem, les gardiens de la foi avaient enquêté sur ton activité en Galilée. Ils t'ont mis en garde et, finalement, t'ont laissé faire. Alors tu t'es rendu à Jérusalem, précédé de ta réputation de guérisseur et thaumaturge, de prophète, de messie, et tu as persisté.

Si tu n'avais cherché qu'à guérir, qu'à consoler, peut-être t'auraient-ils accordé le libre exercice de tes activités. Ainsi Rabban Gamliel l'Ancien l'avait concédé à 'Honi, le traceur de cercles*. Mais tu as exploité tes dons particuliers et merveilleux pour faire la preuve de ta mission divine. Tu allais guérir un paralytique, « pour que vous sachiez, disais-tu à l'assistance, que le Fils de l'homme [11] a le pouvoir sur la terre ».* Et ça, les gardiens de Jérusalem ne pouvaient l'admettre...

Je te prends à témoin, rabbi ! Le miracle-preuve, celui qui ne sert à rien, si ce n'est à authentifier son auteur, Dieu lui-

* Voir page 66.

même n'en a usé que dans des cas extrêmes d'incroyance. En faveur des Hébreux, à l'issue de leur long esclavage en Égypte pour confirmer la mission de Moïse ; à l'égard du pharaon pour confondre le système polythéiste et l'esclavagisme. Dans le désert, après la révolte de Coré, parce que le peuple n'était plus capable de trouver la voie et, dans des circonstances identiques, absolument identiques, le prophète Élie demanda à Dieu de désavouer l'autorité des *baals* par un signe manifeste. Mais cette catégorie de miracles est bien vite oubliée ; ses effets ne durent que ce que durent les roses [12]...

28 iyar
Dimanche 24 mai

Israël célèbre aujourd'hui la réunification de Jérusalem. Au sixième jour, ses murailles tombèrent. C'était en 1967. Un quart de siècle plus tôt — la rafle du Vel d'Hiv a eu lieu en 1942 —, aurait-on pu croire, sans croire au miracle, que Jérusalem, le Mur, la « montagne » du Temple reviendraient au peuple juif ?

Pourtant, Jérusalem reste en état d'alerte. Tout serait si merveilleusement simple dans la cité la plus compliquée de la terre, si une voix, depuis le Ciel... Mais il est interdit de tricher : Dieu a inventé l'athéisme, expliquait un maître à son élève, pour nous persuader qu'Il n'existe pas ! Car c'est à nous de veiller sur les hommes et sur l'univers ; c'est nous qui devons faire la paix dans le monde. Comme si Dieu n'y était pas.

La permanence du miracle n'a jamais été remise en question. Cependant il doit être discret, comme s'il était la chose la plus « naturelle » du monde. Sinon, les rabbins n'en veulent pas... Ils n'en ont jamais voulu. Quand Abba 'Hilkiya aperçut la délégation rabbinique qui venait lui demander de prier pour la pluie, il dit à sa femme : Montons sur le toit et prions afin que la pluie ait l'air de tomber d'elle-même [13]. C'est sur ce point, rabbi, que la rupture entre le judaïsme rabbinique et toi a dû se produire. Le rejet du miracle allait conduire au rejet de ta personne, parce que tu fondais ton autorité sur les miracles que tu accomplissais.

Quand le Baptiste a fait demander si tu étais « celui qui doit venir », tu as répondu : « Allez rapporter à Jean ce que vous entendez et voyez : les aveugles voient et les boiteux marchent, les lépreux sont purifiés et les sourds entendent, les morts ressuscitent... » Le miracle, tu voulais en persuader le Baptiste et les autres, était la preuve de ton élection.

Certes, les foules — d'hier et d'aujourd'hui — souhaitent le miracle. Mais les maîtres, ceux dont les propos sont rapportés dans le Talmud, ont sur ce point une approche très différente. Ils diront même que le « pain du Ciel », le miracle recommencé chaque matin pendant quarante années, et dont la foule à Kfar Na'houm réclamait le retour, fut créé en même temps que l'univers, pour être mis en réserve de l'Histoire. Dès lors, la « pluie » de la manne se confondait avec un phénomène aussi naturel que les précipitations en hiver. Du raz de marée qui permettra à la mer Rouge de s'ouvrir devant les Hébreux à la parole accordée à l'ânesse de Bileam, tout était en réserve depuis le miracle initial de la Création [14] ! Les rabbins répugnaient à l'idée que Dieu change les règles naturelles qu'il a fixées et qu'on le forçât au miracle. Même au Temple, lieu privilégié des miracles, sans lesquels le Sanctuaire n'aurait pas grand sens, Rava, un maître du IVe siècle, rapporte qu'on s'y comportait sans attendre d'intervention miraculeuse. Et si le Talmud conte parfois des miracles, il n'en accepte pas pour autant le caractère exemplaire. En témoigne ce récit tiré du Traité de Ta'anit [15].

L'histoire a pour héros 'Honi Hame'aguel le traceur de

cercles *(ma'agal)*. La sécheresse s'était installée dans le pays et menaçait de le ruiner. 'Honi fut sollicité, il accepta de prier... mais les cieux restèrent intensément bleus. Alors « il traça un cercle, se plaça à l'intérieur et dit en s'adressant à Dieu : Tes enfants se sont tournés vers moi, parce que je suis devant toi comme un familier de la maison. Je jure par ton grand Nom que je ne bougerai pas d'ici jusqu'à ce que tu aies pitié d'eux ». Le récit continue : « Les pluies commencèrent à goutter. Il dit : Ce n'est pas ce que je t'ai demandé, mais des pluies capables de remplir des puits, des citernes, des cavernes... Elles se mirent à tomber avec violence. Il reprit : Ce n'est pas ce que je t'ai demandé, mais des pluies bienfaisantes, bénies et bonnes. »

Cette histoire-là se passait au temps de Chimon Ben Chéta'h, un siècle avant Jésus ! Quant à 'Honi, il ne demandait rien d'« extraordinaire » ; la pluie est un phénomène naturel [16] et son absence est contraire à l'ordre normal des choses... Pourtant, le procédé dont usa le traceur de cercles lui valut le désaveu des rabbins. Chimon Ben Chéta'h, alors président du Sanhédrin, lui fit parvenir le message suivant : « Si tu n'étais pas 'Honi, je décréterais contre toi l'anathème. Mais que faire, alors que tu es choyé par Dieu qui fait ce que tu souhaites, comme un père chérissant son enfant. » La peine d'anathème était une mesure extrême. Que le chef du Sanhédrin l'ait invoquée montre bien la gravité du reproche adressé au traceur de cercles.

Un Sanhédrin aurait pu prononcer ce genre de sanction contre toi [17], rabbi. Reste que la grande différence, la différence essentielle entre 'Honi et toi, c'est que le premier agissait exclusivement pour venir au secours des gens ; alors que, chez toi, les miracles avaient aussi — surtout ? — pour objet de prouver ta messianité ou ta quasi-divinité (« moi je suis d'en Haut ») en vue de modifier le système. 'Honi Hame'aguel n'était qu'un « enfant », dit Rabban Gamliel,

« un familier de la maison » qui n'avait aucune ambition particulière et certainement pas celle d'être un révolutionnaire. Il rendait service, c'est tout. Pour venir en aide aux autres « enfants » du bon Dieu, il prenait soin d'éviter le conseil d'un Sanhédrin qui lui aurait interdit le recours au miracle.

Enfant de Dieu, parmi d'autres « enfants », tu étais certes libre, rabbi, de faire des miracles en faveur d'autrui. On t'en savait infiniment gré. Mais, dès lors que tu usais du miracle [18] comme d'un argument logique ou démonstratif, les rabbins ne pouvaient le tolérer ; maîtres de la Halakha ils se devaient de te désavouer.

6

La fin des prophètes et des caroubiers

29 iyar
Lundi 25 mai

Mohammed Khatami, qui célèbre aujourd'hui l'anniversaire de son élection comme président de la république d'Iran, pourra-t-il, voudra-t-il, exercer une influence modératrice sur les rapports avec Israël ? La nouvelle Perse est devenue l'ennemi le plus menaçant de l'État juif, dont les citoyens doivent leur survie en tant que Juifs au très lointain prédécesseur de Khatami, Cyrus, que le prophète Isaïe qualifiait de « messie[1] » pour s'être fait le libérateur des Juifs.

Nabuchodonosor avait détruit le premier Temple, déporté ceux des Hébreux qu'il n'avait pas massacrés, installé des populations païennes sur les terres de Judée et à Jérusalem. Et Cyrus vint. En –539, il s'assit sur le trône de Babylone, autorisa le retour des Judéens sur leurs terres : « Dieu agit sur l'esprit de Cyrus », rapporte le début du Livre d'Ezra. La tâche qui attendait les sionistes de l'époque, les quelques dizaines de milliers de Juifs ayant fait le pari du retour, était immense... Depuis cinquante ans, l'essentiel du culte du Temple avait cessé ; depuis soixante ans — après la déportation de Joakhin —, la voix des dirigeants s'était éteinte. Les derniers Livres bibliques, Zacharie notamment, décrivent le travail harassant qui attendait les Judéens à leur retour, alors que la plupart des déportés avaient choisi de demeurer en exil ; ils racontent aussi comment le Temple, ce deuxième Temple bien plus modeste que le premier, fut reconstruit. La nation était fragilisée à l'extrême, confrontée à mille difficultés et aux menaces constantes d'agressions internes et externes. Mais ce qui comptait avant tout, pour le prophète Zacharie, c'était l'enjeu spirituel. Alors que le terrorisme frappait le petit État de Judée et que les patriotes étaient en droit d'attendre une harangue violente, le prophète s'est écrié : « Ni par la force ni par l'épée, mais par mon esprit, dit L'Éternel ! »

Outre Zacharie, la Bible a retenu les appels du prophète Haggée encourageant la reconstruction du Temple, ainsi que ceux de Malachie qui, le Sanctuaire bâti, reprochait aux prêtres de profaner le service divin. Malachie fustigeait également ceux de la nation qui ne respectaient pas les droits de l'étranger, pressuraient la veuve et l'orphelin, retenaient le salaire des journaliers. Ces trois prophètes vont siéger en compagnie d'autres personnages, qui ne se réclament, eux, ni de la prophétie ni du sacerdoce, dans une sorte de Conseil suprême de la nation, la *Grande Assemblée*, chargée de l'élaboration ou de la reconstitution des Lois. Et c'est à cette haute Assemblée, souligne d'emblée le Traité des Pères, dans la première Michna, que les prophètes vont « communiquer la Tora » et conférer l'autorité législative qui leur était attribuée.

L'institution a duré quelque deux siècles et demi, mais nous ignorons tout des arrêts législatifs qu'elle a rendus. Ne sont restées que les trois maximes ou plutôt les trois règles de conduite que le Traité des Pères rapporte en son nom — « Soyez modérés quand vous jugez, formez de nombreux élèves, faites une haie pour la Tora » —, qui permettent de deviner l'ampleur de l'œuvre législative accomplie. La Loi semble maintenant bien implantée, puisque le souci des maîtres est d'élever une « haie protectrice » pour que rien ne perturbe le système. Quant au deuxième principe, il montre clairement que la Tora et son enseignement sont en phase de vulgarisation. Le temps des prophètes est fini, comme va finir celui des prêtres, en charge autrefois de la législation religieuse. Ces derniers auront pour mission d'appliquer le rituel sacerdotal dans le Temple reconstruit, sans plus. Quant à la Loi, ou Tora, elle sera interprétée par la Grande Assemblée, puis par le Sanhédrin ou les conseils des Sages, maîtres ou rabbins qui en sont les héritiers. Ce sont eux, et personne d'autre, qui vont tracer la voie royale sur laquelle Israël est tenu de progresser. Il n'y a plus de prophètes, parce qu'on n'a plus besoin d'eux. Ni Israël ni Dieu n'ont besoin des prophètes[2].

À lire la Bible, rabbi, cette évolution fondamentale n'est pas perceptible. Ni dans la Bible hébraïque[3], évidemment, puisque ses écrits prophétiques et historiques s'arrêtent avant la réforme de l'ancien système. Ni dans le Nouveau Testament, dont les écrits sont ultérieurs à la Grande Assemblée, à laquelle le Sanhédrin a succédé. Dans les Bibles chrétiennes, les Évangiles suivent immédiatement les textes des prophètes. Tes apôtres Matthieu, Marc, Luc et Jean y sont présentés comme témoignant dans la continuité d'Isaïe et de Jérémie, de Zacharie et de Malachie, quatre ou cinq siècles après le dernier d'entre eux[4]... La soudure est voulue : le nouvel Israël, la Nouvelle Alliance ne sont-ils pas censés prendre la suite de l'ancienne Loi ?

Or le mouvement inauguré par la Grande Assemblée a toujours été considéré par les Juifs comme irréversible ; à aucun moment il n'a été remis en question. Ceux qu'on appelle scribes, pharisiens, rabbins, sages, docteurs de la Loi, maîtres... considèrent que le temps des prophètes est passé. Ils refusent le miracle comme preuve et en interdisent le recours ; ils rejettent même l'idée d'une initiative divine, d'une manifestation « miraculeuse », prétendant intervenir pour fixer la Loi ou en dessiner les contours. Les rabbins disent : La Loi c'est nous ! Le Ciel n'a rien à y voir. Ils estiment disposer de tous les éléments nécessaires pour *rajouter à la Loi*, dans le cadre de la Tora orale, qui, disent-ils — car c'est bien d'elle qu'il s'agit dans le Traité des Pères —, leur est parvenue depuis Moïse par l'intermédiaire de Josué, des soixante-dix Anciens [5], puis des prophètes et de la Grande Assemblée.

En désignant les membres d'un Grand Sanhédrin de soixante et onze membres, les rabbins se réclamaient de la continuité biblique pour authentifier la Tora orale que Moïse avait partagée avec les soixante-dix. Car les rabbins cités dans le Talmud n'auraient jamais admis qu'on les prenne pour les inventeurs de la Loi. Ils ne faisaient qu'exploiter la Tora orale, comme on exploite une mine, en vue d'utiliser son minerai au moment opportun, de l'adapter selon ce que l'Histoire exigera. Une Histoire chaotique, bouleversée tant de fois et si profondément par les occupants de la Palestine ou par le pouvoir auquel était soumise la diaspora babylonienne, que la mine risquait d'être recouverte des sables de l'oubli. C'est pourquoi les maîtres reconstituèrent la Tora orale et la mirent par écrit [6].

Afin de réaliser cette tâche, les rabbins avaient à leur disposition non seulement le texte du Pentateuque et l'enseignement des prophètes mais la pratique courante, la tradition léguée par leurs maîtres, dont une série de règles herméneutiques pour déterminer la Loi. Ils se livreront à des déductions-séductions (*derachot*) à partir d'un verset, d'un mot, voire d'une lettre ou simplement d'un accent — une couronne tressée au-dessus d'une lettre dans le manuscrit de la Tora ; ou bien ils trouveront, dans le texte biblique, la confirmation des enseignements qu'ils ont reçus ou qu'ils exposent, dont ils avaient imprégné la mémoire de « répétiteurs », avant que ces enseignements ne soient consignés. En fonction de quoi ils vont fixer la Loi. Successeurs des Anciens, et donc de Moïse, les rabbins se considèrent dûment investis pour mener à bien cette mission.

Et c'est ainsi que tu faisais, toi aussi, rabbi ! Pour démontrer la suprématie de la vie sur l'observance du chabat, tu as usé de la terminologie[7] de la Michna. Quand tu citais le prophète Osée, disant que Dieu « veut la bonté, pas les sacrifices », tu as puisé aux mêmes références que Rabban Yo'hanan ben Zacaï. Quand tu déclarais qu'avant de prier le pardon de Dieu, il faut le demander aux hommes, je crois entendre les paroles de rabbi Yossé-haCohen à Béloria, une païenne convertie au judaïsme. Une édition comparée des maximes[8] que rapporte le Traité des Pères et de celles que les Synoptiques ont consignées surprendrait plus d'un chrétien. Et plus d'un Juif.

1er jour de sivan
Mardi 26 mai

Le Traité des Pères constitue le seul recueil de la Michna intégré au rituel. Des premiers maîtres aux derniers tanaïm, il traverse six ou sept siècles d'enseignements sacrés, attribués avec précision à leurs auteurs, souvent d'immenses personnages dont il arrive au Talmud de conter les prodiges. Les derniers chapitres énumèrent les merveilles de la Création, ceux aussi dont se réclamaient Jérusalem et le Temple, mais le surnaturel n'intervient jamais dans les règles qu'énoncent les maîtres et les tanaïm et qui constituent la substantifique moelle de l'enseignement talmudique.

Le surnaturel ? Le mot, à vrai dire, est impropre dans le contexte juif. Pour la Bible, pour les sages du Talmud, le miracle est naturel... Peut-être faut-il parler d'« irrationnel ».

Disons, alors, que jamais l'irruption de l'irrationnel, ou de ce qui paraît surnaturel, ne saurait avoir la moindre incidence sur la Loi et les modalités qui la déterminent. La Loi, depuis que les prophètes ne sont plus, appartient au champ exclusif des législateurs : les rabbins.

Un passage du Talmud est à cet égard particulièrement significatif. Il met en présence, aux dernières décennies du Ier siècle, Rabbi Éliézer et les autres membres du Sanhédrin dont le porte-parole est Rabbi Yehochoua. L'objet du débat est de savoir si certain four démontable est susceptible ou non de contracter une impureté rituelle. Ce n'est pas le cas, dit Rabbi Éliézer, s'opposant de la sorte à Rabbi Yehochoua et à la majorité de l'assemblée rabbinique. Rabbi Éliézer (ben Horkenos), connu pour n'avoir jamais innové, ne fait que transmettre l'enseignement qu'il a recueilli, et bien souvent au nom de Chamaï. Autrement dit, il est sûr de sa vérité ! Mais, puisqu'on ne veut pas l'écouter, le voilà qui fait appel à des phénomènes surnaturels.

Le Talmud[9] raconte que, sur sa demande, un caroubier s'est déplacé pour s'enraciner ailleurs ; que les eaux d'une rivière se sont mises à reculer ; que les murs de la maison d'étude où le collège rabbinique s'était réuni se sont inclinés, prêts à tomber. Rabbi Yehochoua rejeta, l'un après l'autre, les signes surnaturels. Un caroubier, dit-il, n'est pas une preuve. Une rivière, pas davantage. Et quand les murs de la maison d'étude ont fait mine de s'ébranler, il les apostropha avec sévérité : Ce n'est pas votre affaire ! mais celle des rabbins discutant d'un point de droit. Pourtant, Rabbi Éliézer était absolument sûr de son fait... Il demandait peu de choses au miracle : seulement de confirmer la tradition. De confirmer le système ! En vain. Alors, comme suprême argument, il implora le Ciel. Si la Loi est avec moi, s'exclama-t-il, que la preuve vienne du Ciel ! Aussitôt l'écho de la Voix (*bat kol*[10]) se fit entendre : « Pourquoi contester Rabbi Éliézer alors que la Loi est avec lui, invariablement ? » En cet instant prodigieux, a-t-on senti dans la salle du Conseil ce silence stupéfait qui laisse l'assistance sans voix ?

D'un bond, Rabbi Yehochoua s'est levé. Citant la Tora à témoin, il s'est écrié : « Elle n'est pas dans le Ciel ! » Puis s'adressant à Dieu, il renchérit : « Nous ne prêterons pas attention à l'écho de la Voix car toi-même tu as écrit dans ta Tora, sur le mont Sinaï : La Loi est fixée par la majorité ! »

Que pouvait être cet « écho de la Voix », textuellement « fille de la voix », qui, dans de rares passages du Talmud, révèle une intervention divine ? Une manifestation de l'Esprit saint reposant simultanément sur un groupe de personnes ? Qu'importe ! La majorité — réformiste — conduite par Rabbi Yehochoua interdit à Dieu d'intervenir dans le débat juridique. Dessiné par un artiste surréaliste, le tableau qui met aux prises Rabbi Éliézer et ses collègues sur fond de caroubier enseigne que, pour élaborer la Loi, seule compte la démonstration logique, fût-ce à l'encontre d'une tradition dont l'authenticité n'est pas contestée, dès lors que la majorité a décidé de suivre une autre école — en l'occurrence celle de Hillel. Qu'importent les signes et les miracles ! Le Ciel même dût-il se faire entendre, les rabbins n'en tiendront pas compte. La Tora l'interdit ! Eux seuls sont habilités à fixer la Loi. Et Rabbi Natan qui, rencontrant le prophète Élie, l'interrogea sur la réaction de Dieu s'entendit répondre : « Il [Dieu] a ri et Il a ajouté : Mes enfants ont eu raison de moi... » En d'autres termes, le système mis en place par les rabbins, et auquel Dieu a consenti, ne lui permet pas d'intervenir dans l'application de sa Tora ! C'est le prix à payer pour que les hommes soient en mesure de prendre en main leur destin.

Cependant, Rabbi Éliézer n'avait pas cédé ; si bien que le collège rabbinique, que présidait Rabban Gamliel, le voua à l'anathème et on annula tous les arrêts pris par le dissident en matière de pureté et d'impureté rituelles. Aussitôt, continue le Talmud, divers phénomènes, naturels cette fois-ci, se produisirent mais leur intensité ne trompait pas : Dieu exprimait son désaccord. Certes, la Loi devait suivre les décisions de la majorité rabbinique, mais de quel droit voudrait-elle, à coups d'anathème, empêcher les minoritaires de faire valoir leur point de vue ? Et quand la tempête menaça le bateau sur lequel se trouvait Rabban Gamliel, il comprit le message. « Tout ça, dit-il, c'est à cause de Rabbi Éliézer fils de Horkenos. » Debout, malgré la tourmente, il adressa ces paroles au Tout-Puissant : « Maître du monde ! Je n'ai agi ni pour mon honneur ni pour celui de mes ancêtres ; seulement pour le tien, afin que les divergences ne se multiplient pas en Israël. » Aussitôt, la mer se calma.

Ce n'est pas que Rabban Gamliel, Nassi ou chef de la nation occupée et du Sanhédrin, ait voulu user de son autorité pour interdire les divergences d'opinions. Ce qu'il se refusait à admettre — la tempête qui se calme semble lui donner raison —, ce que ses collègues ne pouvaient accepter davantage, c'est que Rabbi Éliézer tente de faire céder la majorité par des signes surnaturels. Ils n'acceptaient pas davantage qu'une tradition, même incontestée, puisse à jamais figer la Loi.

Les divergences d'opinions étaient nécessaires pour déterminer la Loi et le débat talmudique ne pouvait être paralysé ni par le miracle ni par la seule leçon de la Tradition [11]. Quand plus tard, après un autre débat, qui dura pas moins de trois ans, sans que les deux écoles ne parviennent à se départager, la *bat kol* arrêtera que l'enseignement de l'école de Hillel doit prévaloir, elle ajoutera : « Les uns et les autres — *élou va-élou* —, aussi bien l'opinion de l'école de Chamaï que celle de l'école de Hillel, sont paroles du Dieu vivant. » Et le Talmud d'interroger : « S'il en est de la sorte [si les leçons de l'école de Chamaï traduisent, elles aussi, la volonté divine], pourquoi ceux de l'école de Hillel ont-ils mérité que la Loi soit fixée d'après leur enseignement ? » Parce que, répond-il, « ils sont amènes, [prêts à] supporter l'offense, et qu'ils exposent à la fois leurs propos et ceux de l'école de Chamaï ». Bien plus, termine le texte, ils rapportent d'abord les paroles prononcées par les maîtres de l'école de Chamaï.

7

Ni accomplir, ni abolir — mais ajouter à la Loi

3 sivân
Jeudi 28 mai

Le compte de l'*'Omer*[1] touche à sa fin. Les juifs pratiquent à la lettre la prescription du Lévitique demandant de « compter » cinquante jours entre Pessa'h et Chavouot (la Pentecôte). Pour unir dans un même acte de mémoire la libération physique, celle de la sortie d'Egypte, que rappelle Pessa'h, à la libération spirituelle : la promulgation de la Tora sur le Sinaï, évoquée par Chavouot. Nous en sommes au quarante-sixième jour et, selon le calendrier biblique, c'est aujourd'hui exactement, il y a quelques milliers d'années, qu'Israël campa au bas de la montagne où, trois jours plus tard, les Dix Paroles allaient être proclamées. Moïse va « monter » vers Dieu qui « descend » vers les hommes, et c'est alors que les Hébreux sont sommés de répondre à cette question préalable : sont-ils disposés à accepter la Tora, à se conformer à la Loi ? « Tout ce que L'Éternel nous dira, nous le ferons », répondront-ils d'une même voix[2]. Avant l'entrée en Terre promise, Moïse renouvellera l'alliance « aussi bien avec qui se tient ici avec nous, en présence de L'Éternel notre Dieu, qu'avec celui qui n'est pas ici avec nous aujourd'hui ». Ainsi sera ratifiée la permanence du pacte engageant chaque individu d'Israël.

Tu t'es associé à ce serment, rabbi ! Tu fus très net. Il ne faut rien changer à la Tora, as-tu affirmé. Pas un yod — pas un *iota,* comme dit le texte grec. Dans le fameux « sermon sur la montagne », l'une des collines dominant le lac de Tibériade, tu as ajouté : « N'allez pas croire que je suis venu abolir la Tora ou les prophètes. Je ne suis pas venu abolir mais *plèrôsaï*[3]. »

Que n'avais-tu dit là ! Ou plutôt, combien lourde de conséquences fut la transcription de tes paroles en grec ! Il a fallu attendre deux mille ans pour que les chrétiens commencent à s'interroger sur le sens que leur tradition avait jusque-là donné à ce verbe « accomplir ». Et c'est un Juif du XXe siècle, Jules Isaac, qui, le premier, a relevé le caractère « acrobatique » des exercices d'explication élaborés par ceux qui, se réclamant de toi, détournaient le sens de tes paroles : « Jésus a accompli la Loi de Moïse, en ce sens qu'il l'a portée à son achèvement. » Ainsi commentait un premier théologien. « L'accomplissement sera une abolition », disait un autre. « La Loi sera accomplie au double sens d'élever à la perfection et de périmer », affirmait un troisième. « Accomplir ne signifie pas uniquement mettre en pratique, mais consommer », expliquait un quatrième. « Accomplir, conclut Jules Isaac, quel magnifique horizon que ce verbe découvre à l'imagination théologique ! »

Mais l'exacte signification de *plèrôsaï,* celle qu'à coup sûr tu lui donnais, rabbi, on la connaît, grâce au Talmud[4] qui cite ce passage du « sermon sur la montagne » ! Il met dans la bouche d'un juge nazaréen ou chrétien la formule dont tu as usé, et qu'il a traduit *plèrôsaï* par le radical *(Y)-S-Ph,* qui signifie « ajouter ». Les maîtres du Ier siècle disposaient de certaines des paroles que tu as prononcées, ou que l'on te prêtait, rassemblées sous le nom de *logia.* Dans ce cas précis, leur rétroversion en araméen permet une exégèse exacte, dont il ressort que tu as dit ce que disaient — et ce que faisaient — les rabbins. Tu as « rajouté » au texte de la Tora, tu as élevé cette fameuse « haie » que préconisaient les membres de la Grande Assemblée.

Tu as rajouté, rabbi, comme aujourd'hui rajoutent — ou devraient rajouter — les rabbins en charge de leur communauté. Et pour bien montrer qu'il s'agissait seulement de « rajouts », mais que tu restais pleinement respectueux de la Loi, tu as prononcé cette autre phrase que Luc[5] rapporte en ces termes : « Il est plus facile que le ciel et la terre passent, que ne tombe un seul trait de la Tora. »

L'océan du Talmud n'est rien d'autre que cet interminable chapelet de rajouts, de commentaires mis sous forme de dialogues et d'études autour des commandements que Dieu a communiqués aux hommes. Les docteurs de la Loi n'ont cessé d'enseigner que ces rajouts font partie de la « Tora orale » communiquée à Moïse sur le Sinaï pendant ces longues périodes — trois fois quarante jours — durant lesquelles, nourri par ce qui « sort de la bouche de Dieu » et en adhésion totale avec lui, il apprit à connaître la Loi. Et la manière d'y ajouter. « Qui n'ajoute pas est emporté », dira Hillel. Et les « tossaphistes » français, commentateurs du Moyen Âge, portent ce nom parce qu'ils vont « rajouter » à l'étude de la Tora — et à son application[6] — après plusieurs siècles d'une transmission orale qui n'avait pas évolué depuis la clôture du Talmud de Babylone.

Ceux qui, au Iᵉʳ siècle, refusaient qu'on rajoute à la Loi, c'étaient — dans une certaine mesure — les sadducéens. Peut-être aussi ceux que les Évangiles appellent les « hérodiens ». Leur nom suggère-t-il que ces derniers préféraient les enseignements d'Athènes et de Rome qu'Antipas et les siens se seraient plu à promouvoir ? Pour leur part et quelle qu'ait été leur appréciation de la pensée grecque, les sages du

Talmud ont mis en place ou confirmé un processus qui se réclamait exclusivement de la Tora orale. Jouant jusqu'au paroxysme du raisonnement logique, ils ont développé un système qui unit le vagabondage de la pensée à la discipline rituelle et gestuelle. Et quand les circonstances commandaient, ils n'hésitaient pas à rajouter à la Loi un de ces nouveaux préceptes cultivés sur le terreau de la Tora orale, dès lors qu'il recueillait l'assentiment de la majorité du collège rabbinique. Ce faisant, ils appliquaient à la lettre les recommandations de la Grande Assemblée : développer l'étude, élever une haie pour la Tora.

C'est dans le cadre de ce processus, qui n'apparaît pas vraiment dans les Évangiles, qu'il faut situer les discussions — courtoises ou non — que tu as eues avec les rabbins, appelés indistinctement « scribes » ou « pharisiens ». On ne sait pas exactement quel stade de développement avait atteint la Halakha à l'époque où tu as prodigué tes enseignements. Mais il est certain qu'un demi-siècle après Chamaï et Hillel, et sur nombre de points, la Halakha n'était pas encore fixée. Qu'on ait pu avoir une opinion hardiment minoritaire — sur le divorce, rabbi, tu partageais le point de vue rigoriste de l'école de Chamaï — ne devait pas choquer, car le débat était permanent et les divergences d'opinions, son corollaire. Et c'est pourquoi la virulence des débats tels que les Évangiles les présentent et les conclusions qu'ils en tirent sont aujourd'hui surprenantes. Mais il s'agissait toujours, de ta part comme de celle de tes contradicteurs, de polémiques intra-judaïques — et l'on sait, aujourd'hui encore en Israël, quel degré d'exacerbation elles peuvent atteindre ! Que l'on ait transformé ensuite ces controverses entre Juifs en te prêtant des positions antijudaïques, voilà le malheur...

4 sivân, avant-veille de Chavouot
Vendredi 29 mai

Chrétiens, si vous saviez ! Le Nouveau Testament constitue sans doute — avec certains textes apocryphes — la source la plus ancienne pour témoigner du développement de la Loi orale et des ajouts que ses maîtres lui ont apportés. David Flusser[7] a pu relever l'une ou l'autre pratique rituelle, toujours en usage, qui figure dans le Nouveau Testament mais dont le Talmud ne fait pas mention ! Les Évangiles pourraient apporter un éclairage non conventionnel à certaines Michnaïot. Qu'importe, personne dans la nuit de demain n'étudiera Matthieu ou les Actes des Apôtres pour tenter d'y trouver les racines du judaïsme...

L'usage d'étudier pendant toute la nuit de Chavouot est un ajout que l'on doit aux mystiques de Safed du XVIe siècle. Ils entendaient célébrer ainsi l'anniversaire de la promulgation de la Tora sur le Sinaï. L'usage s'est répandu et a pris ces dernières années une ampleur saisissante. À Jérusalem, le phénomène est spectaculaire. Quand la nuit prend fin, les veilleurs surgissent de partout, sur toutes les places, de toutes les rues. Ils vont vers le Mur par petits groupes ou en cortèges heureux, précédés des rouleaux de la Tora dans lesquels on lira le Décalogue. Une majorité d'hommes, mais aussi des femmes, beaucoup de jeunes filles, gagnent la vieille ville et ses venelles d'ombre habillées. Alors, quand à la sortie du souk aux échoppes encore closes se découvre le Mur et que la lumière, soudainement créée comme au premier jour, inonde l'esplanade qui n'a pas désempli et dore les manteaux blancs des hommes en prière, la fatigue de la longue marche comme la longue nuit d'étude fondent dans l'étincelante clarté des matins de Jérusalem.

En cherchant à imaginer ce même paysage humain tel qu'il existait il y a deux mille ans, et le judaïsme comme on l'étudiait et le pratiquait alors, mon esprit revient à ces traces hypothétiques que l'on pourrait trouver dans les Évangiles. Mais cette exploration se heurte à une difficulté majeure : l'inadéquation entre les propos que tu devais tenir aux juifs — car tu ne t'es jamais adressé qu'à eux, rabbi — et les comptes rendus qu'en fait le Nouveau Testament, rédigés ou « traduits », commentés à l'attention des masses païennes... Comment savoir si c'est toi qui t'exprimes ou si l'évangéliste parle à ta place ? Tes discussions avec les « pharisiens » trahissent-elles ses écarts de conduite, par rapport à la Tora, s'entend, ou les Évangiles te trahissent-ils ?

Je repense à cette fameuse phrase, source de tant de malentendus : « N'allez pas croire que je suis venu abolir la Loi ou les prophètes. Je ne suis pas venu abolir mais *plèrôsaï.* » Répondais-tu à une accusation — justifiée ou non — ou annonçais-tu le programme de tes ajouts ? Sur le fond, rien ne devait t'empêcher d'exprimer des opinions contraires à celles que les collèges rabbiniques finiront par adopter. Alors pourquoi les rabbins auraient-ils été « choqués » par ton propos ? Matthieu rapporte cette réaction des « pharisiens et des scribes de Jérusalem » à la réponse que tu leur as faite. Ils t'avaient demandé : « Pourquoi tes disciples transgressent-ils la tradition des anciens ? En effet ils ne se lavent pas les mains[8] avant de manger du pain. »

La question était légitime. Au surplus, elle ne te mettait pas directement en cause. Tu pouvais défendre ton point de vue, expliquer le comportement de tes disciples. Au lieu de quoi, rabbi, tu as reproché violemment à tes interlocuteurs de ne pas honorer père et mère, avant de les traiter d'« hypocrites » ! À s'en tenir à la version des Évangiles, tu ne faisais guère preuve — c'est le moins qu'on puisse dire — de la qualité dominante des disciples de Hillel : non seulement tu n'étais pas prêt à supporter l'offense, mais c'est toi qui la pratiquais...

Oh ! je le sais bien, rabbi. Il y a eu des hommes du Livre

indignes ! Des pharisiens et des Cohanim, grands ou moins grands, qui ne méritaient pas le titre qu'ils portaient ou qu'ils s'attribuaient. Tu étais justifié de les fustiger et sans doute l'as-tu fait, à l'instar des rabbins eux-mêmes qui, dans leurs rangs, dénonçaient les bavards et les fourbes, les assoiffés d'honneurs et les coléreux et ceux dont la bêtise inspirait une piété imbécile[9]. Ils blâmaient la gloriole, l'apparat que confère la fonction et déclaraient avec Chemaya[10] qu'il faut « avoir le rabbinat en aversion ». Toi aussi, tu as dit : « Ne vous faites pas appeler rabbi »... Tu sais, la situation n'a pas changé. Elle est exactement la même aujourd'hui. Dans le monde de la Tora dont tu te réclamais, comme dans celui de l'Église qui se réclame de toi. Mais tu aurais dû répondre sur le fond, au lieu d'attaquer sur une question annexe, qui n'avait aucun rapport avec le problème posé.

Ton raisonnement s'est-il limité à une déclaration générale, du genre de celle qui réduirait à néant n'importe quelle revendication sociale, religieuse ou juridique sous prétexte qu'il existe d'autres priorités ? Ou as-tu débattu plus avant avec tes interlocuteurs, l'évangéliste n'ayant consigné, lui, qu'une partie de votre entretien, les instants les plus orageux de la discussion ?

Il y a plus grave, rabbi. Rejeter l'idée qu'il faille se laver les mains avant de manger du pain, au prétexte que « ce n'est pas ce qui entre dans la bouche de l'homme qui souille l'homme mais ce qui sort de sa bouche », reviendrait à annuler l'ensemble des règles alimentaires de la Tora ! Te rends-tu compte ? Paul lui-même, ton apôtre si proche des païens, et si distant vis-à-vis de la Loi, n'a pas osé une telle réforme. À moins que Flusser ait raison, qui place cette controverse au seul niveau de l'impureté rituelle. Tu aurais voulu dire, seulement, que le fait de manger de la chair d'un animal interdit à la consommation ne rend pas le contrevenant « impur », au sens technique (par exemple pour pénétrer dans le Temple).

Le problème est que les Évangiles ne donnent guère d'indications sur les tenants et aboutissants des incidents qui t'opposent aux pharisiens. C'est flagrant, par exemple, dans le cas de tes disciples arrachant des épis pendant chabat [11]. Leur comportement pouvait être assimilé à une transgression précise : la Tora elle-même rapporte qu'un individu, coupable d'avoir ramassé du bois pendant chabat, fut condamné à mort sur l'ordre explicite de Dieu à Moïse. Si bien qu'on s'explique mal la légèreté avec laquelle tu as excusé tes disciples. As-tu voulu délibérément te placer hors du consensus biblique et rabbinique ? Pour l'affirmer, il faudrait connaître les raisons qui ont conduit les apôtres à arracher les épis [12] — et nous n'en savons rien.

Un même acte peut être légitime, voire nécessaire et donc religieusement contraignant ; il peut être toléré ou au contraire rigoureusement interdit ! Tout dépend du motif. Sur ce point, les Évangiles ne nous sont d'aucun secours. Pour Marc, les disciples ont agi « afin de se frayer un chemin » ; pour Matthieu, parce qu'ils avaient faim ; Luc, lui, ne donne aucune raison. Mais il ajoute que les disciples avaient « froissé » les grains de leurs mains. Ce qui a amené des chercheurs à considérer que cette indication est la seule déterminante. Le débat, le seul débat, affirment-ils, portait sur le fait d'écraser les épis ! Mais les traducteurs en grec des Évangiles ne l'auraient pas compris et auraient introduit dans le texte l'image des disciples arrachant des épis — un interdit du chabat qui, lui, était dûment répertorié.

Sur la foi de ces « témoignages », le raisonnement talmudique est incapable de porter un jugement. Même dans la situation qu'évoque Marc — car l'intention d'avancer dans les champs pourrait rendre secondaire l'acte interdit ! Et si la faim tenaillait vraiment les marcheurs —, on ignore dans quelles circonstances ils se sont trouvés au beau milieu d'un champ pendant chabat —, ils étaient peut-être autorisés à se nourrir. D'après le contexte commun aux Synoptiques, il semble que la faim ait été décisive. Mais l'allusion faite à David fuyant devant Saül peut aussi évoquer l'entourage de Jésus composé de sicaires [13] et autres zélotes en lutte contre les Romains. Les « disciples » s'efforçaient-ils d'échapper aux soldats ? Dans l'un et l'autre cas, les circonstances pouvaient être permissives [14] à l'excès !

Quant au principe général invoqué par toi dans ce même texte, selon lequel l'homme est maître du chabat et non l'inverse, ce n'est pas moi qui dirais le contraire. Le Talmud, met dans la bouche d'un *tana*, Rabbi Jonathan ben Yossef, une sentence presque identique : « Ce n'est pas vous qui êtes livrés au chabat, mais c'est le chabat qui vous est livré. » Mais à l'appui de ce principe, Rabbi Jonathan cite, lui, un verset de la Tora. Ce qui, selon le système talmudique, suffit à justifier et à inscrire cette règle dans la trame de la Tora orale. Nul verset, pas la moindre référence ne figurent dans les Évangiles [15]. Parce que tu ne te sentais pas tenu de livrer tes sources ? Parce que, le propos étant de toi, les auteurs du Nouveau Testament considéraient qu'il se suffisait à lui-même ? Ou parce que ces mêmes auteurs — ou les censeurs ? — appliquant le postulat de Paul [16] : « Si la justice venait de la Loi, c'est donc que le Christ serait mort pour rien » ont intentionnellement sabré toute référence à la Loi ? Chacune de ces hypothèses est possible et voilà où nous en sommes, rabbi : nous ignorons bel et bien de quelle manière s'est déroulée la discussion entre toi et tes interlocuteurs.

Ta rupture avec les rabbins ne pouvait avoir pour origine des différences d'opinions sur l'interprétation de la Loi, puisque le dissentiment fait partie intégrante de la tradition. Provenait-elle alors de la violence de ton propos ? De ta désobligeance à l'égard des « pharisiens » ? De tes blâmes ? Les Évangiles n'en rajoutent-ils pas en vue d'offenser les rabbins de leur époque, plusieurs décennies après ta mort ?

Lendemain de Chavouot
1er juin (lundi de la Pentecôte chrétienne)

Rabbi, es-tu vraiment rabbi ? Ce qui compte pour les rabbins, c'est l'étude désintéressée [17], la somme des connaissances et la capacité d'en faire usage. Or, quels qu'aient été ton talent oratoire et ton élévation morale, tes enseignements, tels que les Évangiles les ont consignés, ne sauraient se comparer aux très savantes *derachot* et autres constructions des docteurs de la Loi. « Ils ne pouvaient, bien sûr, éprouver pour lui la moindre sympathie, a écrit de toi Charles Guignebert [18], parce qu'il leur en coûtait de reconnaître comme l'homme de Dieu et leur maître de piété un ignorant qui n'avait jamais étudié comme eux. » Guignebert devait se référer à la réaction des gens de Nazareth et de Jérusalem, et s'appuyer sur Matthieu et Jean, qui disent que tes leçons surprenaient parce que tu n'avais « pas étudié ». Mais Luc semble penser le contraire ; il rapporte qu'à l'âge de douze ans déjà, et à l'instar du jeune Samuel dans le sanctuaire de Chilo, tu écoutais avec passion les enseignements des maîtres dans la cour du Temple. Si bien que le jugement péremptoire de Guignebert devient pour le moins exagéré. Surtout si nous soupçonnons les Évangiles — ou leurs censeurs — d'avoir quelque peu tronqué tes enseignements. Sans doute as-tu été plus savant qu'ils ne le suggèrent, poussés qu'ils sont par le désir de plaire à un monde païen ignorant.

Au demeurant, une *baraïta* a bel et bien consigné tes enseignements ! Rabbi Éliézer ben Horkenos avait accepté ton propos, mais regretta après coup de l'avoir appris par un membre de la secte « nazaréenne » — lequel, affirme Klausner [19], a pu être ton propre frère, celui que le Nouveau Testament nomme « Jacques, le frère de Jésus ». Rien n'indique dans le Talmud que Rabbi Éliézer a rejeté ton enseignement — étayé, cette fois, par une citation biblique ! — pour la seule raison qu'il émanait de toi ; il dit au contraire l'avoir apprécié. Mais il se repent d'avoir acquiescé à la leçon du rapporteur, car ce dernier était « un sectateur ».

Plusieurs décennies ou plusieurs siècles après les événements qu'il est censé raconter, le Talmud a tendance à n'évoquer ton nom qu'au travers de ses rapports avec la secte dissidente qui se réclame de ton autorité. Si bien que ces textes n'ont pas de valeur historique ; ils sont seulement signifiants des relations entretenues avec les « nazaréens », sans plus[20]. Reste que, même dans des citations tardives, la mémoire talmudique peut avoir conservé l'un ou l'autre indice révélateur. Notamment quand l'appréciation est exprimée hors de la polémique avec les nazaréens. Ainsi lit-on dans le Traité Berakhot[21] : Que la Providence nous garde, parmi d'autres, « d'un fils ou d'un élève comme Jésus le Nazaréen qui fait brûler son plat en public ».

Le plat que tu préparais était bon et ses ingrédients de première qualité. Les préceptes moraux qui figurent dans la Bible hébraïque, dans des textes apocryphes ou assimilés, ou chez les maîtres cités par la Michna et la Tossefta, le Midrach et la Guemara, ne sont pas différents de ceux que tu as formulés... Seulement, rabbi, tu exagérais ! Tu laissais brûler ton plat ou, plutôt, le *faisais* brûler... Tu exagérais par la virulence de ton propos, réclamant l'intervention de Dieu et le miracle. Et puis les débats juridiques étaient l'affaire des docteurs de la Loi et des collèges rabbiniques. Il n'y avait pas lieu de les porter sur la place publique. Ce n'est pas les *amé-haarets*, les béotiens, que tu devais prendre à témoin pour légiférer sur le bien ou le mal-fondé de l'ablution des mains avant de rompre le pain ! Ce n'est pas eux qu'il fallait convaincre, au nom d'un raisonnement tenant plus de la démagogie que de la logique, de la pureté de ce qui entre ou sort par la bouche...

Voilà ce qu'à l'origine a pu signifier cette formule sur toi, rabbi, rapportée bien plus tard par la Guemara. La tendresse dont elle fait preuve en te désignant comme « un fils ou un élève » pourrait puiser dans une tradition qui réapparaît dans le Talmud, confirmant elle aussi que tu avais étudié auprès d'un maître ou dans un collège rabbinique.

8

Une ânesse, son ânon et un Messie

11 av
Lundi 3 août

Dans le journal de ce matin, l'annonce publicitaire occupe un bon tiers de page : « Qui est le Machia'h ? — Jésus ! » La question à laquelle répondent ces convertisseurs, qui n'ont cessé de sévir en Israël, est vieille de quelque vingt à vingt-cinq siècles. Par une Michna qui la pose dans les mêmes termes, nous apprenons, incidemment, qu'aux époques où ce premier recueil du Talmud fut rédigé ou enregistré par ses répétiteurs, la notion de Messie *(Machia'h)* n'était pas du tout connotée comme aujourd'hui. Quand le Traité Horayot interroge : « Qui est le *machia'h* ? », il désigne seulement le grand prêtre *oint* (du radical hébraïque M-Ch-'H) avec l'huile d'onction [1].

Le radical M-Ch-'H apparaît des dizaines de fois dans la Bible hébraïque sans jamais désigner le Messie. Quant aux lendemains qui chantent — les temps messianiques tels que nous les entendons de nos jours —, la Bible les évoque autrement. Elle dit par exemple : le « Jour de L'Éternel ». Mais qu'est-ce que le « Jour de L'Éternel » ? On ne sait pas très bien — Jour qui rit, Jour qui pleure, répond Amos, ou Malachie dans le verset qui clôture les Livres des Prophètes.

Si la Bible n'en sait rien, divers textes *apocalyptiques*, c'est-à-dire « révélateurs », vont dévoiler ce qui était caché ; ils exerceront une influence considérable au début du Ier siècle. Au fur et à mesure que grandira le désespoir des Juifs face aux duretés de l'occupation romaine, l'espérance proprement messianique, l'espoir du peuple en un personnage appelé *Machia'h* qui va les libérer de l'occupation, se fera encore plus forte, plus tenace. Il reste que, dans la Bible hébraïque, le *machia'h* désigne seulement un personnage *oint* : le grand prêtre, les fils d'Aron, certains rois... Même parfois des rois non juifs. Quand elle traduit M-Ch-'H, la Septante grecque use de son équivalent *chriô*. M-Ch-'H a donné *Machia'h* et *chriô*, Christos. Du point de vue étymologique, un « christ » n'est rien d'autre qu'une personne *ointe*... parce que investie d'une autorité particulière. S'il s'agit de monarques, on attend d'eux une libération politique ou militaire. Quant au grand prêtre, il est chargé à Kippour de libérer la nation du péché... D'où le terme de *Machia'h* pour évoquer la personne du Libérateur ou du Rédempteur[2].

Dans la Tora, le seul Libérateur, c'est Dieu qui, insiste la Hagada de Pessa'h, a Lui-même délivré les Hébreux de l'esclavage d'Égypte. Cependant le Midrach et les prêches trouveront dans l'Écriture de nouveaux modèles de libérateurs qu'ils appelleront « Messie », et le concept messianique sera accepté de façon quasi unanime par les sages du Talmud, même si la diversité des attributions qu'ils prêtent au Messie laisse ouvertes toutes les discussions.

Pour autant, le silence de la Bible ne fait pas du Messie un intrus. Au même titre que la Tora promulguée sur le Sinaï contenait en germe l'ensemble des débats[3] qui opposeront — ou qui uniront — les rabbins au cours de l'Histoire, on doit considérer comme légitimes les appoints successifs de la mystique, de la philosophie, de l'homilétique... Bien plus : contrairement aux ajouts faits à la Loi qui réclament l'approbation des majorités rabbiniques, les apports de la pensée sont illimités ! Il est vrai que les rabbins craignaient les illuminés. Le Traité de 'Haguiga décrète qu'une personne « observant ce qui est au-dessus, au-dessous, avant et après... » aurait mieux fait de ne pas venir au monde... Et dans le Talmud de Jérusalem, Rabbi Yona remarquait que la lettre ב (*beth*) par laquelle commence la Tora n'a qu'une seule ouverture, en direction de l'avenir — l'hébreu s'écrivant de droite à gauche. Malgré ces réticences, l'idée messianique participe du courant de la libre réflexion et, dans la mesure où elle a été adoptée par la quasi-totalité des maîtres du Talmud, elle paraît parfaitement fondée.

Ce qui dérange dans les Évangiles, c'est l'effort incessant des auteurs pour justifier cette idée messianique par des références bibliques ! Mais, à vrai dire, cette tendance existait déjà bien avant eux. Discoureurs et exégètes considéraient le texte biblique comme une sorte de code à déchiffrer. Parmi les manuscrits de la mer Morte, les Commentaires (*Péchèr*) sur Habaquq, Nahum, les Psaumes se proposaient de donner un éclairage de l'actualité immédiate ou à venir. Ainsi, dans Nahum, le *Péchèr* identifie le jeune lionceau avec un monarque grec, Démétrius, qui devra envahir Jérusalem sur la demande des *dorché ha-'halakot,* les « Contestataires » — terme désignant les adversaires de la secte.

Les Évangiles œuvrent de la même manière, rabbi, ils t'identifient systématiquement au Messie et interprètent tes démarches de telle sorte que « l'Écriture s'accomplisse[4] ». Selon ce schéma, chacun de tes gestes et de tes propos est annoncé par la Tora, les Prophètes ou les Psaumes. L'abondance et l'influence de « quelques-unes de ces Écritures » sont si nombreuses, écrit Guignebert, « qu'on a pu se demander sérieusement si [...] l'ensemble de ce récit tel qu'on le trouve aujourd'hui dans les Synoptiques n'était pas composé simplement au moyen de textes[5] de l'Ancien Testament » !

Ce qui ressort, rabbi, c'est que ces textes ont dicté ton comportement quand tu t'es rendu à Jérusalem pour ton dernier Pessa'h. Arrivé sur le mont des Oliviers, tu as demandé à tes disciples d'entrer dans un village qui a nom Betphagué et de t'amener une ânesse et son petit qu'ils devront détacher. Pourquoi ? « Afin que s'applique l'oracle du prophète : "Dites à la fille de Sion : voici que ton roi vient à toi." Humble[6], il monte une ânesse et un ânon, petit d'une bête de somme. » Ces citations que Matthieu rapporte pour authentifier ta mission (« ceci advint pour que s'applique l'oracle... ») figurent dans Isaïe et surtout dans Zacharie[7]. Selon les Évangiles, les prophètes de l'Ancien Testament annonçaient ta mission, tes actions... Le Messie, ils connaissaient ; ils savaient — ils disaient — que c'est toi qui as enfourché l'ânesse du « roi » pour gagner l'autre côté de la vallée. Il n'y a pas lieu de mettre en doute leur parole sur une question de fait aussi importante, dont toute une « foule » avait été témoin... Mais alors, ce ne sont pas seulement eux qui t'assimilent au Messie, c'est bien toi qui as délibérément manié cette symbolique pour t'identifier à lui ?

12 av
Mardi 4 août

Dans la petite église après A'tour, un gros bourg arabe, dont les murs épais me protègent du soleil impitoyable d'août, j'admire la fresque naïve, sereine, sur une grande pierre taillée en cube, représentant l'ânesse avec son petit et le « Messie » assis sur sa monture. Le cube de pierre a gardé les couleurs d'origine du dessin, rescapé d'un ancien édifice, car, dès le Moyen Âge, on a construit une église sur les lieux présumés — et vénérés depuis le IVe siècle — de Betphagué. Dans la Bible, l'âne est résistance et douceur. Il évoque le labeur et la paix, à l'inverse du cheval, symbole des guerres et de la violence. La Tora interdit au roi d'Israël d'acquérir des chevaux en grand nombre[8], car la mission du roi est de faire la paix, pas la guerre. Pour cette même raison, explique le prophète Nathan, Dieu n'autorisera pas David à construire le Temple : il a trop fait la guerre et la « maison de L'Éternel » sera édifiée par Salomon (*Chelom-o*), dont le nom même s'identifie avec la paix[9].

Le monarque annoncé par Zacharie s'inscrit dans cette lignée : c'est un roi pacifique, comme le « prince de paix » chez Isaïe ou le Pacifique (*Chilo*) dans la prédiction de Jacob. Il aura pour monture « une ânesse et son ânon », ce qui conduit Matthieu à écrire que les disciples « amenèrent l'ânesse et l'ânon. Puis, ajoute-t-il, ils disposèrent *sur eux* leurs manteaux et Jésus s'assit dessus ». Origène sollicitait une lecture littérale. « Jésus, expliquait-il, monte l'ânesse délivrée par ses disciples de ses liens », c'est-à-dire de la « lettre » de l'Ancien Testament, mais « Jésus est également porté par l'ânon, le Nouveau Testament ».

Voilà pour le commentaire. Mais tu ne pouvais être monté à la fois sur l'ânesse et l'ânon, rabbi. Non, c'est bien sur une monture, une seule — celle de ta tradition ! —, que tu as continué ton chemin vers Jérusalem...

« Jérusalem ! s'émerveille le Psalmiste. Les montagnes l'entourent, ainsi L'Éternel entoure son peuple dès maintenant et pour toujours[10]. » Cependant, le mont des Oliviers que tu as franchi, ce n'est pas seulement une montagne : c'est un sommet eschatologique... Zacharie, toujours lui, avait prophétisé que « les pieds [de Dieu] se poseront sur le mont des Oliviers qui fait face à Jérusalem ». « Ses pieds », parce que la terre, enseigne le Psaume — celui précisément que tu as cité — « est l'escabeau de L'Éternel[11] ». Les pieds de L'Éternel se poseront sur le mont des Oliviers, parce qu'il va y « descendre » comme il était descendu sur le Sinaï — pour proclamer le Royaume. Et c'est en gravissant cette hauteur que toi, « roi humble, montant une ânesse », tu vas pénétrer dans Jérusalem, accompagné des apôtres.

C'était le mois de nissân. À cette époque, le mont des Oliviers a la beauté luxuriante des collines surplombant le lac de Tibériade où, l'année précédente, tu as réuni les foules pour un *séder*. Avec des oliviers en plus... Il y a aussi des amandiers — leurs fleurs roses et blanches sont éteintes depuis peu — et des figuiers. Beaucoup de figuiers. Betphagué signifie « la maison des premières figues » ; ici, en cette saison de l'année, perlaient les primeurs qu'on vendait sur les marchés de Jérusalem. Il y avait aussi, lorsque tu as traversé ces lieux, deux grands cèdres [12]. L'un d'entre eux était habité par des pigeons et des tourterelles. À grands coups d'ailes, des centaines d'oiseaux voletaient autour de l'immense pigeonnier, emplissant l'espace de leurs roucoulements monocordes. Ces oiseaux servaient de réserve au culte du Temple — d'ici on livrait les tourterelles destinées à l'autel. Depuis, le carmel du « Notre Père » *(Pater noster...)* a pris la place des cèdres à l'ombre desquels tu as pu te reposer et le drapeau tricolore qui flotte sur ses vastes bâtiments n'attire pas les colombes. Le monastère a été construit sur les lieux où, selon une ancienne tradition, tu aurais prié « Notre père qui es aux cieux ». Notre Père à tous ? De nos jours, et de ce promontoire, le panorama donne sur les signes de cet islam qui se réclame, lui aussi, du même Père. Le regard du pèlerin porte au-delà de la vallée, vers les tombes musulmanes, au bas de la muraille de Soliman, à la porte Dorée — et murée — puis sur le vaste plateau du Temple. D'ici, on aperçoit distinctement une partie du Dôme du Rocher, là même où le Temple s'élevait.

Une ou plusieurs passerelles reliaient le Temple au mont des Oliviers [13]. Tu les as évitées ; tu es descendu dans la vallée, tu as traversé les eaux parcimonieuses du Cédron. Puis tu as pris le chemin qui passait par les rues populeuses au bas de l'Ophel, en direction de l'espace et des bains rituels que Hérode avait fait installer pour les pèlerins, près des entrées de la muraille sud. À ta vue, « beaucoup de gens étendirent leur manteau sur le chemin ; d'autres, des jonchées de verdure qu'ils coupaient dans les champs. Ceux qui marchaient devant et ceux qui suivaient ont crié : « Hosanna ! Béni soit celui qui vient au nom du Seigneur[14] ! » Et c'est ainsi, accompagné de la foule et des apôtres, que tu as fait une entrée triomphale dans Jérusalem[15]. Tu as franchi l'une des portes dont les escaliers conduisaient à la basilique majestueuse. Puis, après avoir passé les quatre rangs de colonnades, tu as pénétré sur la montagne du Temple.

23 èloul
2e jour des Seli'hot — Lundi 14 septembre

Au petit matin, les premières brumes annoncent l'automne. Même à Jérusalem. Dans la campagne alsacienne il faisait bougrement froid quand, dans la nuit qui refusait de pâlir, nous marchions sur la grand-route, mon père et moi, en direction de la synagogue. Il y a si longtemps déjà... mais chaque année, les Seli'hot éveillent en moi ce souvenir. Ces textes, rédigés en grande partie sous forme de poèmes, qu'on récite avant le temps du Jugement que Roch Hachana annonce — mais aussi avant le premier office de la journée, à l'heure où le sommeil vous tient et retient —, font appel à la miséricorde divine, invitent les hommes au « retour », à la *techouva.* Certaines Seli'hot composées au Moyen Âge évoquent les malheurs des communautés juives en terre chrétienne, les crimes commis, l'indignité des convertisseurs. Les premiers poèmes remontent au VIe siècle. Rien n'indique qu'à l'époque du second Temple les journées précédant le nouvel an et Kippour aient été marquées par des cérémonies ou des réunions liturgiques de ce genre. Encore que des passages figurant dans la Michna ou la Tossefta de Ta'anit, récités en d'autres circonstances, et qui seront partiellement intégrés à l'office des Seli'hot, montrent que la chose ne serait pas impossible. En revanche, ce qui est sûr, absolument sûr, c'est que les sonneries du *chofar* — le tocsin de Roch Hachana —, la solennité de cette journée ainsi que le jeûne de Kippour n'ont pu passer comme si de rien n'était, sans marquer Jésus de leur empreinte, qui plus est en cette période particulièrement poignante de son existence — six mois avant qu'il ne décide d'affronter la mort.

« *Avinou* (Pater noster !), *Avinou, Malkénou*[16] — notre Père, notre Roi... » Le fidèle et le moins fidèle implorent le Père, le Roi..., espèrent le pardon. *Avinou... Malkénou !* Les mots se répètent, se bousculent, se confondent. Le refrain pénètre l'âme. Profondément. À Kippour, jour de totale et d'heureuse abstinence, chacun adhère à Dieu. Et Dieu, assure la Tora, pardonne les fautes de chacun ! C'est le seul jour de l'année où, au Temple, le grand prêtre pénètre dans le saint des saints. À Kippour, tout Israël prie, attend le pardon[17].

Où étais-tu, rabbi, pour ton dernier Kippour ? À Jérusalem, avec la foule regardant le bouc émissaire courir hors du Temple, jusque dans le désert où il emportait les péchés de la nation ? Dans ta synagogue, à Kfar Na'houm ? Ailleurs en Galilée pour prier avec tes disciples ? Ils t'avaient vu prier, rapporte Luc. Alors ils ont demandé que tu les enseignes. Tu leur as appris le Pater[18]. « Lorsque vous priez, dites : Père que ton nom soit sanctifié... Remets-nous nos péchés, car nous-mêmes remettons à quiconque nous doit. »

Luc n'indique pas quand les choses se sont passées. Mais cette prière, si proche de celle que nous prononçons en ces journées de remise des péchés lorsque, encore et toujours, nous répétons « *Avinou... Malkénou...* », porte en elle les accents de Kippour. « Car nous-mêmes remettons à quiconque nous doit... » Rabbi, as-tu pardonné aux communautés de Chorazïn, aux fidèles de Kfar Na'houm, à ceux de Nazareth ? As-tu prié pour que Dieu remette les péchés des enfants d'Israël ?

Le silence du Nouveau Testament vise-t-il, ici encore, à te « libérer » de tes attaches juives ? Pour les Évangiles, Kippour, c'est fini ! Quant aux événements accompagnant ton entrée à Jérusalem, ils sont rapportés, eux, de façon détaillée. Encore qu'ils ne sont pas toujours très clairs. Ainsi, tu te serais rendu au Temple après ton départ de Betphagué. Mais pourquoi ? Jean ne nous est d'aucun secours. Selon cet Évangile, tu es resté à Béthanie (Elazarié) pendant six jours et, si la foule, « venue pour la fête », t'a ovationné quand tu as franchi les portes de Jérusalem, monté sur un jeune ânon que tu as « trouvé » — et dont la signification messianique a échappé, sur le moment, à tes disciples —, c'est parce que tu venais de ressusciter ton ami Lazare. Seuls les Synoptiques rendent compte de l'arrivée au Temple. Marc indique : « Après avoir tout regardé autour de lui, comme il était déjà très tard, il sortit [du Temple] pour s'en retourner à Béthanie avec les Douze. »

Pour Matthieu, la journée devait être moins avancée, car il place ici un incident célèbre — que Marc, lui, reportera au lendemain —, celui où tu bouscules les sièges des marchands de colombes et les tables des changeurs. Jean, lui, a situé cet événement dès le début de ton ministère. Armé d'un fouet de cordes, tu as chassé les marchands du Temple. Quant à Luc, son calendrier coïncide avec celui de Matthieu, mais l'incident n'a pas la même ampleur. Que s'est-il donc passé, rabbi ? Klausner pense que tu avais prémédité ton coup. Que tu espérais, par ce geste provocateur, liguer autour de toi la foule des fidèles. D'autres se sont demandé si la violence dont tu as fait preuve ce jour-là n'était pas révélatrice de tes origines zélotes ou de la sympathie que tu portais à ce mouvement de résistance à l'occupant romain. Toujours est-il que l'enthousiasme de la foule retomba comme un soufflé, quand elle s'aperçut que tu refusais, toi qui t'étais comporté en « Messie », de les délivrer du seul assujettissement qui pour eux comptait vraiment, celui de Rome.

3 tichri — jeûne de Guedalia
Mercredi 23 septembre

Pourquoi as-tu chassé les marchands hors du Temple ? Pour quelle raison les as-tu accusés d'en avoir fait *une caverne de brigands* ? La formule est de Jérémie et, à en croire les Synoptiques, tu l'aurais reprise telle quelle — dans les textes grecs, les mots sont les mêmes —, éveillant la mémoire des fidèles aux anciennes fulminations du prophète d'Anatot. Mais la citation n'est pas à sa place. Le vieux prophète n'en voulait ni aux marchands ni aux changeurs. Debout, près de la porte du Temple, il avait apostrophé ceux qui pensaient couvrir leurs crimes contre les hommes, et leur désobéissance envers Dieu par un misérable ritualisme-alibi. « Quoi ! Voler, tuer, commettre l'adultère, se parjurer, encenser Baal, suivre des dieux étrangers que vous ne connaissez pas, puis venir se présenter devant ce Temple qui porte mon nom, et dire : “Nous voilà en sûreté !” pour continuer toutes ces abominations ! À vos yeux, est-ce *une caverne de brigands*, ce Temple qui porte mon nom ? » Vous êtes des brigands, dit Jérémie, à cause des crimes que vous commettez et les brigands n'ont rien à faire dans le Temple ! Voilà ce qu'il crie. Mais au nom de quoi, des marchands, au Temple ou hors du Temple, seraient-ils des brigands ?

Parce que les circonstances rendaient la chose très difficile, voire impossible à quelques jours de Pessa'h — dans Jérusalem la turbulente, la garde romaine a été renforcée avant l'afflux des pèlerins —, tu n'as pu tout chambouler en pénétrant sur le mont du Temple ! Il a dû y avoir un incident, sans doute isolé, que Matthieu, Marc et Jean ont amplifié pour rajouter de ces couleurs primaires dont les Évangiles abusent[19]. De toi, rabbi, ils dessinent un être déjà désincarné, promoteur d'un absolu qui n'a que peu de rapport avec la réalité concrète. L'angélisme[20] que les Évangiles t'attribuent de façon systématique était-il vraiment le tien ? Si c'est le cas, il n'est pas étonnant que ce trait de ton caractère ait constitué l'un des points d'achoppement avec les « pharisiens ». Ne peux-tu comprendre les responsabilités qui pesaient sur eux dans un pays divisé spirituellement, et occupé militairement par des étrangers prompts à manifester leur cruauté ? Au nom de quelle morale auraient-ils dû te suivre dans tes dangereuses provocations, et tes comportements quasi anarchistes ? Toi qui étais si proche des femmes et des enfants, ne voyais-tu pas qu'il convenait avant tout de les protéger ?

Quant à ces fameux marchands qui semblaient t'offusquer, il ne s'agissait pas d'ouvrir au Temple des bureaux de change pour touristes, d'y vendre des crêpes et des pommes d'amour ! Quand elles avaient accouché — ainsi avait agi Myriam-Marie, ta propre mère —, les jeunes parturientes présentaient au Temple deux pigeons. C'est pour elles, notamment, que des marchands de colombes tenaient boutique. Par ailleurs, tu le sais, on s'efforçait de ne pas faire usage, au moins dans le Temple, de ces zouzim dont l'avers portait l'effigie d'un empereur romain déifié ou, pis encore, d'une idole latine. Le Talmud dit les louanges du saint Rabbi Mena'hem fils de Simaï[21] qui, de sa vie, n'a « jamais regardé » une monnaie de cette espèce.

Mais non, ton comportement ce jour-là, comme souvent ton enseignement — du moins dans ce que nous en ont rapporté les évangélistes, je ne cesserai de rappeler cette réserve —, ne tient pas compte des réalités obligées, terrestres, familiales... D'où, entre autres, ton attitude de rejet envers ta mère, tes sœurs et tes frères. À un disciple qui hésite à t'accompagner parce que son père vient de mourir et qu'il veut le porter en terre, tu ordonnes : « Suis-moi et laisse les morts enterrer leurs morts. » À tes fidèles, tu déclares : « Ne soyez pas en souci de la vie pour ce que vous mangerez... Considérez les corbeaux, ils ne sèment ni ne moissonnent... et Dieu les nourrit. Combien valez-vous mieux que les oiseaux ! » Ces belles phrases ne sont pas des leçons de vie, rabbi, elles participent d'un absolu séraphique que les maîtres du Talmud, chargés d'administrer la vie de la société, ne pouvaient accepter qu'avec réserve[22]. Cela ne signifie pas qu'ils affectionnaient le ritualisme, mais seulement qu'à l'époque il fallait sauver un peuple risquant chaque jour de se faire massacrer à la moindre incartade, et une culture risquant de se faire engloutir dans le paganisme ambiant.

Qu'aurais-tu dit, rabbi, du jeûne que j'observe aujourd'hui ? À ton époque, on jeûnait[23] davantage car la détresse s'exprimait aussi par la pratique de l'ascèse. Sans doute, chez les uns, chez les autres, le formalisme a-t-il pu prendre le dessus. Toujours l'habitude... « l'âme habituée ». Alors tu as déclaré à tes disciples : « Quand vous jeûnez, ne vous donnez pas un air sombre comme le font les hypocrites ; ils prennent une mine défaite pour que les hommes voient bien qu'ils jeûnent. [...] Pour toi quand tu jeûnes, parfume ta tête et lave ton visage, pour que ton jeûne soit connu non des hommes mais de ton Père qui est là dans le secret. » Voilà, si j'en crois Matthieu, ce que tu as déclaré à tes fidèles... Ce texte est très beau, rabbi. Mais collectivement inapplicable. Pour commémorer l'assassinat de Yitzhak Rabin, en novembre 1998, on n'a guère décrété de jeûne national ; pourtant, au jour anniversaire, la tristesse du pays, le besoin de repentance que beaucoup éprouvaient, n'étaient pas compatibles avec des marques extérieures d'indifférence.

Aujourd'hui, 3 tichri, les Juifs jeûnent pour commémorer un autre assassinat politique, commis lui aussi par des extrémistes, il y a quelque vingt-six siècles ! Guedalia ben A'hikam, gouverneur juif « colombe », fut mis à mort par ceux qui refusaient l'espoir de paix. On a réactualisé le jeûne de Guedalia : ce matin, comme l'an passé à pareille époque, un office religieux a été célébré sur les lieux du Mémorial Rabin, à Tel-Aviv. La mémoire d'Israël est étonnante. Comme si, jamais, les crimes ne pouvaient être effacés ; comme si leur souvenir devait passer aux générations suivantes.

Toi-même, rabbi, tu aurais dit, traitant les rabbins de « serpents », d'« engeance de vipères » — je cite Matthieu —, tu aurais formulé le souhait que retombe sur eux « tout le sang innocent répandu sur la terre, depuis le sang de l'innocent Abel jusqu'au sang de l'innocent Zacharie fils de Barachie [24] que vous avez assassiné entre le sanctuaire et l'autel ». Israël responsable du sang d'Abel ! D'Abel, absolument innocent... As-tu vraiment tenu ce propos ou, désireux de faire retomber ta mise à mort sur les Juifs, ces (ex-)coreligionnaires avec lesquels la scission était déjà presque consommée, les évangélistes ont-ils rajouté cet étrange *come-back* ?

Quoi qu'il en soit de la responsabilité d'Israël, le jeûne n'était pas seulement considéré comme un signe de deuil et de contrition. Sur le modèle de l'abstinence de Yom Kippour, il était et demeure l'un des moyens de demander pardon. Tu n'innovais pas vraiment, rabbi, quand tu blâmais l'ostentation des jeûneurs. Il y avait des siècles que les prophètes de la Bible hébraïque condamnaient le formalisme des abstinents. Cependant, leur critique était d'une autre nature. Elle portait sur le fond, et bien moins sur la forme — ou la mine des jeûneurs. Plutôt que l'angélisme, ce que les prophètes réclamaient des pénitents, c'était de se conduire en hommes, responsables devant Dieu et devant leurs prochains. « Déchirez vos cœurs, pas vos vêtements, et revenez à L'Éternel votre Dieu », s'écriait Joël. Pour les prophètes de l'Ancien Testament, le jeûne ne vaut que par ses conséquences pratiques et terrestres.

Dans une semaine, à Yom Kippour, quand le jeûne commencé la veille fera sentir ses premiers effets, les fidèles écouteront le message d'Isaïe, par la *Haftara* que les rabbins ont fixée, et notamment ces versets : « Est-ce là le jeûne qui me plaît, le jour où l'homme se mortifie ? Courber la tête comme un tronc, se faire une couche de sac et de cendre, est-ce là ce que tu appelles un jour agréable à L'Éternel ? Non, voici le jeûne que je souhaite : rompre les chaînes de l'injustice, dénouer les liens de tous les jougs, renvoyer libres ceux qu'on opprime, briser enfin toute servitude. Puis encore partager ton pain avec qui a faim, recueillir dans ta maison les pauvres sans abri ; si tu vois un homme nu le vêtir, ne jamais te dérober devant ta propre chair. » Toujours au nom de Dieu, Zacharie rappellera à son tour que l'homme peut ressentir le besoin de jeûner s'il veut, de cette manière, faire repentance mais, ajoute-t-il, Dieu n'est pas concerné par son abstinence ! Ayant livré cette leçon, il conclut : « Rendez des jugements de vérité, pratiquez l'un envers l'autre la charité et la pitié ; n'opprimez pas la veuve et l'orphelin, l'étranger et le pauvre, ne méditez pas dans votre cœur de méchanceté l'un contre l'autre... » Quant aux rabbins de la Michna, ils remarqueront, dans un texte liturgique donc largement répandu, que, selon le Livre de Jonas, le pardon ne fut pas accordé aux habitants de Ninive parce que Dieu vit leur calice et leur jeûne, mais parce que « Dieu vit *ce qu'ils faisaient* pour se détourner de leur mauvaise conduite ». C'est ce que le rabbi de Nazareth appelait le « signe de Jonas[25] ». Etait-il justifié de l'opposer à cet autre signe, que lui réclamaient ceux de Capharnaüm ? De confronter l'acte et la foi ? Le... masque du jeûneur ne trompe pas Dieu. Mais la foi ne saurait se substituer à l'acte.

La faim se fait plus forte encore, et la prière plus profonde : le soir va tomber sur Kippour. C'est alors que le fidèle lit la seconde et la dernière *Haftara :* le Livre de Jonas.

9

Règle d'or et loi du talion

11 tichri — lendemain de Kippour
Jeudi 1er octobre

Être un ange, un jour par an : c'est aussi ça, Kippour. Étrange journée, à la fois jeûne et fête. La joie est intérieure, elle vient de la conviction qu'on est proche de Dieu. Et que Dieu pardonne. Chaque année, vêtu de blanc, debout pendant la prière, sans manger ni boire, sans vraiment ressentir, à l'instar des purs esprits, le besoin de se nourrir, le fidèle peut vivre, pendant quelques heures, l'expérience des grands mystiques. Mais rien qu'une fois chaque année, en guise de viatique. Le reste du temps, il doit se comporter en homme. Pas en ange — c'est homme qu'il a été créé.

Si les Évangiles, puis ceux qui s'en réclament, ont accentué à outrance l'angélisme dont tu as fait preuve, rabbi, c'est aussi pour opposer tes discours aux raisonnements terre à terre des « pharisiens ». Mais ils ont eu tort de confondre le sermon et la loi. Si bien que nous ignorons à quels moments tu as usé de l'homilétique et à quels moments tu as voulu légiférer. D'autant — Jean confirme en conclusion de son Livre ce qui ressort d'évidence — que les Évangiles ont seulement rapporté une partie de tes actions et de tes discours.

Autrement dit, et dans le meilleur des cas, les auteurs sacrés ont sélectionné tes faits, tes gestes, tes propos... Et ils en sont venus à instituer en règle contraignante des paroles que tu ne destinais pas à la codification.

Les déclarations à l'emporte-pièce étaient alors chose courante. Le Talmud est plein de tournures de ce genre. Il y est dit par exemple que « tout homme rempli d'un esprit arrogant » est pareil à qui adore les idoles, renie le principe fondamental de la foi, commet toute espèce d'immoralité... Il mérite, déclare Rabbi Él'azar, verset à l'appui, « d'être abattu comme une image idolâtre[1] » ! La réprobation de l'orgueil est radicale. Mais la référence à l'idole à abattre ne signifie pas qu'un Sanhédrin doive appliquer à l'orgueilleux le sort des idoles ! Il y a l'homilétique et il y a la Loi, rabbi. Il s'agit de catégories différentes.

L'une de tes formules les plus célèbres est la loi d'amour : « Tu aimeras ton prochain comme toi-même[2] », qui ne figure d'ailleurs que partiellement dans le sermon sur la montagne et que, pour sa part, Jean semble destiner aux seuls apôtres, dans les rapports qu'ils doivent entretenir entre eux (« Je vous donne un commandement nouveau : aimer chacun son compagnon de même que je vous ai aimés »). Souvent, la conscience populaire t'impute cette injonction de l'amour du prochain, exclusivement, alors que tu avais bien pris soin de citer ta source, la Tora. Mais ce commandement du Lévitique, dans lequel Rabbi Akiba reconnaîtra comme toi « un principe essentiel de la Tora », ne fait que donner une orientation. Or, pour être appliqué, un commandement doit être défini. « Définir », en hébreu, c'est clôturer... Sinon, il se répand partout et de façon abusive. Que de crimes n'a-t-on commis au nom d'un amour réputé bien compris ! Le commandement de l'amour du prochain doit être clôturé pour ne pas provoquer le malheur. Et c'est pour éviter le risque de déviation qu'en réponse à un païen demandant à se convertir, Hillel, quelques décennies avant toi, a réduit l'angle projeté par le Lévitique, pour mieux en définir l'orientation. « Ce que tu détestes pour toi-même, dit-il, ne le fais pas à ton prochain. » Et d'ajouter : « C'est là toute la Tora ; le reste est son explication. Va et étudie[3]. »

L'explication et l'étude ! Ce sont les maîtres mots des rabbins, des mots qui, à en croire les Évangiles, te sont restés étrangers. Mais seule l'étude peut déterminer la Halakha, la règle. Le législateur doit constamment peser le pour et le contre *(chakla ve-taria)* afin de fixer la Loi ; il lui faut opposer les versets entre eux, scruter, contester, analyser la tradition orale telle qu'elle est rapportée par l'un ou l'autre maître, clôturer ses particularités pour éviter le moindre abus. Par définition (*Halakha*, de H-L-Kh, « marcher » implique une dé-marche), la Loi est incompatible avec une lecture littérale, c'est-à-dire fondamentaliste, de la Bible. C'est à ce niveau, rabbi, et bien plus profondément qu'à propos de n'importe quoi d'autre, y compris la question de ta messianité, qu'apparaît l'opposition entre l'enseignement des Évangiles et celui des « pharisiens », pères du judaïsme. Que penses-tu toi-même de cette dérive, toi qui critiquais le juridisme de tes interlocuteurs, mais qui employais souvent des arguments semblables à ceux des rabbins de tous les temps, dès lors que tu voulais prôner telle ou telle interprétation de la Loi ? N'es-tu pas effrayé, aujourd'hui, des conséquences dramatiques de tes violentes diatribes ? L'obsession de l'interprétation qui fut celle des pharisiens, puis des maîtres du Talmud, est peut-être moins poétique que tes sentences, rabbi, mais franchement, ne la regrettes-tu pas, quand tu constates les résultats de son abandon total, de son oubli même, par ceux qui se sont réclamés de toi ? Pour avoir refusé l'herméneutique rabbinique et parce qu'ils confondaient l'homilétique avec la Loi, les Évangiles, puis l'Église se sont rendus coupables de crimes sans nombre. Au Moyen Âge, on brûlait les « hérétiques » sur le bûcher pour appliquer tes paroles telles que rapportées dans l'Évangile de

Jean : « Si quelqu'un ne demeure pas en moi, il sera jeté dehors comme le sarment ; il sèche, puis on le ramasse et on le jette au feu et il brûle[4]. » Je ne veux absolument pas te rendre coupable de ces abominations, rabbi, mais voilà : ayant désappris ce système pluraliste de construction du droit, qui était celui de tes contemporains, les chrétiens ne pouvaient qu'imprimer à tes propos, tirés de leur contexte, un tour absolu — alors qu'eux-mêmes nous reprochaient d'en rester à la « lettre » biblique sans en percevoir l'« esprit » ! Ne crois-tu pas, avec le recul, qu'il eût mieux valu t'inscrire dans le système des rabbins — peut-être trop laborieux, voire pointilleux, peut-être trop polémique, mais vivant et pluriel ?

Tu as énoncé en principe la réponse que Hillel fit au païen, ajoutant, toi aussi, que « c'est là, la Tora et les Prophètes » ! Tu as donné au propos de Hillel un tour positif : « Tout ce que vous voulez que les hommes fassent pour vous, faites-le vous-mêmes pour eux. » On a appelé cela la « règle d'or[5] ». Qu'il en aille selon Hillel, ou d'après la formule que les Évangiles te prêtent, négative ou positive, la règle d'or reste deux mille ans après vous deux, chez les chrétiens et chez les juifs, l'idéal auquel il faut tendre, l'idée qu'il faut apprendre, et vingt fois sur le métier remettre son ouvrage.

12 tichri
Vendredi 2 octobre

Dans le monde chrétien, on a dit — on a dit longtemps — que tu as substitué la « nouvelle » règle d'or à la « vieille » loi du talion[6]. Et c'est bien ce que suggère ton sermon sur la montagne : « Vous avez entendu qu'il a été dit *œil pour œil et dent pour dent.* Eh bien, moi je vous dis de ne pas tenir tête au méchant ; au contraire, quelqu'un te donne-t-il un soufflet sur la joue droite, tends-lui encore l'autre. »

Ainsi, l'amour et la miséricorde font place à la rigueur aveugle de la Loi. Voilà ce qu'on a commenté chez les chrétiens.

Je t'entends, rabbi, pester contre ces exégètes ! La loi du talion n'a aucun rapport avec un « soufflet » que la victime pourrait ou devrait pardonner. Dans le Livre de l'Exode, la loi du talion est appliquée au bénéfice d'une femme enceinte qui perd son enfant parce qu'on l'a frappée ; il est question, dans ce chapitre, de coups échangés et de blessures, d'un esclave éborgné... La victime devrait-elle prier son agresseur de lui crever l'œil restant ? Le souci de la Tora est de faire justice par une réparation qui soit juste. Absolument juste.

Or, tu le sais bien, rabbi, tu ne pouvais pas ne pas le savoir : la loi du talion est absolument juste... sur le plan théorique ! C'est sa mise en pratique qui ne le serait pas, et tout le monde, même de ton temps, l'a toujours entendu ainsi. Car, remarquent les sages du Talmud, l'œil d'un homme (de l'agresseur) ne peut être équivalent à l'œil d'un autre (la victime). Alors, à quoi sert la loi du talion ? Pourquoi la Bible en fait-elle mention ? Parce que l'idée du « monnayage » d'un œil crevé ou d'un bras arraché serait indigne. Il ne suffit pas qu'une assurance tous risques se substitue à la brute ! *Théoriquement*, stipule la Tora, la brute mérite la peine équivalente et sa responsabilité ne saurait être diminuée par l'impossibilité de l'appliquer. Une fois établi le principe de la responsabilité morale, portée sur le grand registre tenu au Ciel, les hommes chargés de pratiquer la Loi, la vieille Loi, vont décoder dans la règle du talion, et pour chaque cas d'espèce, la direction dans laquelle il leur faut légiférer. Ce qui les amène à transposer l'idée de la sanction au plan, terre à terre, d'une réparation aussi juste que possible : le paiement par l'agresseur du « dommage » au taux d'un œil pour un œil, à quoi s'ajouteront les « amendes », tenant compte, pour leur part, de la situation particulière de la victime, de la douleur subie, des frais de convalescence...

Le débat — et c'est sûrement là que, emporté par ton élan d'orateur de génie, tu as joué avec le feu, rabbi — se situe entre la théorie et la pratique. Ces deux termes appartiennent aussi à la dialectique du Nouveau Testament, mais ceux qui l'ont composé, s'appuyant peut-être sur tes raccourcis audacieux, y ont inversé la tendance ! Alors que la Tora, comme son nom l'indique, *enseigne*[7] la théorie afin que ses exégètes fixent la Loi et légifèrent, dans le Nouveau Testament la théorie — qu'elle soit davantage ou moins sévère — va se substituer à la Loi. « Vous avez entendu qu'il a été dit... eh bien moi je vous dis... » En répétant cette formule, tu espérais, avec raison, rappeler l'idée qui prévalait, qui présidait à la Loi. Sur la montagne, rabbi, tu as prononcé un *sermon*, tu n'as pas exposé la Loi[8] ! Mais en confondant l'une et l'autre, en brouillant l'homilétique et le juridique, les Évangiles rendront la Loi inopérante.

Manifestement, tes disciples n'ont rien compris, rabbi, aux (trop grandes ?) subtilités de ton sermon. Tu n'avais cessé de leur rappeler l'importance de la Loi, tout en la ramenant sans cesse à sa source, qui est plus grande qu'elle... Eux en ont conclu que la Loi était caduque, que seule importait désormais la grâce qui devait sublimer le péché.

Jean proclame que « la Loi a été donnée par Moïse, la grâce et la vérité ont été données par Jésus-Christ » ; et Paul que « le péché n'aura pas d'emprise sur vous, parce que vous n'êtes pas sous la Loi, mais sous la grâce[9] ». Reste à savoir comment le règne de la grâce s'est exercé. Les Juifs, mais ils ne sont pas les seuls, auront pu attester — ils l'ont hurlé sur les bûchers de Blois ou de York, dans les synagogues en feu de Worms et de Mayence — que l'essai n'était pas concluant. Le nouveau système s'est révélé inapplicable. Y compris la règle d'or. D'ailleurs Paul semble dire qu'elle s'applique à tous... mais davantage aux amis. Dans l'épître aux Galates, il recommande de pratiquer « le bien à l'égard de tous et *surtout de nos frères dans la foi* ». Entre les huit béatitudes que Jésus a exaltées sur la montagne et la suite du *sermon* selon la présentation qu'en fait l'Évangile de Jean ; entre les béatitudes et tant d'autres propos et de gestes que le Nouveau Testament prête aux apôtres et à leur maître, la différence peut être si frappante qu'elle révèle, par contraste, la dureté [10] des auteurs et des acteurs. C'est le cas des imprécations contre les pharisiens, des fulminations contre les villes « maudites » ou à maudire ; du glaive qui menace ; de la fournaise ardente qui attend les fauteurs d'iniquité ; des malheureux qui seront égorgés parce qu'ils rejettent le Règne à venir ou refusent d'avoir foi en qui l'a annoncé.

14 tichri — Veille de Soucot
Dimanche 4 octobre

Sur les trottoirs et les balcons de Jérusalem, partout s'élèvent les cabanes de la fête. Elles rappellent la protection accordée aux Hébreux quand, pendant quarante années, ils habitaient les tentes du désert [11]. La Bible hébraïque cultive la nostalgie du désert [12]. « Va crier aux oreilles de Jérusalem, ordonne Dieu à Jérémie : Ainsi parle L'Éternel — Je me rappellerai l'affection de ta jeunesse, l'amour de tes fiançailles, alors que tu marchais derrière moi dans le désert, dans une terre non ensemencée... » Sous la voûte du ciel qui ne finit pas et l'immensité rocheuse, loin des tentations de la cité, hors des cultures frelatées, la misérable peuplade tirée de l'esclavage d'Égypte reçut pendant quarante ans l'enseignement de L'Éternel.

C'est pourquoi, le temps d'un arrêt — une semaine —, leurs très lointains descendants habitent la *souca*, dont le feuillage doit laisser apparaître le dessin des étoiles dans la nuit. Les cabanes de la fête, insiste la Halakha, doivent être belles, agréables. La *souca* est décorée de dessins, de guirlandes, mais aussi de fruits d'automne : des régimes de dattes, les pommes rouges du grenadier aux mille pépites, des branches chargées d'olives, qui tous, à un titre ou un autre, sont des symboles d'Israël.

Dans les Évangiles, l'arbre qui évoque Israël, c'est le figuier[13]. Le figuier maudit qui a refusé ses fruits au Messie, le figuier « stérile et châtié ». Si, comme je le crois, le figuier de Rabbi Yossé de Youkrat sert de parabole aux premières disputations entre juifs et nazaréens, la polémique vise aussi le sermon sur la montagne. Car l'irascible rabbin de Youkrat[14] n'avait pas maudit que son fils. Il avait aussi une fille qui — cela va sans dire — était fort belle. Un amoureux avait percé un trou dans la clôture pour l'admirer... Il expliqua au père qui le surprit : « Rabbi, on m'a refusé le privilège de l'avoir pour femme, que je puisse au moins la regarder ! » Sur quoi Rabbi Yossé se tourna vers son enfant : « Ma fille, tu tourmentes les gens ; retourne à la poussière afin qu'ils ne trébuchent pas à cause de toi. » En dehors de l'intolérable report de culpabilité sur la femme, ce que dit Rabbi Yossé — et ce que le Talmud réprouve au moins incidemment — est très proche d'un propos du sermon sur la montagne : « Vous avez entendu qu'il a été dit : Tu ne commettras pas d'adultère. Eh bien moi je vous dis : Quiconque regarde une femme pour la désirer a déjà commis, dans son cœur, l'adultère avec elle. Que si ton œil droit est pour toi une occasion de péché, arrache-le et jette-le loin de toi ; car mieux vaut pour toi que périsse un seul de tes membres et que tout ton corps ne soit jeté à la géhenne. »

Certes, le voyeurisme n'est pas recommandé chez les rabbins. Mais les hyperboles dont ils sont coutumiers ne leur feront jamais confondre le crime d'adultère — ils en définiront les données avec exactitude — avec les sentiers douteux de la concupiscence. La Tora exprime l'idée de pureté conjugale ; aux rabbins de l'aménager, d'y « rajouter » afin qu'elle soit applicable dans la société des hommes. « Vous serez saints[15] », dit le Lévitique. Cependant l'Exode avait déjà précisé, et dès après les premières lois du Sinaï : « Vous serez des *hommes* saints. » La Tora a été accordée aux hommes, les anges n'en ont nul besoin. « Vous ne laisserez pas vos yeux vous débaucher », lit-on encore dans le Livre des Nombres. Ce n'est pas une raison pour souhaiter la mort du voyeur (et surtout pas de sa victime !), ni pour s'arracher les yeux.

Évidemment, rabbi, tu ne le demandais pas ! Tu n'as pas confondu l'homilétique (le « sermon » !) et la Loi. Tu t'en es défendu clairement, dans ce texte même, en proclamant l'intangibilité de la Loi. C'est l'interprétation chrétienne qui a voulu voir dans le sermon sur la montagne l'instauration d'une « justice nouvelle[16] ». Sur la montagne, affirme-t-elle, tu as aboli la loi du talion, tu as interdit le divorce... Reste à savoir selon quel critère l'Église a statué. Pourquoi dans un cas, aurais-tu édicté une « nouvelle justice », donc une Loi, et dans l'autre, alors que tu prononçais la même formule introductive, aurais-tu dessiné une parabole ?

Ce que je dis n'enlève rien à l'humanité, à la beauté et à la noblesse des paroles que, sur cette même montagne de Galilée, tu as adressées aux « pauvres », aux « doux », aux « affligés », aux « assoiffés de justice », aux « cœurs purs » et aux « artisans de paix »... Ils t'aimaient, rabbi. Ils t'aimaient plus que d'autres. Il y avait le maître de Youkrat et ses semblables ; ceux qui se muraient dans les tours d'ivoire et ceux pour lesquels l'homme est esclave du système ; ceux encore pour lesquels l'étude seule importait. Et puis il y avait tous les autres, et c'est à eux que s'adressait ta compassion.

Alors que les fêtes de pèlerinage, Pessa'h, Chavouot ou Soucot, invitaient à se ressourcer à Jérusalem, il t'arrivait, à toi et à tes disciples, de rester sur place en Galilée. Ou d'y retourner. Plus tard, toute cette région deviendra l'un des grands centres des études juives. Mais, de ton époque, les textes ne gardent aucun souvenir d'un sermon sur une montagne de la Galilée, hormis le tien. Ou d'un *séder* sur le Kinnéret, si ce n'est le tien. Aurais-tu été un pionnier de l'instruction juive dans les campagnes ? Pourquoi pas ! Dans Jérusalem, l'étude de la Tora commençait tôt, mais qui s'intéressait à l'éducation des foules paysannes de Galilée ? Plusieurs décennies après toi, Yehochoua ben Gamla, un grand prêtre, a institué, hors de Jérusalem, un réseau d'instruction primaire[17]. Mais, de ton temps, qui se chargeait d'instruire les enfants — et les adultes — de Tibériade, de Nazareth ou de Kfar Na'houm ? T'imaginer en maître d'école dévoué et itinérant ne serait pas pour me déplaire... Pourtant, là encore, le Nouveau Testament est ambigu. Tout cela n'est pas très compatible avec l'étonnement que manifestent les foules galiléennes en s'apercevant que tu sais interpréter un verset d'Isaïe. Encore moins avec le propos que tu tiens au retour des soixante-douze disciples envoyés en mission dans les villes de Galilée : « Je te bénis, Père, Seigneur du ciel et de la terre, d'avoir caché cela aux sages et aux intelligents et de l'avoir révélé aux tout-petits. » Il est devenu de bon ton de s'extasier par le paradoxe de ce propos rapporté par Luc mais, s'il est exact, il relève bel et bien d'une apologie de l'ignorance[18]. Je n'ose le croire d'un Juif comme toi...

Je ne sais pas... Je suis presque sûr, rabbi, que les Évangiles donnent de toi une image faussée. Ils ne disent rien, ou si peu de ta vie, on veut se souvenir surtout de ta mort. Ils ont été écrits, disent les chercheurs chrétiens, en vue de la prédication, le *kérygme*[19] destiné aux païens qu'il fallait, avant toute chose, détourner des missionnaires juifs, de leurs voisins juifs, de tous ceux qui judaïsaient dans leur ville ! Il ne fallait pas, surtout pas, que leur adhésion passe par l'obligation de l'étude désintéressée, longue et difficile, à laquelle les païens ne se seraient pas soumis. Alors on a changé les textes originaux, gommé les références juives, les particularités de l'enseignement rabbinique qui auraient fait de toi un être étranger au monde païen. On a supprimé les innombrables références qui faisaient de l'étude de la Tora le plus important des commandements[20].

La diversité des témoignages selon l'un ou l'autre Évangile permet toutes les hypothèses. Ainsi le *Pater* fait suite, d'après Matthieu, au sermon sur la montagne. Mais chez Luc, c'est « quand il était quelque part à prier » du côté de Béthanie que Jésus apprit à ses disciples le texte du « Notre Père » dont il donne une version abrégée. Cependant, dans le « carmel du Notre Père », qu'on a construit à Betphagué, c'est le « Notre Père » de Matthieu qu'on a reproduit sur d'importants panneaux de céramique et en soixante-quinze langues, le long des murs du monastère et de leurs détours. Le bâtiment a été élevé sur les ruines d'une vaste église byzantine, l'église Patenôtre (*Pater noster*) que Hélène, la mère de l'empereur Constantin, avait fait édifier sur l'emplacement d'une grotte, la grotte des Enseignements, qu'on vénérait depuis l'époque judéo-chrétienne. Longtemps, ces grottes du mont des Oliviers ont servi d'abri naturel aux voyageurs, aux pèlerins, aux promeneurs tout simplement, pour les protéger du soleil en été et des froides pluies d'hiver. C'est dans ces grottes-là que le maître se serait adressé à ses disciples pendant la courte semaine qui précédait Pessa'h.

Selon l'Évangile de Matthieu — qui les regroupe aux chapitres 22 et 23 —, la première partie des enseignements aurait été délivrée non pas à Betphagué, mais dans la cour du Temple avant Pessa'h. La plupart des paraboles visent à démontrer que l'aventure d'Israël est terminée. Le figuier ne portera plus de fruits, d'autres vignerons seront nommés à la place de ceux auxquels le Berger avait loué sa vigne. Suivent les imprécations contre les pharisiens, « engeance de vipères », qui ne pourront échapper à la géhenne. Plusieurs fois, l'Évangile rapporte des questions posées par des « pharisiens » ou un groupe de sadducéens. Et là où Marc, puisant sans doute à une même source, souligne les points de rencontre[21], Matthieu prend soin d'effacer ce qui pouvait passer pour un assentiment mutuel. Bien plus, alors que, chez Marc, la discussion semble s'enclencher naturellement avec un groupe de « pharisiens » désireux de connaître le raisonnement de l'étrange rabbi, pour Matthieu ses interlocuteurs n'agissent qu'en vue de l'« embarrasser » ! Chez Luc aussi, il est question d'un figuier sans figues. La parabole n'est pas différente. Mais ce n'est qu'au bout de trois ans de stérilité que son propriétaire pense à couper l'arbre, puis se ravise, après que son serviteur lui a promis de bonifier la terre. « Peut-être donnera-t-il des fruits dans l'avenir. Sinon, tu le couperas », conclut le serviteur.

J'ignore, rabbi, où, quand et lesquels de ces enseignements tu as prononcés. Je ne sais pas non plus dans quelles circonstances tu t'es exprimé[22]. Mais je me refuse à croire que tu as insulté l'ensemble des sages dépositaires de la Tora et des enseignements de Moïse, et que tu aurais appelé sur eux — par huit fois ! — le « malheur ». Quelle dérision, rabbi, et quelle tristesse ! C'est parce qu'ils prennent le Nouveau Testament — qu'ils n'ont pas vraiment lu — pour parole d'Évangile, parce qu'ils en acceptent les jugements de valeur et les commentaires malveillants, en un mot l'antijudaïsme dont ces textes se parent pour convaincre les païens, que les Juifs te font le reproche de l'infidélité !

10

Haro sur Judas

Soucot — 2e jour
Mardi 6 octobre

Ils s'appelaient Simon ou Pierre, Jacques, Jean, Philippe, Barthélemy, Thomas, Matthieu, Jacques et André. Et puis Judas. Un autre apôtre portait le même nom. Les deux premiers Évangiles l'appellent Thadée. C'est mieux. Il fallait un traître et ce traître devait s'appeler Judas. Seulement Judas. L'identification entre une personne et son nom est une donnée biblique. Nous sommes en présence de « noms programmes [1] ». Dès les premiers chapitres de la Bible, quand la mission d'Abram devient universelle, son nom est changé en Ab-raham, « père d'une multitude de peuples ». À son tour, Simon s'entendra dire par son maître : « Moi je te dis tu es Pierre et sur cette pierre je bâtirai mon Église. »

Quant à Judas, c'est Juda ! Tout se passe — et le fait qu'on a ajouté ici un *s* n'y change rien — comme si le nom maudit du traître devait absolument rappeler son origine juive, et en devenir l'archétype. Depuis la fin du royaume d'Israël, en –735, le royaume de Juda, avec Jérusalem pour capitale, est le seul Israël étatique. Ses habitants s'appellent *Juifs* et ceux de la province de Judée, *Judéens*. À travers les âges, Juda est resté le nom emblématique d'Israël. Parce que

« le sceptre ne quittera pas Juda, ni l'autorité sa descendance ». Les malfaisants ne s'y sont pas trompés : « Judas ! » criait la foule quand on déporta Dreyfus, dégradé, à l'île de Ré. Et la Civilita' Cattolica de l'époque — pas si lointaine ! — renchérissait : « Dieu a créé le Juif pour qu'il joue partout le rôle du traître[2] ».

Rabbi, je me l'étais juré. Ne pas tailler dans les Évangiles ! Ne prendre parti ni pour qui voit en Marc le nourricier de Luc et de Matthieu, ni contre ceux pour lesquels Jean est le dernier, ou le premier des Évangiles. Mais quand la plume gratte, efface, perce la matière, quand un auteur gagne du terrain, se hasarde sur une terre qu'il ne pensait explorer, faudrait-il qu'il s'en tienne à son « schéma primitif » à lui ?

La critique des textes est un exercice périlleux, la tentation pousse à juger, conjecturer, élaborer. Bientôt on en sait plus que l'auteur. C'est pour ça, aussi, que je ne voulais pas... Pourtant, lorsqu'un récit est bourré d'invraisemblances — je ne parle que des invraisemblances séculières, évidentes au plan historique, non de celles qui pourraient me paraître telles pour des raisons religieuses —, lorsque, en la racontant, l'histoire répond au souci bien compris de ne pas mécontenter le plus fort, en l'occurrence la puissance romaine[3], et, par ailleurs, de promouvoir une prédication antijuive — elle traverse les Évangiles du début à leur fin —, lorsque, enfin, ce récit a provoqué le martyre de tout un peuple — mon peuple, ton peuple, rabbi ! —, ne faut-il pas alors que je réprime l'élan de pudeur qui interdit à un Juif d'émonder le Nouveau Testament ?

Il aura fallu que Jean-Paul II reconnaisse que des « interprétations erronées » furent la cause de l'antisémitisme chrétien[4]. C'est que le kérygme, la mission auprès des païens, devait l'emporter sur l'Histoire. Et sur le reste, y compris sur la règle d'or... Si les auteurs des Évangiles avaient pu deviner les interprétations si profondément erronées, s'ils avaient pu cauchemarder de l'usage qu'on ferait de leurs récits, de l'enseignement du mépris et de l'interminable cortège de souffrances qu'à partir du Moyen Âge narrations et interprétations allaient causer à ton peuple, je crois, rabbi, je veux le croire pour l'honneur de l'Église, que les Évangiles se seraient exprimés autrement. Entre autres, ils n'auraient pas inventé la trahison de Judas.

Inventée, parce que, enfin, cette histoire est cousue de fil blanc ! Pour camper le personnage d'un traître, un romancier n'écrirait pas autrement. Ainsi, on ne trahit vraiment qu'un intime : « La main de celui qui me livre est avec moi sur la table. » De préférence le bienfaiteur qui vous nourrit : « C'est celui à qui je donnerai la bouchée que je vais tremper. » Le nec plus ultra, c'est de trahir pour de l'argent : « Judas [...] s'en alla auprès des grands prêtres pour le leur livrer [...] et ils promirent de lui donner de l'argent. » « Il était voleur, il tenait la caisse et ce qu'on y mettait, il le dérobait », précise Jean. Le raffinement suprême, parole de Néron, c'est de faire semblant d'aimer « pour mieux vous étouffer » : « Judas ! C'est par un baiser que tu livres le Fils de l'homme. » J'oubliais... la règle du temps. Le vrai traître agit de nuit : « Aussitôt la bouchée prise, il sortit. C'était la nuit. » Enfin, mais je ne prétends pas à l'exhaustivité, il y a la main du traître. Très importante, la main. Elle livre, elle frappe, elle tue, de façon d'autant plus abjecte que cette même main partage avec vous le pain de l'amitié : « C'est l'un des Douze qui plonge avec moi la main dans le même plat. » Drumont, l'antisémite français le plus abject de la fin du siècle dernier, écrira à son tour : « Parmi les principaux signes auxquels on peut reconnaître le Juif [il y a] la main moelleuse et fondante de l'hypocrite et du traître. »

Du côté des poncifs, l'antisémite est comblé. Mais au fur et à mesure que les Évangiles racontent ton histoire, la raison est mise à dure épreuve. Ainsi, rabbi, tu as désigné le traître et tes disciples l'ont laissé agir à sa guise. Ils ont partagé avec lui le pain et le vin que tu as distribués à chacun — Judas compris ! Tu lui as demandé de quitter la table pour qu'il parte te dénoncer à tes bourreaux. Le repas fini, tu t'es rendu à Getshémani où, tu le savais, la troupe conduite par Judas était assurée de te trouver, puisque — ce sont les Évangiles qui le disent — tu avais l'habitude de te rendre là-bas. C'est son baiser, le baiser de Judas ! qui était censé t'identifier, alors que les hommes qui t'ont capturé te connaissaient par ailleurs... Tu leur as dit : « Chaque jour, j'étais auprès de vous dans le Temple et vous ne m'avez pas arrêté. » Chez Jean, il n'y a pas eu de baiser. Le texte n'en est pas plus convaincant, tu serais allé à la rencontre de la troupe en clamant : « C'est moi... Je vous ai dit que c'est moi » !

Il est vrai, l'évangéliste a pu traduire de cette manière ton inclination à céder à la mort, à lui consentir, à aller à sa rencontre. Afin que, écrit Jean en citant approximativement les Psaumes, « s'accomplisse l'Écriture : Celui qui mange mon pain a levé contre moi son talon ». Les Actes en rajoutent : « L'Écriture devait s'accomplir où, par la bouche de David, l'Esprit saint avait parlé d'avance de Judas, qui s'est fait le guide de ceux qui ont arrêté Jésus. » Que l'Écriture n'ait laissé aucune trace de la prédiction de David n'a guère porté atteinte à l'argumentation. Pas plus que son caractère fataliste ne décharge Judas du crime imputé. Pourtant, si tout était arrêté depuis des siècles, dicté, déterminé, Judas n'était pas responsable ! Matthieu met les choses au point : « Le Fils de l'homme s'en va selon ce qu'il est écrit de lui ; mais malheur à cet homme par qui le Fils de l'homme est livré ! » Satan a pris possession de Judas, expliquent Luc et Jean[5].

Dis-moi, rabbi, à quel jeu tes amis se sont-ils prêtés ? En matière de trahison — et même si tout transmetteur, comme tout traducteur, trahit d'une façon ou d'une autre la réalité —, n'ont-ils pas commis là le plus grave des mensonges ?

Celui-là même qui, pendant d'interminables siècles, rendra l'humanité coupable de ses pires méfaits.

Soucot — 3e jour
Mercredi 7 octobre

Naguère, les soixante-dix taureaux présentés sur l'autel pendant la semaine de Soucot devaient procurer le pardon aux soixante-dix nations de la Terre. Le Temple n'est plus mais, grâce à l'énoncé liturgique du culte qu'on y pratiquait, Soucot reste une fête universelle[6]. Les notes eschatologiques de Zacharie en témoignent elles aussi. Certains groupes de chrétiens lisent ces versets avec une attention redoublée. Chaque année, ils se rendent en pèlerinage à Jérusalem et, banderole en tête, participent à la marche traditionnelle de Soucot qui fait le tour des murailles de la vieille ville et traverse les grandes artères de la cité. À leur manière, les Juifs leur rendent la politesse : les hommes et les enfants qu'on voit passer sur toutes les places, portant les palmes du « bouquet » de Soucot[7], sollicitent le souvenir, celui des processions chrétiennes des rameaux. D'un point de vue scénique, et plus encore que Pessa'h, la semaine de Soucot évoque la présence du Nazaréen à Jérusalem ou plutôt son arrivée, l'accueil enthousiaste qu'il reçut ici quand, juché sur l'ânesse, il se dirigeait vers le Temple sous les vivats d'une foule jetant sous ses pieds des rameaux de palmier et criant : *« Hosanna, Hosanna ! »*

Leur joie n'était pas la tienne. Rabbi, tu disais que la mort était proche[8]. Tu savais, écrit Jean, « que ton heure était venue de passer de ce monde vers le Père ». Par trois fois, avant même d'atteindre la capitale, tu as déclaré que tu allais être tué. Pourquoi ce sentiment ? Parce que Antipas te poursuivait ? Parce que Caïphe voulait ta mort ? Sans doute. Mais aussi parce qu'à cette phase de ton engagement et de ta conviction messianique, si différente de celle des foules et de tes apôtres, la mort, pensais-tu, s'inscrivait dans l'économie du Salut. Tu as déclaré : « Si le grain de blé tombé en terre ne meurt pas, il demeure seul ; mais s'il meurt, alors il porte beaucoup de fruits. » Puis encore : « Celui qui hait son âme dans ce monde de la durée présente, il la gardera pour la vie de la durée à venir. »

La mort inéluctable ! C'est à la tragédie grecque que ce propos et le comportement font penser. A-t-elle pu t'inspirer, rabbi ? As-tu pris part, en tant que charpentier, aux travaux d'embellissement de Sephoris, comme le pensent certains auteurs[9] ? En cette Sephoris que Flavius Josèphe appelait le « Joyau de toute la Galilée », aurais-tu assisté aux représentations données dans l'amphithéâtre de la cité, à une heure de marche de Nazareth ? De la Galilée entière, on venait y applaudir les troupes théâtrales qui présentaient aux quelque quatre à cinq mille spectateurs assis sur les gradins de pierre les œuvres d'auteurs grecs qu'Antipas apprit à aimer pendant sa longue éducation romaine. Je sais, qu'on te croie Fils de l'homme ou simple rabbi, l'idée d'un Jésus assis sur les gradins d'un théâtre antique en train d'écouter une pièce païenne a aujourd'hui quelque chose d'incongru. Mais la « Galilée des Nations » était un *melting-pot* bien plus prononcé que notre imaginaire ne veut le concevoir. Et des historiens, aujourd'hui, n'hésitent pas à dire que le théâtre — grec, bien sûr — t'a été familier. Ils en voient le signe dans ton vocabulaire même, par exemple *hupokritaï* — le mot revient dix-sept fois dans les Synoptiques —, que les Bibles françaises traduisent généralement par « hypocrites », et qui signifie à l'origine « masques » ou « acteurs de théâtre ». En fait, tu as reproché aux « pharisiens » de jouer la comédie. Quelques siècles plus tard, tu les aurais traités de « tartufes »... Quand tu déclarais aux jeûneurs : « Ne vous donnez pas l'air sombre comme le font les *hupokritaï* : ils prennent une mine défaite... », je te vois bien mimer tel ou tel personnage comique, qui devait réveiller dans ton auditoire quelques réminiscences scéniques.

Je ne dis pas, rabbi, que tu t'es pris, soudainement, pour un acteur de tragédie. Non, l'enjeu était trop grave, il n'était plus question de jouer... Mais quels furent sur toi les effets des tragédies grecques, alors que tu te sentais menacé par les pouvoirs en place et que brûlait en toi la conviction d'une mission divine ? Le sombre pressentiment qui t'habite lors de ton arrestation, et qui rappelle tant le héros tragique, est particulièrement frappant dans le quatrième Évangile. Tu sors vers la troupe, tu acceptes qu'on te saisisse, tu empêches qu'on gêne tes ravisseurs. Le lendemain, rapportent les textes, tu refuses de te défendre devant Ponce Pilate, alors qu'une seule dénégation, la simple vérité, aurait suffi pour te libérer — du moins si l'on en croit le tableau trop sympathique pour être honnête qu'il plaît au Nouveau Testament de dessiner du préfet de la Judée [10].

Seulement, rabbi, tu n'as pas voulu que le salut vienne de Pilate. Tu as affronté la mort de face, n'acceptant pour t'en délivrer que le secours de Dieu, un secours qui pourrait confirmer à ceux de Jérusalem, de Judée et de Galilée la véracité de ton élection. Dieu ou la mort ! Au mont des Oliviers où tu t'es rendu après la première partie du *séder* pour y prier, malgré — ou à cause — du risque d'y être arrêté [11], tu as adressé à Dieu la prière suivante : « Mon père, s'il est possible, que cette coupe passe loin de moi. Cependant non pas comme je veux mais comme tu veux. »

Isaac ligaturé était, lui aussi, voué à l'autel. Il en fut sauvé par l'intervention de Dieu. « L'ange d'Adonaï cria en direction [d'Abraham] depuis le ciel [...] : N'étends pas ta main contre le jeune homme et ne lui fais aucun mal... » À son exemple, tu te croyais promis, ou tu te promettais toi-même à la mort. La Passion, disent les Évangiles, devait s'accomplir, elle était annoncée [12] par les prophètes. À moins que, et ce fut là ta conviction durant un court instant, à moins que Dieu ne consente une nouvelle fois à intervenir. Isaac sauvé, ou « ressuscité », comme le dit l'épître aux Hébreux, n'était-il pas le « symbole [13] » de l'action que Dieu pouvait accomplir en ta faveur ?

Les pharisiens t'avaient mis en garde. Rabbi, ils t'ont conseillé de fuir, ils t'ont averti qu'Antipas voulait te tuer. Mais au lieu de te cacher, tu es monté à Jérusalem ! Pour manger le *pessa'h* dans la Ville sainte et célébrer là-bas le *séder*. Tu as dit à tes informateurs, en leur demandant de le répéter à Hérode Antipas, que tu finirais « l'œuvre commencée ». Il me faut « poursuivre ma route », as-tu précisé et, s'il faut en mourir, ce sera à Jérusalem ! Ni en Galilée ni dans le Pérée. Non, « il ne convient pas qu'un prophète périsse en dehors de Jérusalem ». Ce sont là tes paroles dans l'Évangile de Luc.

Et tu as pris la route de Jérusalem avec tes apôtres. À eux aussi, tu as affirmé qu'à Jérusalem tu serais mis à mort, « livré aux païens, bafoué, outragé... ». Mais aussi qu'au troisième jour tu te relèverais. Ils ne t'ont pas compris. Notamment, parce que en chemin, tu as évoqué Noé sauvé du déluge, Loth qui échappa à la destruction de Sodome. Le Royaume, « le royaume de Dieu est en marche », leur as-tu dit, les « douleurs de l'enfantement » ont commencé et « celui qui tiendra bon sera sauvé ». Tu montais à Jérusalem pour y « annoncer la bonne nouvelle du Royaume proclamée dans l'univers » qui, entre autres, allait libérer Israël du joug romain. Alors, même si les tremblements de terre et la famine que tu prédisais allaient, pour un temps, ruiner Jérusalem, et que périsse la moitié de ses habitants, toi, rabbi, qui accomplissais la mission des prophètes, tu ne pouvais mourir ! Noé, Loth, Isaac... Ils furent, tous, sauvés par l'intervention de Dieu sur la terre des hommes où maintenant, comme la pâte qui lève, le Royaume allait faire « irruption [14] ».

Le refus des apôtres de croire en ta mort te laissa-t-il insensible ? N'a-t-il pas renforcé ton intime conviction que tu étais en droit d'affronter la mort, que, chargé d'annoncer la bonne nouvelle, tu pouvais, tu devais forcer Dieu au miracle ? Que « l'ange d'Adonaï, depuis le ciel », interdirait qu'on te mette à mort ou que, pour le moins, un signe divin confirmerait ta mission ?

Pendant le dernier repas, les apôtres ne t'avaient pas davantage écouté. Ils ne pouvaient imaginer que leur Messie allait mourir, que ta détermination d'affronter à Jérusalem les pouvoirs en place pouvait te conduire à la mort. Tu leur avais pourtant tendu plus d'une perche : « Maintenant je m'en vais vers celui qui m'a envoyé et aucun de vous ne me demande : Où vas-tu ? » Et eux de commenter : « Qu'est-ce qu'il nous dit là : Encore un peu encore et vous ne me verrez plus et puis encore un peu encore et vous me verrez ? [...] Nous ne savons pas ce qu'il veut dire[15]. » Surpris par ta mort, ils ne le seront pas moins quand ils te verront ressuscité ! Mais lorsque les Évangiles prendront forme, la prédication qui est leur objet sera ordonnée de manière à conduire le lecteur jusqu'à la Passion, que les apôtres, eux, n'avaient pas devinée ! L'incapacité des apôtres à envisager la Passion et la rédaction à contresens des Évangiles, écrits en vue de la Passion, ajoutent à la tension. Tu le vois, rabbi, aujourd'hui, pour te comprendre, il ne suffit pas d'« avoir des oreilles pour entendre », il faudrait aussi avoir de bons yeux pour pouvoir lire entre les lignes de ces textes opaques !

Cette tension entre l'incompréhension de tes apôtres sur le moment, et leur réécriture des événements par la suite, est particulièrement sensible dans le récit de l'onction[16] faite à Béthanie. Tu étais dans la maison de Marthe, la sœur de ton grand ami Lazare. Une femme s'approche — Mariam, l'autre sœur du défunt, selon le quatrième Évangile. Elle verse sur toi « un parfum très précieux ». Parce que le dernier repas, le *séder* messianique, est imminent et que l'onction va au Roi-

Messie. Mais au lieu de l'espérance messianique et de la libération, les Évangiles, une fois de plus, flattent la mort. Ils te font dire : « C'est pour le jour de ma mise au tombeau qu'elle [Mariam] observe cela. » Rabbi, comment un Juif aurait-il pu évoquer la mort en recevant l'onction ? Quand la Promesse, seule, est annoncée !

À moins que... Faisais-tu déjà preuve, rabbi, de l'humour qui jaillit de la désespérance ? Ce qu'on appellera « l'humour juif » ? Tu leur as déclaré : C'est pour m'enterrer qu'on me fait *Machia'h* ! Les autres ne comprenaient pas... Ils n'ont jamais rien compris. Pas même les *midrachim* que tu exposais. La désespérance ne t'a pas quitté depuis que, un an plus tôt, Antipas avait décapité le Baptiste. Tu risquais le même sort en te rendant au Temple, si bien que, cette année-là, tu avais renoncé au pèlerinage de Pessa'h. Car c'est pour vivre, et non pour mourir, que la Tora propose les *mitsvot*[17] : le pèlerinage t'était donc interdit ! Tu étais resté en Galilée. Tu avais fait le *séder* avec ceux qui t'avaient vu guérir les malades, avec la foule qui t'avait suivi sur les bords du lac de Tibériade. Mais quand, à Kfar Na'houm, ils se mirent à t'abandonner, tu résolus de faire face : le prochain *séder*, quoi qu'il puisse en coûter, tu le donnerais à Jérusalem. En compagnie de tes disciples. Et tu y annoncerais la Libération que Dieu avait promise.

Comment savoir, rabbi, ce que tu as dit pendant cette dernière veillée à Jérusalem ? Ils ont gardé si peu de ton *séder*, de ta *hagada* — je ne parle pas du carnet du *séder* qui n'existait pas encore, mais du récit qui fut le tien, de tes explications sur la sortie d'Égypte, sur la *matsa*, sur notre histoire commencée avec le départ d'Abraham de la terre des idoles, et continuée avec la sortie d'Israël, hors de la terre des esclaves. Ils n'ont voulu retenir qu'un seul « passage », celui de la Passion. Quand tu as réuni tes disciples, dans la « chambre haute », c'était pour célébrer le passage de Dieu, le *Pessa'h* de Dieu au-dessus des maisons d'Israël en Égypte, et le départ des Hébreux. Tu y as commenté le dicton de l'espoir qu'on ne cessait de répéter dans le pays : « C'est au mois de nissân qu'Israël a été libéré et c'est en nissân qu'il sera libéré[18]. » Tu voulais être le libérateur. Celui par lequel le Royaume arrive. Malgré l'incompréhension des foules, le refus des gens de Tibériade, de Chorazïn, de Nazareth, les critiques des « pharisiens », la méchante humeur des grands prêtres, les menaces d'Antipas et l'ombrageux souci de l'occupant romain ! Tu espérais malgré tout, tu espérais quand même. Au fond de toi, tu pensais que Dieu ne t'abandonnerait pas. Il n'y a pas que l'humour, l'espérance est juive, elle aussi...

C'est sûr, tu espérais, rabbi. Malgré tout, malgré ta décision d'affronter la mort, tu espérais en Dieu, et tu le provoquais même. À preuve ton dernier cri. Celui que tu poussas quand, abandonné des tiens et moqué par les autres, tu compris que rien ne se produirait : « Mon Dieu, mon Dieu, pourquoi m'as-tu abandonné ? »

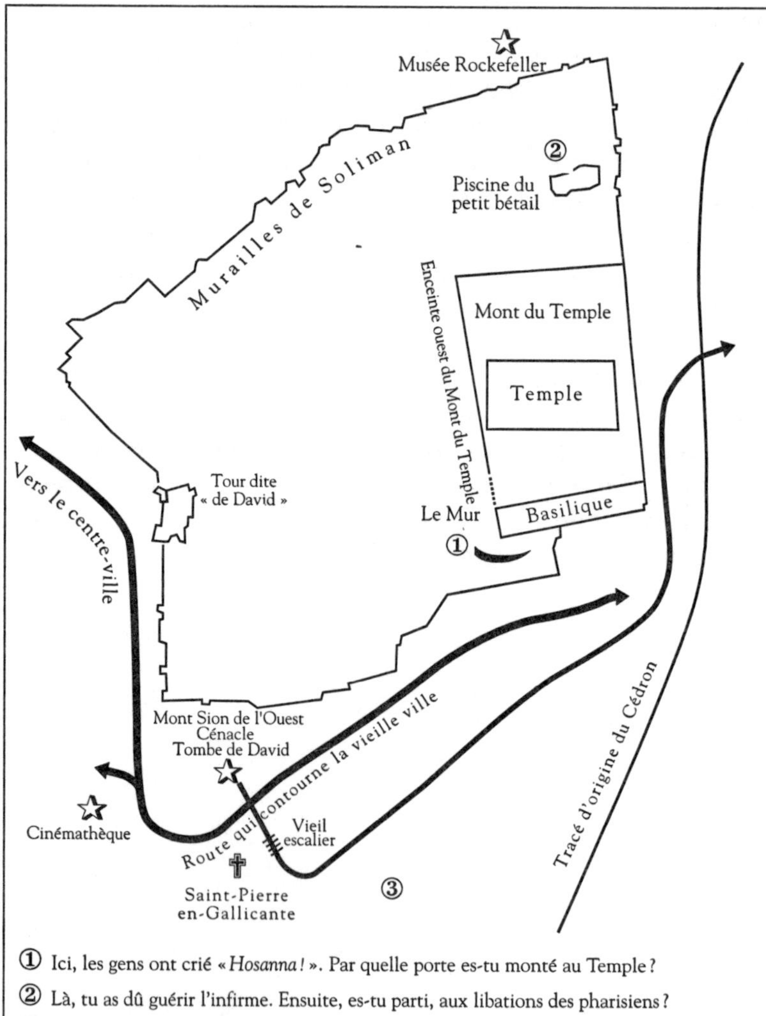

① Ici, les gens ont crié « *Hosanna !* ». Par quelle porte es-tu monté au Temple ?

② Là, tu as dû guérir l'infirme. Ensuite, es-tu parti, aux libations des pharisiens ?

③ As-tu pris ce chemin pour retourner à Getshémani ?

Les murailles construites ou restaurées par Soliman le Magnifique, au XVIᵉ siècle, délimitent aujourd'hui la vieille ville, encore appelée « Jérusalem-est ». Sur ce schéma, j'ai esquissé le Temple, la basilique et la « piscine du petit bétail » tels qu'ils figuraient à l'époque de Jésus, ainsi que le tracé du Cédron.

11

La maison à l'étage

Soucot — 4e jour
Jeudi 8 octobre

Les jours de grande foule, la circulation automobile est interdite sur la route qui, passé la cinémathèque et la vallée de la Géhenne, contourne la vieille ville par l'ouest, hors du tracé que dessinent les murailles de Soliman. Devant moi, les « pèlerins » hâtent le pas. La montagne du Temple leur reste — religieusement — interdite[1] ; ils s'arrêteront au Mur où, comme ils l'ont fait à Pessa'h, les *Cohanim* vont prononcer à leur intention la bénédiction sacerdotale. Sur leur gauche, ils dépassent sans y prendre garde l'ancienne porte des Esséniens[2]. Quelques pierres en forme de triangle fichées dans le sol confirment les indications de Flavius Josèphe, signalant la présence de cette porte du côté ouest, avant que le rempart « tourne vers le sud, au-dessus de la fontaine de Siloé ». Est-ce à dire qu'il y avait à Jérusalem un véritable quartier des esséniens ? Étaient-ils regroupés dans la ville, comme ils l'étaient du côté d'Ein Guedi et peut-être de Qumrân ? Les tenants de cette hypothèse croient découvrir les traces d'une communauté essénienne dans la scène qui se serait passée par ici, à la veille du dernier repas.

« Où veux-tu que nous allions faire les préparatifs pour

que tu manges le *pessa'h*[3] ? » Cette question que les disciples ont posée ne traduisait pas seulement leur souci de préparer la salle. La Tora demande que les convives soient prévus — et donc prévenus du lieu de la réunion. « Allez à la ville, répondit le maître, vous rencontrerez un homme portant une cruche d'eau, suivez-le et là où il entrera, dites au propriétaire : Le maître te fait dire : Où est ma salle où je pourrai manger mon *pessa'h* avec mes disciples ? Et il vous montrera à l'étage une grande pièce garnie de coussins, toute prête ; faites-y pour nous les préparatifs. » Les esséniens « dédaignaient de se marier ». La présence d'un porteur d'eau, alors que, de façon générale, ce sont les femmes qui puisaient, confirme à certains l'existence sur ces lieux d'une communauté essénienne. Et parce que le Nazaréen et ses disciples étaient proches des esséniens, ces derniers auraient compris qu'il leur fallait se rendre dans le quartier sud-ouest pour y rencontrer l'essénien avec lequel le maître aurait précédemment convenu d'organiser le *séder*. Voilà l'hypothèse. Mais si, dans ces rues-là, tous les porteurs d'une cruche étaient des hommes, comment les apôtres surent-ils reconnaître leur contact ?

Le signe de reconnaissance devait plutôt faire référence aux usages rabbiniques. L'interdiction de toute addition de levain ou de pain levé était absolue pendant Pessa'h, même en quantité infinitésimale ; le Nazaréen a sûrement voulu éviter l'eau des canalisations plus ou moins polluée. L'homme indiqué s'en était allé puiser dans l'un des oueds ou l'une des piscines du Cédron. Et puis, l'eau servant à cuire les *matsot* doit être recueillie avant la nuit, mélangée à la farine le lendemain seulement, afin de ne pas provoquer la moindre fermentation[4]. Cette prescription du Talmud était-elle déjà pratiquée en ce temps-là, au moins par les plus scrupuleux ? Les deux apôtres se seraient laissé conduire là où la *matsa*, la manne terrestre dont Jésus allait longuement parler le soir, pendant le *séder*, serait préparée selon toutes les règles de l'art.

De la piscine du Siloé, en contrebas sur la droite, l'homme à la cruche pouvait prendre un chemin qui l'amenait directement à la « maison à l'étage », que la tradition chrétienne situe de l'autre côté de la route prise par les « pèlerins ». Là, on a dégagé des escaliers de pierres mal taillées conduisant dans la vallée, et qui portent visiblement le poids des siècles. L'homme a pu monter ces marches que Jésus empruntera à ton tour pour le *séder*, puis pour retourner à Getshémani. Elles aboutissent, aujourd'hui, au domaine de Saint-Pierre-en-Gallicante, « du chant du coq ». Le coq, on le voit en premier sur l'église. Il veut rappeler ce que déclara le maître à son apôtre Pierre : « Cette nuit même, et avant que le coq chante deux fois, tu m'auras renié trois fois[5]. » Cela s'est passé ici, affirme une tradition. Ici, dans la cour du palais qu'habitait Caïphe, Pierre fera semblant de ne pas reconnaître son maître...

Cette localisation s'accorde-t-elle avec les Évangiles ? Ceux-là ne fournissent aucune indication topographique, ni du palais ni de la « maison à l'étage ». La description que les textes font de Caïphe, la puissance du grand prêtre, la troupe qui est à sa disposition, tout cela indique que sa demeure était un palais et qu'il était bien gardé. L'escalier de pierre qui montait de la piscine du Siloé n'était-il pas réservé au pontife et aux gens de sa maison ? Notre homme, et plus encore Jésus, aurait évité ce chemin. On peut aussi se demander, sans minimiser pour autant les amitiés esséniennes de Jésus, si une maison proche du Temple, bâtie sur le véritable mont Sion, au nord-est, n'était pas de mise pour ce *séder* messianique dont il prévoyait une fin tragique — ou glorieuse. D'autant qu'il aurait été plus facile de gagner, depuis là, les grottes de Getshémani où il comptait se rendre pour la fin du *séder*.

En l'absence de tout levé cartographique, la raison veut

que chrétiens et judéo-chrétiens aient transféré dans la partie sud-ouest de la vieille ville les lieux marquants de leur histoire, après la destruction du Temple et de ses alentours, et surtout après que les derniers vestiges de la Ville sainte ont été rasés à la suite de la révolte de 132-135 et qu'à sa place fut élevé *Aela Capitolina*, ses théâtres et ses temples dédiés à Bacchus et à Vénus. Le sud-ouest avait été partiellement épargné : alors, comme pour y plaquer le souvenir de sa splendeur passée, on s'est mis à appeler « mont Sion » ce quartier de Jérusalem. Et la grande basilique à cinq nefs, construite ici à la fin du IVe siècle, devenait « Sainte-Sion ». On l'appelait aussi « Mère de toutes les églises » pour signifier qu'elle était bâtie sur les lieux mêmes de la Cène, là où Jésus, au soir de Pessa'h, fonda le christianisme... loin du Temple dont la destruction allait confirmer aux adeptes de la nouvelle religion la fin de l'Ancienne Alliance.

Pour gagner la « maison à l'étage », le promeneur qui a fait halte à Saint-Pierre-en-Gallicante peut, de l'autre côté de la route, parcourir une centaine de mètres et, avant même de monter à l'étage, traverser la petite cour dont les voûtes ogivales reposent sur des pierres d'époque hérodienne. Passé une première porte, il voit, posé dans une sorte de réduit et protégé par une courte balustrade, un catafalque géant, couvert de velours rouge, surmonté de rouleaux de Tora — de ces couronnes dont on coiffe les rois ainsi que le Livre de Moïse. On lui explique que c'est le tombeau du roi David. Devant la tombe se serrent des fervents ; ils prient, murmurent les Psaumes. Derrière eux, des femmes font de même. Les archéologues n'éprouvent pas ce genre d'émotion ; pour eux, la tombe rouge date de l'époque des croisés. Elle n'a jamais contenu le corps du Psalmiste, porté en terre, la Bible en témoigne, dans la « ville de David », l'actuelle Silwan, au nord-est, face au véritable mont Sion.

Mais, bien avant l'arrivée des croisés, on croyait déjà, chez les chrétiens et chez les juifs, que le roi David reposait là, au nouveau mont Sion. Les deux traditions ont pu se conjuguer dès les premiers siècles pour réunir sur les lieux qu'ils habitaient la salle du *séder* symbolisant le « passage » au christianisme et les restes de David, figure de la restauration nationale d'Israël.

Sur la présence juive à Jérusalem, on ne sait pas grand-chose. Sinon qu'elle avait été interdite en 135, après l'échec de la révolte contre les Romains. Mais, par six fois, le Talmud évoque des mesures prises, sans doute sous le règne des Sévère, quelques décennies plus tard, par « la sainte communauté de Jérusalem[6] ». Les écrits d'un pèlerin, l'Anonyme de Bordeaux[7], témoignent, à leur tour, qu'une synagogue existait ici en l'an 333. S'agissait-il d'une synagogue judéo-chrétienne, comme l'affirment des experts ? Alors, où priaient les Juifs ? La question ne se posa plus après l'entrée des croisés à Jérusalem : ceux-là avaient massacré, entre autres, les Juifs de la ville. Quant à l'ancienne synagogue et à la tombe de David, ils les intégrèrent dans l'une des trois nefs de la « Sainte-Marie du mont Sion », un vaste bâtiment qu'ils élevèrent à la place de la « Mère de toutes les églises », plusieurs fois détruite et reconstruite avant leur arrivée.

Les siècles passèrent. Pas la mémoire ! Les Juifs qui, à la suite de sa conquête par Saladin, se sont réinstallés à Jérusalem vont demander à racheter la synagogue. Cela se passait en 1428. Les franciscains occupaient ce qui restait de l'ancienne église, devenue le monastère de Sainte-Sion, mais à cette époque la raison du plus fort était du côté des Mameluks qui, sur ce même endroit, édifièrent une mosquée... Après quoi, les chrétiens reconstruiront l'église qui prendra le nom de la Dormition ainsi que les bâtiments adjacents, et ils appelleront « Cénacle[8] » la salle de l'étage édifiée au-dessus de la vieille synagogue, avant que les Mameluks ne détruisent l'église derechef, en 1452. L'actuelle église de la Dormition sera construite en 1855 sur la demande et grâce à l'argent de Guillaume Ier. La petite maison qui abrite la tombe de David au rez-de-chaussée et la salle où Jésus fit le *séder* lui resteront extérieures. Seuls deux piliers murés dans le ciment témoignent de la présence passée de Sainte-Marie du mont Sion et de sa nef du sud...

1948. Guerre d'indépendance d'Israël. La vieille ville est conquise par l'armée jordanienne. Mais, parce que la ligne de démarcation suivra le tracé que Soliman fixa, quatre siècles plus tôt, en construisant les murailles de la cité en deçà du mont Sion du sud-ouest, le Cénacle, la petite synagogue, le tombeau de David passèrent sous souveraineté israélienne. Et c'est ainsi que la synagogue construite sur les fondations de celle que l'Anonyme de Bordeaux répertoria en 333 ne subira pas le sort des synagogues de la vieille ville, rasées ou incendiées par l'armée jordanienne.

Pour les Juifs, dont la plupart ignoraient — et ignorent — l'origine chrétienne du nom, la colline du sud-ouest deviendra alors et plus que jamais « le mont Sion ». Car le nouvel occupant ne se contentait pas de leur interdire l'accès au vrai mont Sion et au Mur : il en cachait la vue par des palissades élevées dans cette intention.

Alors ils grimpaient sur le toit du Cénacle, aménagé en observatoire pour entrevoir, depuis la Sainte-Sion, le... mont Sion ! Étrange correspondance : au-dessus de la salle « à l'étage », là où, selon la tradition des chrétiens, le Nazaréen a célébré son dernier *séder* pour, disaient-ils, y proclamer la Nouvelle Alliance, les Juifs se rassemblaient aux premiers temps du Retour. Là, ils devinaient le Mur. Ici ils espéraient, ils priaient pour la reconstruction du Temple. À Sion...

Aujourd'hui, pèlerins et fidèles, curieux et touristes, ardents et dévots montent, descendent, s'entrecroisent dans ce *no man's land* de l'espoir où repose David. Parce que, dans la « maison à l'étage », le roi David est bien là ! L'identité du personnage qui repose dans la tombe rouge ne compte pas davantage que celle de l'hurluberlu, dehors, de laiton couronné et drapé d'une robe bleue, qui, au son de sa harpe et d'une voix trébuchante, recueille dans son escarcelle les pièces sonnantes des pèlerins. Qu'importe l'identité de l'un ou de l'autre : l'ancêtre de Ruth, l'aïeul de Jésus, David de Bethléem auquel Mohamed rendait hommage lui aussi, « David roi d'Israël vivant et toujours existant », est prodigieusement présent en ces lieux[9]. Par-delà sacres et massacres, l'espoir puise dans l'esprit des Psaumes que, chantre de Dieu et du pardon, le monarque repenti a su écrire au cœur des hommes. Psaume de David. Psaume à trois temps... Dans la petite maison — synagogue, Cénacle et église, mosquée —, les trois courants monothéistes qui se réclament de David sauront-ils entendre le Psaume du quatrième temps ?

Soucot — 5e jour
Vendredi 9 octobre

Dans la salle « à l'étage » — une pièce dépouillée qui a peine à contenir les quatre groupes de pèlerins chrétiens —, les arabesques des vitraux rappellent les années où l'islam avait pris possession de la place. Les guides parlent à mi-voix. L'un d'eux montre la sculpture des chapiteaux qui témoignent, eux, de l'ancienne puissance des croisés. Le pélican dévorant les entrailles d'un autre pélican, explique-t-il, évoquait alors le Christ dont la chair nourrit les fidèles — l'eucharistie que le Nazaréen institua, ici, pendant la Cène — d'après Paul et les Synoptiques. Quelqu'un parle du tableau de Léonard de Vinci... Tous connaissent. Le guide approuve. Ça s'est passé comme ça, dit-il, et le groupe continue son périple, vers l'église de la Dormition.

Andrea del Sarto, Raphaël, Véronèse, le Tintoret... tous, même Salvador Dali, ont plus ou moins peint le dernier repas de la même manière. Le Nazaréen est installé au centre d'une grande table ; à sa gauche et à sa droite, les apôtres échangent des propos animés. Dali a voilé les personnages et a l'air de situer la Cène au bord du lac de Tibériade. Mais la disposition autour de la table est la même. Seulement les choses ne se sont pas passées comme ça. « À l'étage, la grande pièce [était] garnie de coussins », écrit Marc [10]. On s'étendait sur des coussins pour manger et il n'y avait pas de grande table autour de laquelle les convives se seraient rassemblés ! L'évangéliste poursuit : « Le soir venu, il arrive avec les Douze et tandis qu'ils étaient étendus (*anakeimenon*) et qu'ils mangeaient, Jésus dit [...]. » Ils étaient *étendus* parce que les commensaux réunis pour un banquet s'installaient sur des lits ou des coussins ; on plaçait devant eux des petites tables sur lesquelles était disposé le repas et ils s'accoudaient du bras gauche pour manger.

Les Évangiles, ou leurs scolies, ont voulu rayer toute référence au *séder*. Ils ont même tenté, rabbi, de gommer la sortie d'Égypte ! La sortie d'Égypte, qui est la raison même de la célébration de Pessa'h. Et voilà que l'indication de Marc sur ta position et sur celle de tes disciples confirme une première donnée de la Michna et la signification qu'elle implique : sous les influences grecque, romaine et perse, seuls les hommes libres prenaient alors leurs repas en s'étendant ; Pessa'h témoignait de la liberté accordée aux Hébreux et c'est pourquoi la Michna invitait à s'allonger pendant le *séder*. Même les plus démunis, à ton époque, ceux qui dépendaient des nantis ou du *tam'houï*, la soupe populaire, se couchaient sur des lits pour manger le *pessa'h*. Aujourd'hui encore, nous buvons les quatre coupes du *séder* en nous accoudant et ainsi mangeons-nous la *matsa*, pour rappeler la posture qui fut celle de nos pères, la tienne, et l'enseignement de la Michna.

D'autres éléments caractérisent le *séder* ou le repas juif. Luc [11] parle d'une coupe sur laquelle tu as rendu grâce, ajoutant : « Il fit de même pour la coupe après le repas. » D'anciens manuscrits ont supprimé cette indication, parce qu'ils ignoraient — à moins qu'ils n'aient voulu l'ignorer — que cette deuxième coupe appartenait elle aussi au repas pascal. Toujours dans Luc, il est question d'une « contestation » entre les apôtres pour savoir « quel est le plus grand ». À deux mille ans de distance, je vois tout de suite, avec mes yeux de rabbin, ce dont il est question : alors que tu es encore parmi eux, ces écervelés en sont à se quereller pour savoir qui, parmi eux, est déjà un maître ou un super-disciple ! Et toi, rabbi, tu les rabroues en te référant à l'étiquette particulière au *séder*, dont le Talmud fera plus tard explicitement mention, à savoir que l'aîné — le maître — sert ce soir-là les plus jeunes, les disciples, exceptionnellement autorisés à s'allonger devant lui. Mais cette allusion au *séder*, que tu as dû expliquer avec clarté, est devenue illisible dans le texte évangélique...

Luc indique aussi qu'« après le chant des psaumes, ils partirent tous pour le mont des Oliviers ». La Michna confirme qu'on chantait bien des psaumes pendant la veillée du *séder*. Rien n'était plus normal que de réciter des psaumes. Les Évangiles parlent « du » chant, bien défini, des psaumes et les Bibles chrétiennes notent généralement qu'il s'agissait du Hallel [12], l'ensemble des psaumes 113 à 118. Et voilà que, grâce à ces cantiques, ta judéité et celle de tes commensaux refont surface : la sortie d'Égypte, que Jean et aussi les Synoptiques ont voulu gommer, fait irruption dans la Cène, accordant sa célébration aux rites du *séder* dont l'objet essentiel est bien d'évoquer l'intervention de Dieu en Égypte ! « Lorsque Israël est sorti d'Égypte... », clame le psaume 114 qui se poursuit en célébrant le miracle au bord de la mer Rouge. La Halakha retiendra le point de vue de la Michna : ces versets doivent être récités avant même qu'on en vienne à manger l'agneau de la Pâque. Comme tu as fait, rabbi...

La Tossefta pourrait expliquer, elle aussi, un passage des Évangiles et ses rapports au *séder*. Si, remarque-t-elle, le cérémonial n'était qu'un décalque de la sortie d'Égypte, il n'y aurait pas lieu de réciter le psaume 114 pendant la veillée parce que la sortie d'Égypte proprement dite n'a pas eu lieu la nuit, mais le lendemain à la mi-journée. À quoi on rétorque, au nom de l'école de Hillel, qu'il n'en va pas autrement de la Libération. Elle non plus n'a pas eu lieu cette nuit-là, et pour la commémorer, dit la Tossefta, il n'y a pas lieu d'« attendre le chant du coq » ! Sinon, la nuit du *séder* n'aurait plus grand sens. Certains textes de la Tossefta étaient connus au début du Ier siècle. Si le nôtre en fait partie, on comprendrait d'autant mieux l'apostrophe du Nazaréen à l'apôtre Pierre : « Avant que le coq chante deux fois, tu m'auras renié trois fois. »

Certes, le chant du volatile servait, banalement, à Pessa'h comme les autres jours, de repère horaire. Mais, dans la Tossefta [13], il y a plus. Le cri du coq ponctue le déroulement de la nuit du *séder,* qui dans une première phase rappelle l'Exode — même s'il n'a eu lieu que le lendemain — et, dans un second temps, la libération d'Égypte et donc la promesse de la Libération messianique. Et c'est bien ainsi que l'entend le Talmud qui divise le Hallel en deux parties : le psaume 114 pour l'histoire passée ; puis, le *pessa'h* étant consommé, les convives entonnent d'autres psaumes — ceux de la Promesse, de la Rédemption. Quand le coq aura chanté deux fois...

12

Hosanna ! Hosanna !

Hosha-na Rabba — 7e jour de Soucot
Dimanche 11 octobre

Tu as fini de boire les coupes du *séder*. Il en reste une, rabbi, celle que Dieu remplit. Le Talmud évoque l'ambivalence du hanap, la mention quatre fois redite de la coupe du pharaon dans le rêve inquiet de l'échanson. Coupe de la vie, coupe de la mort ? « Mon père, s'il est possible — que cette coupe passe loin de moi. Cependant non pas comme je veux mais comme tu veux », ainsi suppliais-tu à Getshémani [1]. En le changeant à peine, tu reprenais un verset du Hallel : « Non pas à nous, Adonaï, non pas à nous mais à ton Nom donne gloire. » Allusion du psalmiste, dira le Talmud, à « la souffrance du Messie » : les fidèles implorent Dieu de leur épargner les tourments d'avant-Messie. À lire, aujourd'hui, la Michna et la Guemara, le *séder* que tu as donné était conforme à la tradition rabbinique. Une fois récités les premiers psaumes du Hallel, le souvenir de la sortie d'Égypte étant commémoré et le *pessa'h* consommé, toi et tes apôtres, vous avez quitté le Cénacle. Vous avez passé le Cédron pour retourner au mont des Oliviers, terminer le Hallel là où vous habitiez, le Hallel qui dit la foi d'Israël, l'espoir de la Libération.

En ce moment douloureux, ce ne sont plus tes partisans qui crient « Hosanna ! », c'est toi qui chantes *« Ana Adonaï, hoshia-na !*[2] », « De grâce Adonaï, sauve donc ! De grâce, Adonaï triomphe donc ! ». Car le Hallel continue : « Béni qui vient au nom d'Adonaï... » Au lecteur du Nouveau Testament, ce passage que tu as récité au soir du *séder* ne rappelle que l'enthousiasme du peuple qui t'avait accueilli aux exclamations de Hosanna. Hourra ! criait-elle lors de ton entrée messianique à Jérusalem — et c'est bien ainsi que les exégètes chrétiens comprennent la description qu'en a faite Matthieu. Il reste que Hosanna, l'équivalent de *Hoshia-na*, n'est pas un cri de triomphe béat. C'est une supplication tempérée, certes, par l'espoir, l'espoir de la foule pour l'homme qui, pense-t-elle, « vient au nom de L'Éternel » libérer le pays de l'occupant romain ! Mais toi, rabbi, à Getshémani, lorsque tu chantes les mêmes paroles du Hallel, *« Ana Adonaï, hoshia-na ! »*, tu revois cette scène, tu se souviens de l'espoir des gens, de la confiance immense qu'ils plaçaient en toi — et que tu es bien incapable de satisfaire de la manière qu'ils le voulaient. Alors, autrement, peut-être ? Par la mort, la mort passagère, si le Royaume tarde à venir ? La mort, en réserve de la Libération...

Déjà, il y a quelques jours, dans la cour du Temple où tu prêchais, tu avais suggéré cette idée d'une victoire par-delà la mort à travers une parabole, celle des vignerons[3] homicides, qui assassinent le métayer envoyé par le maître. Et, là encore, tu avais cité une phrase du Hallel : « La pierre qu'ont rejetée les bâtisseurs est devenue la pierre d'angle. » Tu étais le métayer ! Tu étais la pierre d'angle ! C'est sur elle que le Royaume serait édifié. Puis tu avais ajouté cette imprécation : « Quiconque tombera sur cette pierre s'y fracassera et sur qui elle tombera, l'écrasera ! » Et dans ce même chapitre de Luc, tu avais affirmé que les justes ne peuvent pas mourir : « Ils sont pareils aux anges et ils sont fils de Dieu étant fils de la résurrection. » Être fils de, en hébreu, c'est participer pleinement de quelque chose. « Les fils de la résurrection » participent pleinement de la vraie Vie : ils sont assurés de vivre ! En mourant.

Parmi toutes les paroles que t'attribuent les Évangiles, rabbi, toutes ne sont pas, loin s'en faut, considérées comme « authentiques » par la critique historique. Mais ce qui est sûr, c'est que, parmi les phrases que l'on te prête pour cette nuit de ton dernier *séder*, les plus authentiques sont bien celles du Hallel ! Que tu n'en sois pas l'auteur est secondaire. L'important c'est que ces versets s'attachent à votre âme... L'important, c'est l'influence qu'ils ont exercée sur toi aux instants de l'extrême friabilité, quand l'espoir a cédé à la Passion. Coupe de la vie — coupe de la mort ? Abandon, amour, passion... Sur la portée qu'ont tracée la ferveur, l'exaltation, la fatigue sans doute aussi, quelle est la noire ? quelle est la blanche ? quelle note indique le soupir ? le quart de soupir ? Et l'espoir malgré tout, l'espoir quand même ! Tu chantes les psaumes du Hallel[4]. Et je t'écoute dans la nuit de Getshémani.

« J'aime quand Adonaï entend le cri de mes supplications [...]. Les lacets de la mort m'ont enserré. L'angoisse et l'affliction me tenaient. J'ai crié le nom d'Adonaï. De grâce, Adonaï délivre mon âme [...]. Retourne, mon âme, à ton repos, oui ! Adonaï t'a rétribué. Oui ! tu as arraché mon âme de la mort [...]. Je marcherai devant Adonaï sur les terres des vivants [...]. Je vais élever la coupe du salut, je vais crier le nom d'Adonaï [...]. Elle est précieuse aux yeux d'Adonaï, la mort de ses aimants. Non... je ne mourrai pas, mais je vivrai et raconterai les œuvres d'Adonaï [...]. Ouvrez-moi les portes de justice [...]. C'est ici la porte d'Adonaï, les justes y entreront. La pierre qu'ont rejetée les bâtisseurs est devenue la pierre d'angle. Cela vient d'Adonaï [...]. Éli, c'est toi [...]. Je te rends grâce ! Mon Dieu, je t'exalte [...] »

Ces versets de la seconde partie du Hallel ne sont pas seulement les instants d'une prière ; c'est l'âme qui chante, c'est ton âme qui supplie. Mélodie à deux voix. Les mots reviennent, recommencent sur une même musique... J'écoute le Hallel de Getshémani. J'entends ses derniers accents, rabbi... Jusqu'à la terrible question : *« Éli ! Éli ! Lema sabaktani ? »* L'Évangile a rendu ton cri tel quel, en araméen [5]. Avant de traduire — ou qu'un autre traduise : « Mon Dieu, mon Dieu, pourquoi m'as-tu abandonné ? »

Hosha-na ! Hosha-na ! C'est en prononçant ces mots qu'à l'époque du Temple, chaque jour de Soucot, une procession faisait le tour de l'autel. On portait le bouquet de la fête, ainsi que de grandes branches des « saules de la rivière ». Depuis six mois la pluie avait cessé de tomber ; l'été finissant, on implorait Dieu d'accorder à la terre la pluie qui la nourrit... Le bouquet de la fête et les branches de saule sont à la fois la preuve et le symbole du sol fécondé par la pluie — hommage et prière. Pour les Hébreux, la pluie est davantage qu'une bénédiction ; elle est le signe tangible de la Providence qui s'exerce sur *Érets-Israël*, la Terre d'Israël. En évoquant les crues du Nil, le sol inondé qu'il suffisait de remuer avec le pied pour faire pousser le blé — des images familières aux Hébreux par le récit des anciens — Moïse avait expliqué qu'il en allait autrement de Canaan [6] : « Le pays que vous allez traverser pour en prendre possession est un pays de montagnes et de vallées arrosées de la pluie du Ciel. De ce pays L'Éternel ton Dieu prend soin ; sur lui les yeux de L'Éternel ton Dieu restent toujours fixés, depuis le début de l'année jusqu'à la fin. » Dans le pays d'élection, l'eau du Ciel fait place à l'eau de la terre ; il y a là comme un décalque des contrastes dessinés par le « pain du Ciel » et le « pain de la terre ».

C'est dans ce contexte qu'au septième jour de Soucot les hommes en prière, mais aussi les femmes et les enfants faisaient sept fois le tour de l'autel en brandissant des branches de saules. Sept fois, ils s'écriaient, imploraient : *« Hosha-*

na ! » Du coup, la journée prit le nom du « Grand Hosha-na », *Hosha-na Rabba*, en araméen... Il n'y a plus d'autel, ce matin pourtant — sous l'influence des maîtres de Safed, Hosha-na Rabba est devenu l'ultime journée pour obtenir le pardon à l'orée de la nouvelle année —, j'ai moi aussi tourné sept fois autour d'un rouleau de la Tora sorti de l'arche pour la circonstance. Je tenais en main le bouquet de Soucot et, avec mes compagnons, j'ai prié : « *Hosha-na ! Hosha-na !* » Ces mots figurent tels quels dans les Évangiles ; mais je ne suis pas sûr que mes amis chrétiens auraient compris ma supplication.

23 tichri
Mardi 13 octobre

Terminées ! Les solennités d'automne ont pris fin hier avec la journée de Sim'hat Tora. Dans la Bible, on l'appelle simplement la « Solennité *('Atséret)* au huitième jour[7] ». Un jour en plus, après la semaine de Soucot. Comme si, les obligations de Tichri étant passées, Dieu invitait ses enfants à rester *('atsor)* un jour de plus. Par amour. Seulement par amour ! Ce sont les rabbins du Moyen Âge qui ont inventé le nom de *Sim'hat Tora* qui signifie « Joie de la Tora ». Je crains qu'une fois de plus, mes amis chrétiens n'eussent pas compris si, justement intrigués par le vacarme qui résonnait dans la rue, ils étaient entrés dans la synagogue pour en connaître la raison. Ils y auraient découvert, acclamés par les fidèles qui les accompagnaient de leurs pas et de leur chant, des rabbins chenus et si dignes d'ordinaire, dansant avec les rouleaux de Tora couronnés, comme à la noce le jeune époux danse avec la mariée. Mikhal, elle non plus, raconte le second Livre de Samuel, n'avait pas compris que le roi, son époux, pût s'abaisser à danser devant l'arche sainte lorsque David installa à Jérusalem le coffret renfermant les tables de la Loi.

Si on danse avec la Tora, si Sim'hat Tora est la fête de la Tora, c'est parce que ce jour-là, chaque année, on termine la lecture liturgique du Pentateuque. Le récit de la mort de Moïse — au dernier chapitre — n'altère pas le bonheur des fidèles. « Moïse est mort, qui donc ne meurt pas ? » dit un vieux texte que l'on chante lui aussi. Nul ne connaîtra l'endroit de sa sépulture[8], affirme la Tora, et aucun symbole ne lie le Juif au souvenir de sa mort. « Qui donc ne meurt pas ? »

Mais son enseignement continue de vivre, de se développer, de se ramifier... C'est pourquoi il est *Moché rabbénou*, « Moïse notre maître »... Il vit par la Tora que ses disciples enseignent, par le pain dont ils nourrissent les fidèles. À leur tour, les Juifs ont de la peine à comprendre. À comprendre le symbole de la Croix, le rappel constant de la Passion. D'abord parce que le concept d'une mort « salvifique » est absolument contraire à l'essentiel de leurs croyances, ils ne peuvent admettre que Dieu « a tant aimé le monde qu'il a donné son Fils unique » [9] ; mais aussi parce que leur interminable martyre les a forcés à tuer la mort à coups d'oublis, de silences et d'espoirs. Certes, la Hagada évoque le supplice des Hébreux en Égypte. Mais, à considérer les symboles et la gestuelle du *séder*, il commémore tout autant les souffrances des Égyptiens[10] frappés par les dix plaies et par la crue de la mer Rouge ! Le jeu de mots qui associe l'*amertume* des Hébreux au *maror* — les herbes amères — paraît si dérisoire qu'il convient de donner à la présence des feuilles de salade sur la table du *séder* leur signification première — et banalement gustative[11].

Je tente de deviner comment s'est passé ton dernier repas. Je sais quels psaumes tu as chantés avec les apôtres. Je connais, rabbi, l'énoncé des bénédictions que vous avez récitées. Et plus ou moins ce que vous avez mangé ! À l'intérieur des murs de Jérusalem, le souper du *séder* comprenait d'abord la chair du *pessa'h*, un *korbân 'haguiga*[12] si la première viande ne suffisait pas, de la *matsa*, bien sûr, le pain sans azyme, et des salades. Les Évangiles parlent de nourritures que vous avez « trempées ». Dans certaines traductions françaises, on a considéré le texte comme exagérément elliptique et on a écrit que c'étaient « des morceaux de pain » ! Mais ce sont les viandes et les salades que l'on trempait dans des sauces salées ou épicées, comme dans un symposium habituel. Et c'est ce que nous continuons à faire au *séder*, en souvenir, pour le symbole... Mais aussi pour éveiller la curiosité des enfants de notre temps, quand nous mouillons les branches de persil ou de laitue dans des sauces salées. La Michna parle également du *'harosset*, la pâte adoucissante de pommes et de dattes, qui enlevait le trop-plein d'amertume au *maror*. Disait-on déjà que cette compote brunâtre rappelle la pâte à brique que nos ancêtres, les esclaves, devaient cuire en Égypte ? On buvait aussi du vin. Quatre coupes pleines, au moins, dit la Michna. Ou peut-être cinq...

À un moment donné, Judas est sorti. Tu le lui as demandé. Pour « donner quelque chose aux pauvres ». C'est ce que pensaient les apôtres, et ils avaient raison. Parce que cette démarche était conforme aux règles que codifieront plus tard la Michna et la Guemara[13]. Encore que, avant de commencer le repas, tu as dû inviter « tous ceux qui ont faim » à se joindre à vous. Tout le monde le faisait — les premières lignes de la Hagada en témoignent. Mais les Évangiles accusent Judas d'avoir gardé l'argent pour lui. Et de s'être enrichi, en plus, de trente deniers, en te vendant cette nuit au grand prêtre. Dans la nuit du *séder*, dans la nuit de l'espoir et de la Libération ! Ainsi a-t-on écrit l'histoire. Notre histoire, rabbi.

Quand tu as dit aux apôtres, quand tu leur as répété de « veiller » pendant que tu priais à Getshémani, c'est parce que cette nuit du *séder* — c'est la Tora qui le dit — est la « nuit de la veillée[14] ». « Heureux ces serviteurs que le maître [de retour de la nuit de noces] trouvera en train de veiller », avais-tu déclaré, et la parabole des dix vierges reprend la même antienne. Le dais nuptial, l'époux, les garçons d'honneur sont des thèmes classiques de la Bible et du Talmud. La nuit du dernier repas et ta prière à Getshémani se confondaient avec la nuit des noces mystiques En attente de la Libération, tu priais. Mais les autres dormaient[15].

L'eucharistie, dont on a dit qu'elle caractérisait de façon spécifique l'institution des sacrements chrétiens, est d'abord une prescription juive ; elle est présente sans discontinuer dans la nuit du *séder*. *Eucharistia* signifie « action de grâce » : « Il prit du pain et après avoir rendu grâce (*eucharistesas*[16]), le rompit et dit [...] » Ainsi procède-t-on toujours, et pas seulement à Pessa'h, au début de chaque repas, quand le maître de maison rompt et distribue le pain en prononçant la bénédiction des Psaumes, rendant grâce à Dieu « qui fait sortir le pain de la terre ». Le fidèle rend grâce pour chaque nourriture par diverses bénédictions évoquant le Dieu Créateur. Il célèbre « la parole divine, créatrice de toute nourriture ». Mais la bénédiction, sur le pain qui, au cours d'un repas, inclut toutes les *eucharisties* catégorielles, est très particulière par sa formulation. Pas seulement parce que sa terminologie emprunte aux Psaumes, mais parce qu'elle sous-entend un changement de substance de la nourriture accordée aux hommes, une « transsubstantiation », au sens neutre du terme. Dans le désert, « le maître du pain » a nourri les Hébreux en faisant « pleuvoir le pain du Ciel ». Le voilà, maintenant, qui « fait sortir le pain de la terre » ! C'est ce que proclame l'eucharistie juive. Nouveaux maîtres de la terre depuis qu'ils ont pris pied en Canaan, pays d'élection, les Hébreux sont conviés à substituer, au pain du Ciel, le pain que Dieu fait sortir de la terre ; il leur faut unir en une seule substance les nourritures matérielles et spirituelles[17]. Les rites de la veillée pascale, selon les enseignements que rapporte le Talmud et qui, en partie pour le moins, devaient être connus et pratiqués au début du Ier siècle, accentuent cette tendance par l'importance donnée au « pain » sans levure et sans levain — donc absolument pur —, symbole de toutes les nourritures terrestres, puisque à son tour la *matsa* s'est substituée à la manne, le « pain des anges ».

Que la terre soit capable de nourrir chaque être vivant, dit le Talmud, est un miracle [18] plus considérable que celui de la mer Rouge divisée par Dieu pour sauver les Hébreux ! Dieu se glorifie, et les hommes le glorifient, parce qu'il accorde le pain à chaque être vivant. De toutes les glorifications (*hallel*), c'est la plus grande [19]. Ainsi, pendant la veillée de la Pâque, le Psalmiste et le fidèle à sa suite unissent-ils dans une même louange le Dieu libérateur et le divin nourricier. Une notion que la « pluie » de la manne au désert avait déjà enseignée aux Hébreux. Dieu « vous a nourris de manne », rappelle Moïse aux Hébreux avant leur entrée en Terre promise, « pour vous faire connaître que l'homme ne vit pas seulement de pain, mais de tout produit de la bouche de L'Éternel [20] ». Désormais, l'homme va se nourrir du pain de la terre. Mais il nourrit seulement, le pain ne nourrit *vraiment* que si l'homme veut se rappeler que Dieu féconde la terre.

13

Le pain, c'est moi !

24 tichri
Mercredi 14 octobre

Reprenons. Le *séder* a commencé. De sa main droite, Jésus prend une *matsa* — peut-être deux en souvenir de la double ration de manne — et, comme le fait chaque juif en commençant la veillée de Pessa'h, il récite la vieille formule en araméen qui ouvre la Hagada : « *Ha* (Voici) *la'hma 'ania* (le pain de *'ania*) *di-akhalou avahatana* (qu'ont mangé nos pères) *be-ara' de-mitsraïm* (en terre d'Égypte). »

La'hma, c'est le pain, *la'hma 'ania*, « le pain du pauvre ». La référence est biblique et c'est ainsi que la rend la version araméenne dite « de Jonathan ». Mais si la Hagada proclame : « Voici *le pain du pauvre* que nos pères ont mangé en terre d'Égypte », le texte canonique, lui, selon les indications que la Massora[1] imprime à l'hébreu non vocalisé, comprend autrement. La Massora lit : *lé'hem 'oni*, « pain de misère », évoquant de la sorte la promesse faite à Moïse au buisson ardent : « Je vous ferai monter de la misère *('oni)* d'Égypte. »

C'est déjà une métaphore ; le Midrach va la compléter. *'Oni* ou *'ani* n'évoquent pas seulement la « misère » ou le « miséreux ». *Lé'hem 'oni*, dit-il — et cette leçon est déjà consignée dans une *baraïta*[2] — c'est « le pain que l'on *commente abondamment* » (d'un radical : 'Ayin-N-H).

C'est ce que tu as fait, rabbi ! Tu as exposé ton commentaire sur la matsa, expliquant à tes apôtres ce que signifie le « pain » du *séder*, le pain sans levain, absolument pur... Tu as repris la *deracha* du quatrième Évangile, celle que tu avais développée à Kfar Na'houm et dont Jean, par trois fois, donne la traduction grecque[3]. Tu as dit : « *Ego* (je) *eimi* (suis) *ho artos* (le pain) », ajoutant que ce pain est le pain « de la vie », conformément à la différence que tu as établie entre la manne qui n'a pas accordé la vie éternelle et le pain que tu es, et grâce auquel le fidèle « vivra dans la durée éternelle à venir ». Tu leur as dit : *Lé'hem ani*, « Je suis[4] le pain ! » en t'inspirant mot pour mot de l'introduction araméenne de la Hagada...

Entre le *'ayin* (de *'ani*, pauvre) et le *aleph* (de *ani*, je), la confusion était un phénomène courant. Chez les Galiléens, plus encore que chez d'autres[5]. Cette confusion pouvait être voulue, imprimant à un mot avec *aleph* sa signification avec *ayin* ou inversement. D'autres fois, elle provenait de l'ignorance des maîtres qui, à une époque où l'enseignement était essentiellement oral, ne savaient pas s'il fallait orthographier un mot ou un concept avec l'une ou l'autre de ces lettres. Dans ton cas, rabbi, il ne s'agissait pas d'ignorance, mais du jeu, de l'art des mots[6] propre au Midrach. Tu as énoncé d'abord l'introduction araméenne : *Ha la'hma 'ania...* puis tu as cité le texte hébreu de la Tora[7]. Ni toi ni la foule de Galilée n'ont fait la différence quand, afin de « commenter abondamment » la nature du pain que tu tenais dans ta main, tu as prononcé *'ani* en confondant le *ayin* et l'*aleph*. L'éloquence du commentaire use tout naturellement d'une progression qu'on peut schématiser de la sorte : *La'hma 'ania* → *Lé'hem 'ani* → *Lé'hem ani !* « Je suis le pain », disais-tu, ajoutant dans un second souffle : « Je suis le pain de la vie. » Je suis la Tora qui nourrit ... *Lé'hem ani !* Le pain, la *matsa* qui nourrit, qui accorde la vie, c'est moi ! En soi, ce n'est pas ce propos qui avait alors choqué la foule de Tibériade ou de Kfar Na'houm. S'ils se sont mis à « murmurer contre Jésus » c'est, précise le quatrième Évangile, « parce qu'il avait dit : Je suis le pain descendu du Ciel ! — Ils disaient : Celui-là n'est-il pas Yéchou ben Yossef dont nous connaissons le père et la mère ? Comment peut-il dire maintenant : Je suis descendu du Ciel ? [8] »

Quel gâchis, rabbi ! Pourquoi fallut-il que vous vous compreniez si mal ? Tu as su dire tant de belles choses et alors que ma plume hésite, achoppe sur un premier mot, que le troisième refuse le chemin de ma mémoire, j'admire la facilité, l'éloquence, la ferveur de ton expression... Tu pratiquais avec aisance les paraboles — le *machal* dont le Midrach est coutumier. Mais les apôtres étaient incapables de les entendre. « Eux ne saisirent rien de tout cela ; ils ne comprenaient pas ce qu'il disait », affirme Luc qui l'a entendu de première source. Quelquefois ton propos semble explicite, mais c'est moi qui ne comprends plus... Tu sembles compliquer les choses à souhait ; tu insultes les « pharisiens » qui t'invitent à partager leur repas, tu fais mine de remettre en cause l'enseignement « de Moïse et des prophètes » auquel, pourtant, tu le proclames par ailleurs, Israël doit obéissance. Tu laisses entendre, par une parabole ou une autre, que Dieu ne veut plus d'Israël. Ou bien tu t'adresses à la foule que tu félicites de sa naïve ignorance, en usant de formules à l'emporte-pièce qui, quelque vingt siècles après toi, réclament encore et chaque jour davantage la virtuosité des exégètes et autres théologiens.

Fallut-il que tu dises : « Je suis le pain de la vie... Je suis descendu du Ciel », au lieu de promettre, simplement, de continuer tes enseignements et de nourrir les gens de la Tora qui leur assure la vie, ici-bas et dans le Ciel ? Fallut-il que tu ajoutes, en t'adressant aux hommes de la mer, les pêcheurs de Tibériade, et au *am haarest,* les gens de la campagne : « Qui mangera ce pain vivra à jamais [...], c'est ma chair pour la vie du monde » ? Fallut-il que tu leur dises : « Qui mange ma chair et boit mon sang a la vie éternelle » ? Ils ne pouvaient pas te comprendre.

L'année d'après — encore que Jean, le seul à t'avoir cité, souhaite maintenant l'ignorer —, tu as répété cette idée au cours du dernier repas. En présence des Douze qui, mis à part Judas, semblent avoir accepté la formulation de Kfar Na'houm. L'ont-ils vraiment comprise ? L'Église, l'a-t-elle comprise qui, bien plus tard, en fera le dogme de la Transsubstantiation [9] ? Le paradoxe veut que par ce propos, grâce à l'Eucharistie telle qu'elle est présentée dans les Synoptiques et grâce aux indications de Paul dans une Lettre aux Corinthiens [10], nous possédions, rabbi, le commentaire que, dans la nuit du *séder,* tu as prononcé sur la *matsa* ! Je t'imagine parmi tes disciples qui ont préparé le *pessa'h*... Tu es étendu sur le lit du *séder* ; le soir est tombé sur le Temple où on a fini d'immoler agneaux et chevreaux de la Pâque ; tu es couché, accoudé, tu prononces le *kidouch* sur une première coupe de vin, puis les autres bénédictions, trempant dans les sauces épicées les bouchées de *pessa'h* et de *'haguiga,* accompagnées de salade. Tu manges la *matsa* et tu expliques : « Voici le pain dont nos ancêtres se nourrissaient en Égypte [...]. C'est le pain des anges, le pain sans levain si proche de la manne qui descendait du Ciel [...]. C'est le pain qui nourrit [...}. Je suis le pain de la vie. »

Avec les apôtres, vous avez bu les coupes de vin, chanté la libération d'Égypte en entonnant le *Hallel.* « Quand Israël sortit d'Égypte », as-tu répété avec tes convives. « La mer voit et s'enfuit, le Jourdain retourne en arrière [...]. Tremble, terre, devant la face du Maître, devant la face du Dieu de Jacob. » Vous avez rendu les grâces, puis vous avez quitté la salle « à l'étage ». Avec tes compagnons, tu es parti sur le mont des Oliviers, à Getshémani, dans la grotte qui servait de lieu de repos aux pèlerins, et qui, aujourd'hui, est l'un des sanctuaires chrétiens. Les autres se sont endormis. Et toi, rabbi, tu as psalmodié la suite du Hallel ; l'angoisse qui ne t'a pas quitté depuis la mort du Baptiste a grandi encore. Comme a grandi l'espoir du miracle... Maintenant, ici. Si le Père le voulait.

25 tichri
Jeudi 15 octobre

Dans la rue, le bruit ne trompe pas. Le répit de Soucot est bel et bien fini. Jérusalem était en fête pendant plus d'une semaine ; elle avait retrouvé un peu de l'heureuse sérénité qu'elle connaissait naguère, à l'époque du Temple et du pèlerinage de Soucot. Le bruit ne trompe, ni les embouteillages de la première heure : l'école a repris elle aussi... À mon tour, je prends mon cahier d'écolier pour y noter exactement les versions que les Synoptiques et Paul donnent des propos de Jésus qui conduiront les théologiens à la théorie puis au dogme de la Transsubstantiation [11].

— Luc : « Puis, prenant du pain, il rendit grâce, le rompit et le leur donna, en disant : Ceci est mon corps, donné pour vous ; faites cela en mémoire de moi. Il fit de même pour la coupe après le repas, disant : Cette coupe est la nouvelle alliance en mon sang ; chaque fois que vous en boirez faites-le en mémoire de moi. »

— Paul : « Jésus, la nuit où il fut livré, prit du pain et, après avoir rendu grâces, le rompit et dit : Ceci est mon corps qui est pour vous ; faites ceci en mémoire de moi. De même après il prit la coupe en disant : Cette coupe est la nouvelle alliance en mon sang ; chaque fois que vous en boirez faites-le en mémoire de moi. »

— Marc : « Il prit du pain, le bénit, le rompit et le leur donna en disant : Prenez, ceci est mon corps. Puis prenant une coupe de vin, il rendit grâces et la leur donna, et ils en burent tous. Et il leur dit : Ceci est mon sang, le sang de l'alliance, qui va être répandu pour une multitude. »

— Matthieu : « Jésus prit du pain, le bénit, le rompit, le donna aux disciples en disant : Prenez, mangez, ceci est mon corps. Puis, prenant une coupe de vin, il rendit grâces et la leur donna en disant : Buvez en tous, car ceci est mon sang, le sang de l'alliance, qui va être répandu pour une multitude en rémission des péchés. »

Aux plans de la théologie et de la logique, Matthieu est le plus difficile. Thomas d'Aquin le disait justement, dans un texte liturgique (*Pange lingua*), toujours en usage : « À la fin du repas rituel, de ses propres mains il se donne aux Douze comme nourriture [...] Le vin devient le sang du Christ. Si rien n'apparaît à nos sens, la foi suffit pour affermir la soumission d'un cœur loyal. » Et comme s'il fallait insister sur ce point, à savoir que seule la foi permet d'accepter ce que la raison refuse, l'auteur va reprendre : « Là où le sens ne peut aller, c'est la foi qui nous introduit. »

Pendant ton dernier repas, tu n'as prononcé que l'une ou l'autre de ces formules, rabbi, pas toutes à la fois ! À moins qu'il ne s'agisse d'extraits d'une plus longue *deracha*, que des auteurs n'ont citée que partiellement. Luc est peut-être le plus fidèle, parce que son *séder* est plus complet, davantage conforme aux veillées pascales selon les sources talmudiques [12]. Si je veux associer ce qu'il dit aux mots que le quatrième Évangile a placés dans ta bouche à Kfar Na'houm, ton propos sur le pain est une figure du Midrach qui ne devrait pas poser problème au « sens » d'un lecteur juif averti. Dans le contexte particulier de la Cène, mais aussi d'un *séder* ordinaire, en ce moment solennel où, le père s'adressant aux enfants et le maître aux élèves, ils revivent, les uns et les autres, les « expériences fondatrices [13] » d'Israël, on s'étonnera à peine qu'un enseignant prononce ce genre de commentaire, pour signifier que sa leçon est le pain qui nourrit et qui continuera à nourrir ses disciples.

La difficulté, rabbi, vient du second volet de l'Eucharistie. Mise à vif, en raison de la symbolique tracée par la Tora et de l'interdiction absolue de consommer la moindre goutte de sang, la sensibilité juive refuse l'idée, fût-elle désincarnée et figurative, de boire du sang. Ce qui n'exclut pas, pour autant, que, dans un cercle restreint d'élèves, face aux seuls apôtres, des paroles semblables à celles que rapportent Luc ou Marc aient pu passer. Tu as pu user de cette figure de style, familière à l'herméneutique talmudique, selon quoi le second terme d'une formule peut ne pas être pris à la lettre [14]. Ce n'est qu'une parole prononcée par entraînement, pour la forme ! On n'en conteste pas l'authenticité, mais elle n'est pas porteuse de sens. Tu as saisi une *matsa* et tu as « abondamment commenté » sa signification ; tu as développé la *deracha* comme aurait pu le faire n'importe quel maître en Israël. « Le pain qui nourrit, as-tu dit, c'est moi ! Cette *matsa* est mon corps... » et tu as continué, rabbi, saisissant le hanap rempli du jus rouge de la treille : « Et cela est mon sang » !

Et que penser de Jean, qui semble ignorer la *deracha* faite à Jérusalem ? Faut-il, en le lisant, se satisfaire de l'Eucharistie prononcée précédemment sur les bords du lac ? On a dit que, dans le quatrième Évangile, le dernier repas n'était pas un *séder*, mais un dîner convivial, convoqué par Jésus dans la nuit du 13 au 14 nissân, vingt-quatre heures « *avant* la fête du *pessa'h* », au cours duquel il a voulu se séparer de ses disciples. Rien n'est moins sûr [15].

Si le quatrième Évangile masque le *séder* de façon plus hermétique, encore, que les Synoptiques, si les formules de l'Eucharistie, nées de la *mitsva* juive, sont réservées dans ce texte au *séder* que Jésus avait célébré sur le bord du lac, c'est parce qu'une année plus tard, au dernier repas, à Jérusalem, la rupture avec le judaïsme devait être radicalement consommée. Au travers des paroles toujours recommencées, sur cent vingt-quatre versets ! — qui, en un boléro pathétique, se forment et se nouent, éclosent et se tendent — l'apostrophe de Jésus à ses disciples et sa prière à Dieu doivent conduire le lecteur de la Cène à la Passion. Déjà, l'ombre de la Croix voile, efface, une Alliance passée...

14

Come-back

28 tichri
Dimanche 18 octobre

Châtaigniers et genêts. Partout des genêts. Soudées à leur tige rêche aux nervures fortes, les fleurs de soufre résistent à l'amateur de bouquets avant qu'à son tour la caillasse fasse céder le cycliste des villes. J'ai couché le vélo dans l'herbe haute et j'ai marché vers la grande croix sur la colline. Mon regard fixe le Christ martyr, s'arrête sur la rouillure du bois, là où les clous de fer percent ses pieds et les mains écartées. Le visage triste, cassé sur la poitrine ou penché sur l'épaule, doit se confondre dans ma mémoire limousine avec des dizaines d'autres silhouettes écartelées qu'en France laïque l'enfant rencontre au détour des chemins et devant les grilles des églises. Mais ce que je suis sûr de me rappeler, ce sont les quelques mots au bas de cette croix, plantée sur un chemin de sable, au bord d'un champ de seigle qui se perdait dans l'horizon boisé. Gravées dans le socle de pierre, les lettres colorées de noir criaient : « Voyez, vous qui passez, s'il est une douleur pareille à ma douleur. » Plus bas et entre parenthèses une écriture penchée avait ajouté : *Lamentations,* suivi d'une référence chiffrée.

Je ressentais la souffrance de l'homme crucifié, mais sa

prétention à souffrir plus que d'autres me révoltait. C'étaient les années de l'immédiat après-guerre ; on écoutait alors le récit des combats mais aussi des tortures subies par les résistants. Je lisais dans *Le Bulletin de nos communautés d'Alsace et de Lorraine*[1] qui, tous les quinze jours, arrivait à la maison la liste des Juifs libérés des camps et, aussi, toujours plus longue, plus désespérante, celle des noms de ceux qui ne reviendraient pas. Je n'avais certainement pas une claire connaissance de ce qu'on appellera la « Choa », mais ces lettres gravées dans la pierre me paraissaient profondément injustes. Il y avait, vous le savez, vous qui passez... il y avait tant de souffrances ! Pourquoi « sa » douleur était-elle plus forte que celle de la cohorte des déportés ?

En rentrant, j'ai dû chercher — ou demander — de quelles *Lamentations* il s'agissait. La réponse me laissa avec des sentiments partagés. D'une part, j'étais indigné qu'on mette dans la bouche du Dieu des chrétiens un verset de la Bible ; mais j'éprouvai aussi une certaine fierté. Quoi ! même les *goïm* citaient la Bible... Quant au verset lui-même, je l'avais lu en hébreu — que je savais peu — au jeûne du 9 av qui commémore la destruction du Temple et de Jérusalem. Dans le Livre des Lamentations, c'est Jérusalem qui crie sa douleur : « Voyez s'il est une douleur pareille à ma douleur — que L'Éternel m'a infligée au jour de son ardente colère[2]. » C'était la souffrance d'une nation, des pauvres survivants de la Jérusalem martyrisée, ayant perdu leur patrie, leur identité, et l'amour que Dieu leur portait, emmenés en déportation par-delà le désert brûlant d'août.

Plus tard, j'ai appris qui tu étais, que tu as souffert, rabbi, de la souffrance des Juifs. Car, dès avant le chemin de la Croix, il y avait l'interminable chemin des croix ; le dernier chemin des Juifs crucifiés, de milliers de Juifs crucifiés dont personne ne sait plus l'histoire ni les noms, suppliciés par l'occupant romain de la Palestine. À l'instar des Hasmonéens, un siècle et demi plus tôt — qui réussirent, eux, à battre les troupes d'Antiochus Épiphane —, ces Juifs voulaient bouter l'ennemi hors d'Érets-Israël. Ils voulaient mourir pour la patrie-est-le-sort-le-plus-beau. Ou pour Dieu-L'Éternel-est-Un. Ils ne faisaient pas la différence. Auraient-ils dû patienter, laisser passer la colère ? Ont-ils eu tort ? Ont-ils eu raison ? L'Histoire, dont on aime à dire qu'elle jugera, n'en sait toujours rien. Il y a une vingtaine d'années, Yehochaphat Harkabi[3] écrivait qu'à l'époque de la grande révolte contre les Romains, les Juifs de Galilée furent épargnés pour avoir choisi l'attentisme. Des professionnels de l'Histoire semblaient lui donner tort. Tort, mort, sort... le plus beau. Voyez, vous qui passez !

Rabbi, tu es mort pour rien. Tu n'as pas combattu l'occupant romain — comme l'espéraient ceux qui voyaient en toi le Messie Libérateur ; tu ne fus pas non plus un martyr de la foi. J'ai beau lire les Évangiles et les relire encore : parmi tes propos, il n'y a pas une idée, pas un principe que les rabbins du Sanhédrin pouvaient invoquer pour réclamer ta mort. Tu as tenu leurs discours, répété leurs enseignements ! Tu n'as pas aboli un seul iota de cette Tora que vous aimiez en commun. Certes, tu t'es proclamé Messie et prophète, fils de Dieu... Mais tous les Hébreux se prenaient — se prennent — pour les enfants de Dieu ! Quelquefois, tu aurais pu user d'autres termes, être moins blessant. Mais on ne condamne pas un homme à mort pour une faute de style. Sans doute les rabbins et les hommes du Livre voyaient-ils en toi un être exalté. Tu n'étais pas le seul en cette époque difficile.

Aujourd'hui, aussi, on les aperçoit, le regard dans les étoiles, marchant en plein jour à Méa Chearim, Roméma, Sanhédria... C'est près du Mur qu'ils sont le plus nombreux. Ils avancent, glissent à l'ombre légère des grenadiers rouges qui rendent au ciel l'azur du premier jour. Souvent on voit leurs lèvres bouger... On devine Dieu qui entend leur discours. Quand vient le chabat, ils se couvrent de blanc, pour que leur habit réfléchisse la pureté de leur âme, impatients d'accueillir le Royaume. Le passant les regarde d'un œil habitué. Ou fatigué. Voilà deux mille ans et plus encore que le Juif regarde des hommes en blanc — ou des hommes en noir ; il a bien le droit d'être fatigué. Un Sanhédrin pouvait-il mettre à mort pour crime de messianisme, de prophétisme ? Pour crime d'espoir !

Le Talmud traite abondamment de la peine de mort[4]. Mais on l'appliquait peu. Quelques décennies après toi, Rabbi El'azar ben 'Azaria ne se souvenait plus si la Michna qualifiant de « meurtrier » un Sanhédrin ayant prononcé la peine de mort « une fois tous les sept » désignait une cour qui avait arrêté l'ultime sentence, une fois en sept ans ou une fois en soixante-dix ans ! Sur quoi, rabbi Tarfon — qui, pour en avoir été témoin, se souvenait d'événements au moins antérieurs à l'an 62 — et Rabbi Akiba ont tenu à préciser que s'ils avaient été juges, eux, jamais personne n'aurait été condamné à mort... Et toi, rabbi, le Grand Sanhédrin aurait décidé ta mort et t'aurait livré aux Romains à fin de crucifixion[5], sachant la mort horrible et ignominieuse que l'occupant faisait subir à ses victimes !

Les auteurs des Évangiles — et leurs traducteurs en grec — avaient pour objectif de proclamer la caducité du judaïsme, de lui substituer une doctrine nouvelle ; leur condamnation « des scribes et des pharisiens », promoteurs et défenseurs d'une institution dont ils souhaitaient la fin, ne mérite pas crédit. Aucun observateur objectif ne jugerait autrement... D'autant que, soucieux de se ménager les faveurs de Rome, les évangélistes ou leurs traducteurs grecs voulaient blanchir Ponce Pilate. Les enseignements de Jésus, ils les présentent comme ils l'entendent et, si on peut en accepter le contour, on ne peut pour autant considérer ces rapporteurs comme des écrivains impartiaux. L'un d'entre eux, Luc, proclame d'emblée qu'il n'a pas été témoin des événements qu'il va consigner « après s'en être informé exactement ». Au IIe siècle, Papias, évêque de Hiérapolis, déclarait, à en croire Eusèbe de Césarée, que Matthieu a rassemblé les actes et les paroles de Jésus (les *logia*[6]) « en dialecte hébraïque », c'est-à-dire en araméen, et que « chacun les a traduits comme il a pu ». Ainsi, même lorsque le témoignage n'est pas de seconde main, ses rédacteurs l'ont traduit « comme ils ont pu ». Si on se rappelle, enfin, que l'objectif des évangélistes fut la prédication avant tout, si on considère les variantes d'un Livre par rapport à un autre, on admettra que notre connaissance de la vie, des propos et de la mort de Jésus est fragmentaire à l'extrême.

Mais je n'ai pas d'autres sources, rabbi ! Alors je m'interroge pour savoir ce que tu as dit, et ce que tu as dit autrement. Ou ce que tu n'as pas dit du tout. La plupart du temps, ce genre d'exercice est stérile. Je sais pourtant, à lire les Évangiles, que tu as cédé au chatoiement du martyre. L'ancienne liturgie chrétienne évoque ta « passion volontaire[7] ». Tu connaissais Caïphe ; tu connaissais Pilate. Tu savais dans quel abysse avait sombré la grande prêtrise[8] dont les titulaires étaient nommés par Rome. Les procurateurs tenaient sous verrou les tuniques indispensables au service sacerdotal et les rabbins — tu en étais ! — n'avaient guère de respect pour les hommes à la tiare, férus de politique mais ignorants de la Tora, assoiffés d'honneur et avides de rapines. Tu connaissais les propos de Caïphe — car tout se savait et se répétait dans la petite Palestine —, selon qui il valait mieux livrer un dissident plutôt que de laisser courir le risque d'une répression massive. Tu savais que cette menace te visait... Alors pourquoi es-tu monté à Jérusalem, es-tu allé au-devant de la mort ? Pourquoi as-tu gardé le silence devant les accusations de Caïphe et de Pilate ? Pourquoi as-tu eu l'air de confirmer au préfet de Rome que tu réclamais la charge royale ? Mourir pour Dieu-le-sort-le-plus-beau ?

Selon les chrétiens, Jésus a ressuscité. En elle-même, l'idée ne devait pas choquer les maîtres du Talmud[9]. Les théologiens juifs pouvaient accepter le concept théorique d'une résurrection. Mais ils n'ont jamais imaginé qu'elle s'est appliquée en faveur de Jésus. Pour les Juifs, l'histoire de Yéchou a pris fin au *séder* quand il annonça sa mort, son retour et l'avènement du Royaume ; elle s'est arrêtée sur l'image d'un homme qui se voulait Messie, abandonné des foules et de ses disciples, aussi, qui n'ont rien tenté pour l'arracher à la torture et à la mort.

Si seulement l'Histoire avait pu s'arrêter là. Ils l'auraient bien voulu, les Juifs... Pas leur destin, mais l'Histoire, celle qu'on leur imposait, qu'ils subissaient, siècle après siècle depuis le Moyen Âge, victimes d'une haine que la mort de Jésus exacerbait. Jésus vit ! clamaient les chrétiens, qui vengeaient sa mort en tuant ses frères de sang. Si seulement, gémissaient-ils sur les bûchers de Blois... Si seulement, criaient les juifs, dans la synagogue d'Ostropol mise à feu, le souvenir de Jésus avait péri avec lui.

Le crient-ils toujours ? Le veulent-ils toujours ?

15

Un accident de l'Histoire ?

29 tichri
Lundi 19 octobre

Au terme de ce journal, rabbi, ce n'est pas de l'Histoire subie que je souhaiterais te parler. Mais de celle que les Juifs ont façonnée, qu'ils avaient mission de faire, qu'ils feront demain. Dès lors, il leur faut s'interroger sur le christianisme : est-il un accident de l'Histoire ? un phénomène qui leur est extérieur ? une religion à laquelle, puisqu'ils n'en sont plus les victimes, ils resteront étrangers ?

Il n'a pas suffi, leur faudra-t-il remarquer, que le christianisme ait repris et largement promu dans l'univers certains des principaux enseignements du judaïsme, à commencer par le monothéisme — dût-il emprunter le chemin escarpé de la trinité[1]. Il fallait encore que celui au nom duquel cet enseignement était donné, celui dont les chrétiens attendent le retour, ce fût toi, un Juif, un rabbin ! qui, sur la terre juive et dans un environnement juif, a vécu et professé l'idéal de la Tora. C'est en ton nom, de par le monde entier, que l'Église proclame l'unité de Dieu et enseigne la seconde des tables de la Loi, donc l'essentiel de la Tora destinée aux nations. L'œuvre qui fut la tienne sur la Terre promise, à Jérusalem et en Galilée, est-elle due au hasard ou s'inscritelle dans le plan divin ? Cette question, les Juifs pouvaient difficilement se la poser plus tôt... Aussi longtemps que le « système » réclamait leur extrême abaissement et la mort des « hérétiques » ; aussi longtemps que l'Église pratiquait le contraire des impératifs bibliques.

Rosenzweig, lui, osa. « Dieu a son plan en ce qui nous concerne, déclarait-il. Un plan qui ressemble à celui du grain de blé : il tombe en terre, et en apparence il devient terre, eau et fumier, et il n'en reste rien à quoi un œil puisse le reconnaître ; et pourtant, à l'inverse, n'est-ce pas lui qui transforme la terre et l'eau, pour en faire son propre être, qui désagrège et reforme l'un après l'autre leurs éléments pour les assimiler à sa propre matière jusqu'à produire de l'écorce et des feuilles ? » Le christianisme et le judaïsme « sont liés ensemble dans la réciprocité la plus étroite », dit encore Franz Rosenzweig. Ailleurs, sur un autre registre, il a noté : « Constamment sûre de sa victoire, l'Église combattante reste malgré tout exposée au danger constant que les païens[2], vaincus par elle, ne se révoltent et qu'à nouveau, *ils lui imposent leurs lois !* » Ce propos, il l'a écrit à un ami, dans une lettre datée de novembre 1913. Un an avant la guerre ! Vingt ans avant que Hitler ne soit appelé au pouvoir et que l'Église, une fois de plus, ne cède aux païens.

À moins que l'antisémitisme n'obéisse à d'autres règles. « L'idéologie aryenne a ses racines propres qu'il n'y a pas lieu de rechercher dans la tradition chrétienne », remarque le père Michel Remaud. Mais, continue-t-il, « la question redoutable, et qui ne devrait pas souffrir de réponse évasive et superficielle » est la suivante : « Comment a-t-il pu se faire que *le christianisme ait produit chez les païens,* pour autant que les Juifs aient pu en faire l'expérience, autant de fruits d'amertume et de mort[3] ? » Qui produit chez qui ? les païens chez « l'Église combattante » ou l'Église chez les païens[4] ? Qui est l'arbre, qui est le fruit ? Il serait cruel — et objectivement injuste — de répondre par la formule généralisatrice de Matthieu[5] : « Un bon arbre ne peut porter de mauvais fruits, ni un arbre gâté porter de bons fruits. » Au demeurant, la réponse est secondaire.

La réponse est secondaire, rabbi, parce qu'en notre temps de pardon requis, en notre époque d'après Choa, mais aussi de propagation nucléaire, seule compte la question suivante : quelle mission Dieu souhaite-t-il attribuer aux chrétiens ? Partie de la Tora, une religion s'est formée, s'est propagée sur une grande partie du globe, une religion qui se prétend universelle, dont on peut bien sûr contester la prétention... mais dont se réclament tout de même aujourd'hui presque deux milliards d'humains ! Or, cette religion diffuse chez les nations les messages du Sinaï. Et on voudrait croire, chez les Juifs, que Dieu n'a rien à y voir ? Dieu, créateur de l'homme et de l'univers, qui a promulgué la Tora dans le désert... Dieu serait étranger à sa diffusion sur terre ?

Cette question, posée aux Juifs à l'orée du troisième millénaire de l'ère chrétienne, en implique une autre : en cas de responsabilités partagées, quel serait, dans l'économie du Salut, le rôle spécifique des juifs et celui des chrétiens ? Le judaïsme n'a jamais été une doctrine provinciale ni le Créateur son chef de clan. Ses objectifs essentiels sont ceux-là mêmes que le christianisme a adoptés : la conversion de l'humanité à une morale universelle. L'universalité de la Tora s'exprime dès les premiers mots du Livre. Le Dieu qu'Israël choisira — car il s'agit bien d'un choix proposé aux esclaves libérés d'Égypte — est le Créateur du ciel et de la terre ! Il est le Créateur des hommes à partir du premier, Adam, père de l'humanité dans sa totalité. « Voici pourquoi, dit la Michna[6], l'homme a été créé unique — pour t'enseigner que quiconque détruit une vie humaine, l'Écriture lui en tient compte comme s'il avait détruit l'univers entier. [...] Et pour la paix entre les hommes, afin que personne ne dise à autrui : mon père était plus grand que le tien. » D'où le récit de la création de l'homme. Il a été écrit, disent les rabbins plus ou moins contemporains du Nazaréen, en vue de ces deux enseignements-là, dont le rejet serait, dont le rejet fut, à travers les âges, le signe marquant de la déshumanisation... Religieusement contraignante, notre Michna est incompatible avec les formes réductibles d'une élection. Mais quels que soient les grincements qu'elle provoque, l'élection elle-même ne saurait être niée. Ni l'élection d'une société précise, ni celle de la terre qu'elle habite.

À lire et à relire : le chapitre 19 de l'Exode. À mi-distance entre ciel et terre, l'homme Moïse rencontre Dieu, avant de devoir redescendre chez les Hébreux pour leur poser la question décisive que voici : acceptent-ils de devenir un peuple particulier, consacré, dont la mission est de servir sur terre de « nation prêtre » ? Oui ! répondent les Hébreux, ils feront tout ce que Dieu leur dira. Mais comment y parvenir ? Ils ne pouvaient remplir leur mission en errant au fin fond d'un désert ! D'où la nécessité d'une terre, d'un pays. La terre d'élection avait été désignée, dit le Midrach[7], lors de la Création. Et dès le chapitre 12 de la Genèse, si on s'en tient à la Bible, quand Dieu dit à Abram, avant même qu'il soit question d'un peuple élu : « Va, quitte ton pays [...] vers la terre que je t'indiquerai. »

Sur mon atlas, je fixe la minuscule terre que tu habitais, rabbi. Parmi les nations bibliques, l'Égypte, la Mésopotamie, la Syrie, la Perse... retiennent aussitôt le regard. La terre d'Israël, il faut la chercher attentivement, savoir où la situer pour la deviner. Pourtant, c'est la seule qui, en tant que telle, continue à exister ! Les pharaons et leurs pyramides appartiennent au passé de l'Égypte ; personne, au Proche-Orient, ne se réclame plus du code de Hammourabi ; quant à Saddam Hussein, il a beau reconstruire l'ancienne Babylone : sa cruauté seule rappelle Nabuchodonosor. Mais sur la terre d'Israël, rabbi, on pratique la Tora d'Israël ; on en étudie chaque iota, ou plus précisément chaque yod ; on guette la voix des prophètes de Tekoa, d'Anatot, de Jérusalem... Vers elle, à la terre d'Israël, sont revenus les rêveurs du ghetto — et ceux du mellah — et, comme si l'histoire présente n'y suffisait pas, l'espoir des hommes pour le lendemain qui chante s'ancre dans la terre d'Abraham. C'est sur cette terre-là que toi aussi, rabbi, tu prêchais et enseignais.

Sur le planisphère, il est minuscule, mais « le pays » (*ha-arets*) apparaît exactement à l'intersection des deux pages de l'atlas. À la charnière du monde ! Face au Croissant fertile. Entre l'Égypte et la Mésopotamie, sur la route du littoral où passaient, s'arrêtaient les caravanes du monde quand l'Orient comptait, la Terre élue devait servir de laboratoire pour une société plus juste, pour une société absolument juste et *exemplaire.*

Quelquefois, l'expérience parut réussir. « Ses ministres, rapporte le 1er Livre des Rois, dirent au souverain de Damas que les rois d'Israël [étaient] des rois miséricordieux[8]. » Cela se passait au Xe siècle. Le peuple qui avait pris racine ici était différent. Il forçait parfois l'admiration ; il était porteur d'espoir. Mais, finalement, la nuque roide l'emportera. Le premier exil, dit la Bible, fut sanction pour une nation rebelle, infidèle à Dieu et à ses commandements. Reste qu'après la destruction du deuxième Temple, l'exil ne fut pas seulement une sanction... Le laboratoire étant fermé, on attendait des laborantins, des meilleurs d'entre eux, de se risquer dans le monde. Ou plutôt Dieu les y obligeait. Le Saint béni soit-Il a-t-il (simplement) éparpillé Israël *aux* quatre « vents » de l'univers interroge Rabbi Yehochoua ben Lévi. Alors il eût fallu l'écrire ! Mais Zacharie — toujours lui ! — s'exprime autrement : « *Comme* les quatre vents de l'univers. » Et le maître d'expliquer : « De même que le monde ne pourrait exister s'il était privé des courants atmosphériques, il ne le saurait en étant privé d'Israël[9]. » Rabbi El'azar ben Pedat écrit à sa manière : « Le Saint béni soit-Il a éparpillé Israël parmi les nations seulement pour que les prosélytes se joignent à eux, comme le dit Osée : Je te sèmerai sur la terre[10] — On a l'habitude de semer un kor pour en moissonner plusieurs. »

Il ne s'agissait pas à proprement parler de « conversion ». Déjà sous Cyrus[11], au temps du premier retour, la Bible évoque l'engagement et la présence parmi les Juifs d'hommes qui, dit-elle, « se sont séparés [de l'impureté] des peuples des pays pour adhérer à la foi de Dieu, et aussi leurs femmes, leurs fils et tous ceux qui ont l'âge de raison ». Les Gentils, confirmeront les Sages à leur tour, n'avaient pas à se convertir vraiment.

Au demeurant, rabbi, tu n'as jamais été un... convertisseur, tu ne t'es jamais adressé à des païens pour les amener à la Tora et à ses innombrables iotas ! Il leur suffisait de renier l'idolâtrie[12] ou, mieux encore, d'observer sept commandements, pour être considérés comme des « justes parfaits[13] ». Ces « sept commandements » correspondent aux impératifs de la morale naturelle qui, dans l'esprit des rabbins, se confondent avec une antique promulgation, violée par les hommes avant le déluge[14], et renouvelée à leurs descendants, aux... « enfants de Noé ». C'est pourquoi les maîtres de la *baraïta* parlent des « sept commandements des enfants de Noé ». Pour les Gentils, leur pratique est aussi méritante que l'est celle des six cent treize commandements pour les « enfants d'Israël ». En voici la liste : institution d'une (juste) législation, interdiction du blasphème, des pratiques idolâtres, de l'adultère et de l'inceste, du meurtre, du banditisme. Le septième commandement a l'air de détonner : il interdit la consommation de la chair prélevée sur un animal laissé en vie. Vise-t-il à condamner une cruauté superflue ? Sans doute, mais l'essentiel est de faire admettre aux hommes que tout ne leur est pas permis, qu'ils sont soumis à une morale naturelle.

Tu le sais bien, rabbi, nul n'était besoin, pour le salut des non-Juifs, que Paul « abolisse la Tora[15] » afin qu'il n'y ait « plus de transgression » ; ni de proclamer que « l'homme est justifié par la foi sans la pratique du Nomos ». Les six cent treize *mitsvot* de la Tora n'ont jamais été destinées aux païens ! La sauvegarde de l'humanité passe par la Tora dans la mesure où les Juifs, « nation de prêtres » au service des hommes, obéissent à la multitude de ses impératifs, et les Gentils, à la pratique des sept commandements !

Mais il aurait fallu, rabbi, que ce message soit diffusé, que des missionnaires juifs prennent une part active au salut du monde dans lequel, et bien avant l'exil déjà, ils étaient dispersés. Certains ont pu s'y exercer. Mais, apparemment, c'est surtout l'exemple qu'offraient à une société malade la conduite morale et la vie familiale des Juifs, qui provoquait l'engouement des païens pour diverses pratiques de la Tora. Ainsi se sont constitués des groupes ou des communautés, composés d'hommes et de femmes appelés les « Craignant Dieu[16] », qui, sans franchir les premières étapes d'une conversion proprement dite, en ne pratiquant parfois qu'une partie des sept commandements, témoignaient de l'expansion de la Tora dans le monde. En prise directe avec le monde païen, le christianisme qui est né avec ton siècle — et non avec toi —, s'est tout naturellement engouffré dans cette brèche. A-t-il tempéré le zèle des missionnaires juifs, avant de l'interdire ? Quoi qu'il en soit, voilà longtemps que les Juifs ont cessé de convertir.

Par contre, on ne saurait contester, rabbi, que, à l'orée de l'an 2000 et quels qu'aient pu être les erreurs et les crimes du passé, ou les ratés qui apparaissent encore ici et là, le christianisme a réussi sa percée ; grâce à lui, l'humanité progresse ; par son intermédiaire, les paroles entendues dans le désert du Sinaï ont été diffusées dans le monde [17].

30 tichri
Mardi 20 octobre

Trois, quatre, six millions de touristes ? Régulièrement, les journaux livrent leurs estimations sur le nombre de visiteurs qu'Israël attend pour l'an 2000. Le pape a fait part de son intention d'être l'un des pèlerins. Avant lui, Paul VI avait fait le voyage en Terre sainte. Les Lieux saints chrétiens de Jérusalem étaient alors sous occupation jordanienne. Jamais, pendant son voyage, le Saint-Père n'a fait mention de l'État d'Israël. Que les Juifs aient été interdits de leurs « lieux saints », dont le Mur occidental, ne semblait pas l'avoir ému. Personne au Vatican ne songeait alors à demander l'internationalisation des Lieux saints et encore moins celle de Jérusalem.

Un demi-siècle plus tôt, cela se passait huit mois après le pogrom de Kichinev, Theodor Herzl avait tenté de gagner Pie X à l'idée sioniste. Il s'entendit répondre que, les Juifs n'ayant pas « reconnu » Jésus, il ne fallait pas attendre que l'Église favorise leur établissement en Palestine. Et que, s'ils s'installaient là-bas, l'Église y construirait des églises et enverrait des prêtres pour les convertir [18]. Herzl aurait-il pu imaginer qu'à l'occasion du cinquantième anniversaire de l'État juif, Aron Lopès — le descendant après sept générations de rabbi Itshak — soit convié à allumer la première bougie de Hanouca dans les jardins du Vatican [19] ?

Nous sommes entrés dans une « nouvelle phase [20] » de rencontre entre juifs et chrétiens. « Probablement dans l'ère la plus difficile et la plus passionnante de ce dialogue. Une ère où, pour reprendre l'expression du père Dujardin, il ne faut pas craindre de *prendre froid.* » D'excellents esprits, chez les chrétiens comme chez les juifs, ont, depuis Jules Isaac et Jean XXIII, provoqué une révolution dans les relations entre juifs et chrétiens. Ni leur courage, leur sincérité, leur dévouement ne sauraient être mis en cause. Il reste que le christianisme serait aujourd'hui profondément discrédité s'il ne faisait pas repentance. Quant aux Juifs, ils ont tout à gagner de la fin de l'antijudaïsme chrétien. Aussi, à ne considérer que le seul terrain des démarches rationnelles, régies par les lois de l'Histoire et des intérêts mutuels, la cause était de toute manière entendue. Pas encore pour tout le monde, loin s'en faut ! Mais logiquement, et à moins d'une régression morale généralisée, d'une nouvelle victoire des « forces païennes », le développement de rapports harmonieux entre chrétiens et juifs s'inscrit dans la suite normale des choses.

Les questions qui nous interpellent sont d'un autre ordre. Elles sont théologiques et conduisent à se demander, avec Rosenzweig[21], si « les rayons de l'Étoile qui s'élancent au-dehors [et] le feu qui se consume au-dedans » sauront conjuguer leur clarté ; si le cheminement des chrétiens et des juifs le long d'une même route sur la terre des hommes participe du plan de Dieu. Et puis, rabbi, comment tracer cette route ? À moins qu'il n'en faille deux ? Juifs et chrétiens y progresseraient, chacun à leur rythme, comme Jacob l'avait proposé naguère à son frère Esaü[22] ? Sur ce terrain, chaque question en provoque une nouvelle... Dès lors que, pour les chrétiens, la relation avec les juifs passe hors de leur abaissement et de leur conversion, accepteront-ils que ces « enfants du diable », comme les appelait saint Augustin, soient « chéris » de Dieu ? qu'ils continuent à être « chéris » parce que « les dons et l'appel de Dieu[23] sont sans repentance » ?

Il faudrait, pour le moins, que ces versets de Paul neutralisent d'autres passages du Nouveau Testament qui, pendant tant de siècles, ont provoqué d'immenses malheurs. Il faudrait que les chrétiens souscrivent, mais pour de bon ! à la plus évidente des évidences, à savoir que les juifs ne constituent pas un peuple déicide et veuillent se rappeler, quand ils sont tentés par cette accusation, que ce sont les chrétiens qui « pendant si longtemps ont crucifié les juifs ». La formule fut dite, il y a peu, le 10 avril 1998, veille de Pessa'h, lors de la prière du vendredi saint, en présence de Jean-Paul II. Les « interprétations erronées » des Évangiles étant reconnues, les chrétiens, « greffe contre nature sur l'olivier franc[24] » — l'olivier d'Israël —, seront-ils disposés à admettre, en ce début du troisième millénaire, que les fruits de cet olivier au tronc noueux et tourmenté, « réalité vivante à travers le temps[25] », devaient et doivent nourrir leur foi ? En d'autres termes, comme l'écrit Michel Remaud, « l'Église peut-elle, sans se renier, accorder une signification positive à la personne du peuple juif en tant que tel ? »

Et les Juifs ? Sont-ils prêts à pardonner, à pardonner vraiment l'offense et les souffrances du passé ? Se borneront-ils à être attentifs à l'évolution en cours, à la légitimité qui leur est rendue, ou s'efforceront-ils de voir le « doigt de Dieu » dans le développement du christianisme et dans la diffusion, par son intermédiaire, de la morale ? Sauront-ils découvrir dans les vieux livres du Midrach — ceux qui ont échappé aux autodafés de Saint Louis ou aux émules de Torquemada — une habilitation de la chrétienté ? Sauront-ils y lire qu'une *Voie*, dans le sens où l'entendent Rosenzweig et Saül de Tarse — qui définit ainsi la doctrine chrétienne naissante —, fut tracée dès l'origine pour la gentilité ?

Aux derniers versets de la Tora, marquée du sceau de l'immutabilité — comme le sont les anciennes lois du cosmos, chaque soir et chaque matin recommencées —, figure cette assurance : « Il n'a plus paru en Israël de prophète comme Moïse. » Mais, à cette promesse, le Midrach a ajouté un commentaire curieux. « En Israël », dit-il, n'a plus paru de prophète « comme Moïse ». En Israël, donc, il ne paraîtra pas. Mais chez les nations ? Eh bien, si ! chez les nations, affirme le Midrach, il a bien paru. « Et qui est-ce ? — Bileam... » Au Moyen Âge, pendant les sombres époques des disputations judéo-chrétiennes, le Midrach a été intégré dans un nouveau recueil, le *Yalkout Chimoni*[26]. Pour ses auteurs, le passage cité devait nécessairement identifier Bileam, avec l'un des attributs du christianisme. Et les pièces du puzzle qu'ils ont recoupées s'emboîtent de manière étonnante, si nous voulons reconnaître dans Bileam — ce prophète païen qui a maudit Israël avant de le bénir — non pas le Nazaréen, mais un collectif chrétien évoquant les Évangiles.

Bileam, c'est « l'homme à l'œil fermé ». Il ne voit qu'à moitié. L'œil des Évangiles était ouvert sur l'enseignement de Jésus et sur celui des rabbins. À moitié ouvert. Ce qu'il acceptait de voir, cependant, ce qu'il ne pouvait soustraire à sa vue, a largement suffi pour tailler dans le tronc de l'olivier franc une image d'Israël aimée de Dieu. Bileam était le guide — dans le parler biblique, « être l'œil » de quelqu'un, c'est lui servir de guide —, le conseil, le prophète des Gentils. Parce qu'ils ne voyaient qu'à moitié, les Évangiles ont été la cause de terribles erreurs. « Erreurs d'interprétation », dit Jean-Paul II. Bileam sorcier/Bileam prophète... Le Diable et le bon Dieu ? Le Nouveau Testament a creusé le fossé entre juifs et chrétiens, sans atteindre toutefois, au niveau de l'histoire collective, l'irréparable. Ceux qui, aujourd'hui, ont entrepris de combler le fossé, se servent d'anciennes alluvions épurées des « erreurs » et d'autres de souche plus récente. Par moments les bénédictions l'emportent sur les malédictions et, peu à peu, les yeux se dessillent. Ils s'ouvrent sur un avenir encore flou. La vue n'est toujours pas parfaite ; cependant elle ne connaît plus les fortes zones d'ombre du passé. « Bileam vit que L'Éternel trouvait bon de bénir Israël, il n'alla pas comme les autres fois au-devant des sortilèges. [...] L'esprit de Dieu vint sur lui et il prononça son discours :

Oracle de Bileam [...] oracle de celui qui écoute les paroles de Dieu. Il voit ce que Chadaï[27] fait voir... »

Reste qu'une erreur de vision de quelque vingt siècles ne s'efface pas seulement parce que la raison le veut. Il y a la tradition, les habitudes prises, le film qui a imprimé la rétine et qu'il faut corriger, couper, rembobiner. Rabbi, lorsque le chrétien qui te chérit et te vénère distinguera le juif tel qu'il est, il verra, alors, que l'œil de son vis-à-vis reste embué. Quand un œil a pleuré trop longtemps, il ne suffit pas d'effacer les larmes. Il doit être rééduqué pour voir les choses autrement. Quand Israël cessera de pleurer, quand les dernières larmes auront séché, juifs et chrétiens pourront, enfin, se faire face. Voudront-ils aussi, pourront-ils regarder dans la même direction, fixer les lendemains ? N'est-ce pas en vue de cette communion, rabbi, que Dieu créa l'univers ?

1er mar'hechvan
Mercredi 21 octobre

Avec le cycle liturgique qui reprend la Tora depuis son début, nous avons recommencé le récit de la Création.

Première ligne de la Genèse : *B-Réchit bara Élohim* [...], « Au début Elohim créa [...] ». *Réchit* vient du radical *roch*, « tête ». Il signifie « première », « début », « commencement ». On imagine les combinaisons qui ont tenté les exégètes ! Ils diront, par exemple, que Dieu a créé l'univers avec *Réchit*, la Première. « Première » est la Tora ! Elle a précédé le monde sensible.

« Dieu parla : Que la lumière soit... » Le parler, disent les rabbins, n'est pas seulement un moyen de communication. L'alphabet hébreu fut aussi l'outil de la Création[28]. Alors, si le Livre du Commencement absolu commence par B, *beth*, la deuxième lettre de *l'aleph-beth* et, de surcroît, par une

lettre dont la valeur numérique est 2, cela ne peut être le résultat du hasard ! Quand Dieu-Un « parla » — c'est-à-dire qu'il « créa » —, il créa l'univers, en deuxième, sous le signe du *beth*, la dualité[29]. Qui fut, alors, créée première *(réchit)* — La Tora ! La Tora est le plan du monde — et sa liberté. Elle fut révélée aux hommes, dans le désert du Sinaï, par la première lettre, l'*aleph* (de *Anokhi*) qui ouvre le Décalogue ! Ainsi, l'ordre normal des choses est respecté : l'*aleph* précède bien le *beth*. La Tora fut la première ; en fonction d'elle sera créé, ordonné l'univers. Dans ce plan, les « enfants d'Israël » ont des fonctions spécifiques, sacerdotales, rivées aux devoirs des humains que dessinent les sept commandements des « enfants de Noé » — morale « naturelle », révélée au cœur et à la conscience des hommes pour leur servir de Constitution. La dialectique, a écrit Elie Benamozegh[30], se situe au plan de la « dualité [...] entre la loi commune à tous et la règle purement sacerdotale », une dualité que nous pouvons reconnaître au premier souffle du récit de la Création. L'une et l'autre, la loi commune et la règle sacerdotale, sont au service des enfants de Noé, rescapés du déluge que la violence humaine avait provoqué.

Dieu en a fait la promesse, il ne déclenchera plus de déluge[31]. Mais le déluge ne dépend plus de Dieu ! À l'aube du troisième millénaire, alors que l'Histoire nous est impartie, peu d'obstacles ont la capacité d'empêcher les hommes de se détruire, de ramener la terre au « tohu-bohu » initial, « à la vase et au chaos » qui commandaient avant que Dieu ne... parlât. Notre destin s'est emballé, rabbi. Notre destin à tous, Juifs et non-Juifs — les premiers, dont tu fus, disposant de la Tora, et les autres des sept lois noachides, pour s'opposer à toutes les formes de la barbarie. Le vingt et unième siècle sera moral. Ou il ne sera pas. Ou il ne sera plus.

À un autre niveau, aussi, l'Histoire a profondément changé. En moins de quatre décennies, depuis que Vatican II planta les premiers jalons du retour, ceux qui se réclament de toi ont corrigé « les erreurs d'interprétation » — ou beaucoup de celles qui, pendant d'interminables siècles, furent à l'origine du malheur d'Israël. Le 16 mars, pendant la semaine de Pessa'h en 1998, Edouard Idriss Cassidi, coiffé de la calotte-kippa cardinalice, donnait lecture à Rome du texte par lequel l'Église demande pardon pour les manquements dont des catholiques ont pu faire preuve pendant la choa.

Je sais bien, rabbi, qu'on aurait pu mieux faire et je t'entends souffrir de ce texte, que le remords a inspiré plutôt que le repentir. Ah ! que n'es-tu là pour inspirer d'autres paroles. Apparemment, voilà longtemps qu'on n'a plus lu, au Vatican, ton sermon sur la montagne ! Oui, l'Église aurait dû aller plus loin. Mais tel quel, si l'on considère aussi la Déclaration de repentance des évêques français, prononcée au mémorial de Drancy l'année d'avant, et celle des évêques allemands qui l'a précédée, le changement de cap est révolutionnaire[32].

Le vrai problème est de savoir si entre juifs et chrétiens, dès lors qu'un dialogue devient possible, une action commune peut l'être aussi. Pour le bonheur de l'univers auquel les uns et les autres, obéissant au même souverain, se reconnaissent une même mission. L'Église universelle a étendu son emprise sur de vastes régions du monde ; sur le plan humanitaire, elle a corrigé ses erreurs les plus criantes. Quant à Israël, de retour sur la Terre promise, il pourrait redevenir source et référence du message que Dieu a délivré aux hommes, le « feu de l'Étoile et sa vérité[33] ».

Il faudra, ses dernières plaies soignées, qu'Israël révise, à la lumière de ses responsabilités nouvelles, les systèmes de pensée que, pendant d'interminables siècles d'un exil tourmenté, il a développés hors des concepts nationaux que l'appel de Dieu à Abram lui avait fixés. Au-delà des patriotismes de la nation dispersée, l'État et le peuple unis devront marcher « sur la voie de L'Éternel en pratiquant l'équité et le droit[34] ». Comme leurs ancêtres auxquels la mer Rouge barrait l'avancée, il leur faudra pénétrer dans le tourbillon des eaux douteuses et menaçantes, fendre les flots pour résoudre, sans démériter ni de Dieu ni des hommes, le problème palestinien. Puis, continuant à marcher entre les murailles dressées, il leur faudra trouver les solutions aux problèmes de voisinage puisque au plan géo-coranique, Jérusalem est la voisine immédiate de La Mecque.

Parce que les eaux de la barbarie ne reculeront pas toutes seules. Il n'y a que les caroubiers — ou les mûriers[35] — pour le faire ! Rabbi, rabbi Yehochoua... il ne suffira pas de planter le « grain de sénevé », il nous faudra encore sarcler, bonifier le sol... Dieu nous a confié la terre pour la peupler et y construire la paix. C'est l'affaire des hommes. Pas celle des prophètes. Pas même, permets-moi de le dire, celle des messies.

Je veux rêver, rabbi... Je rêve d'images d'Épinal, d'une Église qui voudrait privilégier la règle d'or... une règle qui aurait abandonné les arcanes des intérêts économiques égoïstes et le cynisme en politique pour privilégier l'amour du prochain. Fût-ce au prix d'avantages acquis. Je rêve d'une Église qui, ayant corrigé les « erreurs d'interprétation », se mettrait à les réparer.

Je rêve d'hommes et de femmes qui prendraient *B-Réchit* au sérieux. Qui accepteraient d'œuvrer pour que ce minuscule lopin de terre élue et disputée qui a nom Israël serve de terre pilote, devienne un laboratoire pour la paix universelle, une terre exemplaire, conformément au plan que Dieu a proposé ; je rêve de dirigeants politiques et spirituels qui, partout sur la planète, écouteraient... appliqueraient les promesses du prophète Michée : « De nombreux peuples iront, disant[36] : Allons, gravissons la montagne de L'Éternel pour gagner la maison du Dieu de Jacob, afin qu'il nous enseigne ses voies [...] car c'est de Sion que sort la doctrine et de Jérusalem la parole du Seigneur [...]. Ils briseront leurs épées en socs de charrue et leurs lances en serpes [...]. On n'apprendra plus à faire la guerre [...]. Oui, tous les peuples — c'est le prophète Michée qui insiste — iront, chacun au nom de leur Dieu [...]. » « Oui, renchérit Isaïe, ma maison sera appelée Maison de prière pour tous les peuples[37]. » Je rêve qu'au lieu d'internationalisation des Lieux saints, le Vatican propose la fraternisation ; qu'à l'heure des câbles par satellite, de la communication immédiate et du Web, l'État juif invite les nations du monde à établir à Jérusalem un point de rencontres et de débats permanents ; qu'au pied de la roche où Mohamed a imprimé sa trace, ceux d'Islam proclament l'exclusivité du djihad de l'esprit et que, sur la montagne du Temple, entre « le parvis et l'autel », entre les églises et les mosquées, juste là, au carrefour où Jacob fit une halte[38], les hommes élèvent la grande échelle qui monte aux étoiles.

Afin qu'à *Jéru-shalaïm*[39] dont le nom, promesse biblique, unit la dualité à la paix, qu'à Jérusalem où, pour enseigner Dieu au monde et l'amour aux hommes, rabbi, tu forças le destin, brille le phare de la fraternité, dissipant, sur la terre des hommes, les cendres tourbillonnantes — le crachat des guerres qui cache le Ciel.

Notes

ABRÉVIATIONS

Bible hébraïque :

Am = Amos / Ex = Exode / Ch = Chroniques / Deut = Deutéronome / Gen = Genèse / Is = Isaïe / Jé = Jérémie / Jos = Josué / Ju = Juges / Lév = Lévitique / Ma = Malachie / Mi = Michée / Néh = Néhémie / Nbr = Nombres / Ps = Psaumes / R = Rois / S = Samuel / Za = Zacharie.

Nouveau Testament :

Co = Épître aux Corinthiens / Ga = Épître aux Galates / Matt = Matthieu / Ro = Épître aux Romains.

Le quatrième Évangile porte indifféremment ce nom ou celui d'Évangile de Jean.

Autres abréviations :

EB = Encyclopaedia Biblica (en hébreu)
EH = Encyclopédie hébraïque (en hébreu)
EJ = Encyclopaedia Judaïca (en anglais)
ET = Encyclopédie talmudique (en hébreu)

RÉFÉRENCES, DATATIONS ET TERMINOLOGIE

Sans autres indications, une Michna, premier recueil talmudique, est indiquée par le nom du traité suivi des chiffres de référence. Exemple : Berakhot 5, 2. Le même système de référence a été adopté pour un texte de la Tossefta, mais précédé de « To/ ». Exemple : To/Berakhot 5, 2 ou selon la citation qu'en fait la Guemara — principale partie du Talmud.

Les enseignements de la Michna, de la Tossefta, ainsi que des *baraïtot* — textes de la même époque éparpillés dans la Guemara — circulaient partiellement au temps de Jésus ; ils pouvaient être retenus par cœur depuis plusieurs décennies ou depuis plus longtemps encore, par des répétiteurs successifs ; ils pouvaient aussi être consignés par écrit.

Les auteurs ou les rapporteurs de ces enseignements sont les *zougot*, groupes de deux maîtres (de –200 à 20 ap. J.-C.) et, surtout, les *tanaïm*, jusqu'au début de l'an 200. On compte six générations de *tanaïm*, suivies d'une période, dite « de transition » avec leurs successeurs, les *amoraïm*, maîtres de la Guemara. Les enseignements que Rabbi Yehouda Hanassi, à la fin du IIe-début du IIIe siècle, n'a pas classés dans la Michna, constituent une partie de la Tossefta — qui sera complétée ultérieurement.

Gaon est le titre porté, après la clôture du Talmud, par les directeurs des écoles talmudiques de Babylonie.

Une référence du Talmud (composé de la Michna et de la Guemara qui lui fait suite) est indiquée par le nom du traité et de sa page. Suivie de la lettre « a » (pour recto) ou « b » (pour verso) s'il s'agit du Talmud de Babylone (fin de rédaction : VIe-VIIe siècle). Exemple : Berakhot 12a.

Si le texte provient du Talmud de Jérusalem (fin de la rédaction : IVe siècle), le nom du traité sera précédé de « J/ » suivi des numéros des chapitres et paragraphes concernés. Exemple : J/Berakhot, 2, 5.

Les *amoraïm* s'échelonnent de l'an 220 à l'an 500, en huit générations rabbiniques. Ils rapportent souvent les propos d'un ou de plusieurs maîtres, eux-mêmes dépositaires d'anciennes leçons. Si bien que les enseignements des *amoraïm* pouvaient avoir circulé, eux aussi, à l'époque de Jésus.

Des écrits dominants de la même époque, souvent présentés comme des déductions de textes bibliques, portent le nom de Midrach. Un Midrach peut être législatif, Midrach Halakha, ou homilétique, Midrach Agada.

Pour désigner Dieu, le Midrach use souvent de la formule « Le Saint béni soit-Il ». Il est fait usage de ces termes quand le contexte appartient au Midrach allégorique.

Dans le Talmud, le titre de *Rabbi* est réservé aux rabbins de Palestine (*Erets-Israël*) pourvus de l'ordination ; celui de *Rav* va aux maîtres de Babylonie. Rabban est le titre exclusif du Nassi, président du Sanhédrin et, par ailleurs, la principale autorité politique — reconnue par l'occupant romain de la Palestine qui l'appelle « Patriarche ».

Apostrophe

1. Le *séder* de Bné Brak : les maîtres étaient réunis, en secret, dans une caverne par crainte des Romains (d'après Robert Nerson, *Hagada commentée*, Colbo, p. 13).
2. L'annonce faite à Abram : Gen 15, 13.

Chapitre 1

1. Fêtes de pèlerinage : Deut 16, 15-16. Voir aussi chap. 10, note 14.
2. Dévotion itinérante : ainsi définie par Joseph Bédier.
3. Nombre des agneaux (ou chevreaux) immolés : Daniel Chwolson, *Das Letzte Passahmahl Christi*, Leipzig, 1908, p. 48 et suivantes ; Charles Guignebert, *Le Monde juif vers le temps de Jésus*, Albin Michel, 1969, p. 247 et suivantes ; Jacqueline Genot-Bismuth, *Un homme nommé Salut*, éd. François-Xavier de Guibert, 1995, p. 16 et suivantes ; Shemuel Safrai, *Pilgrimage at the time of the Second Temple*, Am Hassefer, 1965, p. 71-74, en hébreu.
4. La foule debout et serrée : Yoma 21a.
5. Bénédiction sacerdotale : Nbr 6, 24-26.
6. Le geste des Cohanim au Temple : Tamid 7, 2.
7. Na'aman guéri de la lèpre : II R 5, 14.
8. L'enseignement au Temple : J/Avoda Zara 3, 11 et Pessa'him 26a. To/'Haguiga 2, 9 ; To/Sanhédrin 7, 1 ; Baba Batra 21a, Tossaphot « Ki mitsion », faisant référence à Sifri Deut 106, pour évoquer l'influence de Jérusalem sur les pèlerins, s'adonnant à l'étude. Les tribunaux : Sanhédrin 86b (Michna). Sur Jésus : Matt 21, 12 et 23.
9. « Comme [Dieu] l'a ordonné » : Deut 12, 21. Rachi, se fondant sur Sifri 75, commente : « Cela nous enseigne qu'il y a un commandement sur la manière de procéder à l'abattage. Ce sont les règles de l'abattage rituel qui ont été dites à Moïse au Sinaï. »
10. Localisation du Sanhédrin : le Sanhédrin qui, jusqu'en l'an 30, siégeait au Temple même, dans la salle de la Pierre taillée, s'est établi à 'Hanout, « Boutique ». La variante *'Hanouyot*, au pluriel, figure dans Chabat 15a. Rachi dit que le lieu ainsi nommé était bien sur le mont

du Temple (Avoda Zara 8a). Les tossaphistes correspondants sont du même avis. *'Hanouyot* suggère des activités mercantiles (les tables des changeurs ? dans la basilique ?). Toujours selon Rachi (Tal/Roch Hachana 31a), c'est quand les homicides ont cessé d'être un phénomène exceptionnel que les membres du Sanhédrin se sont installés dans des sortes de cellules, ce qui les empêchait de rendre un verdict fatal. Pour être légal, un arrêt de ce genre devait être prononcé dans la salle de la Pierre taillée. Sur la peine de mort, voir chap. 14, note 4.

11. Les lettres de Rabban Gamliel : Sanhédrin 11b. (Seconde dîme : Deut 26, 12-13.)

12. Saint Louis : la définition est d'Henri Sauval, précisant que le monarque traita les Juifs avec « une cruauté inouïe et ingénieuse » (Robert Anchel, *Les Juifs de France,* éd. J.B. Janin, 1946, p. 105).

13. On brûlait encore le Talmud en 1757 : à Kamenets-Podolski, en Ukraine, sur la demande de l'évêque, au cours d'un autodafé solennel qui suivit l'une des dernières disputations de l'Histoire (EJ 10/725).

14. *Testamentum* : traduit l'hébreu *Berit,* qui signifie Alliance (Gen 15, 18). « La conception d'une alliance entre Dieu et les hommes, et non d'une simple relation, est la contribution la plus originale de la pensée hébraïque à l'histoire religieuse de l'humanité » (André Neher, *L'Essence du prophétisme,* PUF, 1955 p. 116).

15. Le Nouveau Testament dans les milieux juifs : la situation a quelque peu changé ces dernières années. On donne des cours sur le Nouveau Testament à Bar Ilan (voir Salomon Malka, *Jésus rendu aux siens,* Albin Michel, 1999, p. 139) et il est arrivé à la « lecture biblique », publiée sous les auspices de son aumônier et distribuée dans les synagogues d'Israël, de citer le Nouveau Testament. Les organisateurs du premier concours biblique en 1963 (un événement majeur de la célébration du jour de l'Indépendance d'Israël, diffusé chaque année en direct à la télévision et dont les prix sont remis aux jeunes gagnants par le chef du gouvernement) prévoyaient la participation de lauréats non juifs. Aussi proposèrent-ils d'inclure des questions sur le Nouveau Testament au cours des éliminatoires à l'étranger mais ce projet n'a pas eu de suite (Aaron Ahrend, *Israel's Independence Day — Research and studies,* éd. de l'Aumônerie de l'Université Bar Ilan, 1998, p. 51 en hébreu).

16. *Minim (*sing. *min)* : J.H. Shorr a catalogué les citations qui s'appliquent aux chrétiens (*Hé'halouts* 8/80). Marcel Simon, *Verus Israël,* E. de Boccard, 1948, p. 299.

17. L'antijudaïsme dans le Nouveau Testament : « Il n'est guère contestable qu'il y ait déjà dans le Nouveau Testament un antijudaïsme qui aura par la suite des conséquences catastrophiques. [...] Il nous faut

reconnaître sans ambages que l'explication christologique de la Bible hébraïque entraîne une explication antijuive » (Hans Küng, *Le Judaïsme,* Seuil, 1995, p. 464 et 466).

18. Conversions : Léon VII citait Matt 7, 6 dans une réponse à Frédéric, évêque de Mayence (*Histoire d'Israël,* S.W. Baron, IV, PUF, 1961, p. 5).

19. Disputations : la citation est de Hans Küng, *op. cit.*, p. 228.

20. Bernard, abbé de Clairvaux : S.W. Baron, *op. cit,* p. 137. Sur la signification antijuive de la destruction du Temple : *Verus Israël, op. cit.*, p. 89-91.

21. La comparaison entre l'attente de la Parousie et celle de la reconstruction du Temple est « esquissée » par A. Lods que cite Marcel Simon, *op. cit.*, p. 26. Du côté juif, voir : Joseph Dov Soloveichik, « Une voix : Mon amant frappe » dans *Un croyant solitaire*, traduction Dr Benjamin Gross, éd. Organisation sioniste mondiale, 1978, p. 132.

22. Jean-Paul II, pape polonais : le jugement populaire place souvent la Pologne au premier rang des pays antisémites. Raison de plus pour rendre hommage aux Polonais qui ont combattu la haine antijuive, souvent au péril de leur vie. Au 1er janvier 1997, l'Institut Yad Vachem avait décerné le diplôme de Justes des Nations à 4 954 citoyens polonais.

Chapitre 2

1. L'antijudaïsme à Pâques : c'est l'une des raisons pour lesquelles Mgr Léon-Arthur Elchinger, qui, en 1973, présidait la Commission épiscopale française des relations avec le judaïsme, voulut que les « Orientations » sur le judaïsme des évêques français soient publiées l'avant-veille de Pessa'h. Je possède encore le texte qu'il m'avait remis dans cette intention. Sur la première page du texte ronéotypé, il avait ajouté : « Embargo absolu jusqu'au lundi 16 avril à quinze heures » ! Plus précises que la déclaration conciliaire *Nostra Aetate* du 28 octobre 1965, à laquelle, rendant hommage à l'action de Jean XXIII, elles faisaient référence ; plus explicites que la déclaration du Conseil œcuménique des Églises de 1967, ces « Orientations » eurent le courage d'indiquer la signification qu'avait pour les Juifs leur « retour à Jérusalem » et reconnaissaient au peuple juif « les moyens d'une existence politique parmi les nations ». *Cf.* Mgr Léon-Arthur Elchinger, *L'Âme de l'Alsace et son avenir,* La Nuée Bleue, Strasbourg, 1992, p. 191 et suivantes. On notera (voir p. 169) que la formule sur les chrétiens qui « pendant si longtemps ont crucifié les juifs » sera prononcée, au Vatican, lors

de l'office du vendredi saint 10 avril 1998 qui, là encore, coïncidait avec le 14 nissân.

2. Le soufflet du vendredi saint : en 1018, Hugues, chapelain du vicomte Aimeri de Rochechouart, frappa si fort que, rapporte une chronique d'époque, « il fit tomber à terre la cervelle et les yeux du Juif de telle sorte qu'il en mourut sur-le-champ » (Simon Schwarzfuchs, *Les Juifs de France,* Albin Michel, 1975, p. 28).

3. Le pogrome de Kichinev des 6 et 7 avril 1903 provoqua la mort, selon les chiffres officiels, de 49 personnes ; 500 autres furent blessées ; 700 maisons furent pillées et détruites. Deux années plus tard, en octobre, un second pogrome fit 19 morts dans la population juive (EJ 10/1064).

4. Chrétiens du 14 nissân : certains chrétiens observaient les Pâques au 14 nissân, d'où leur nom : les « Quartodécimans ». Considérés comme hérétiques, ils se sont maintenus en Orient jusqu'au Ve siècle.

5. Pessa'h, passage : eu égard à la précision du texte biblique (Ex 12, 27), comment la Bible de Jérusalem (éd. 1998) a-t-elle pu écrire dans son bref commentaire sur Jean 13, 1, qu'« *une* tradition juive *interprétait* le mot Pâque au sens de passage avec référence au passage de la mer Rouge » ? Les notes qui accompagnent la bible de Jérusalem nous semblent, de façon générale, révélatrices de l'attitude majoritaire de l'Église envers l'Ancien Testament et le judaïsme rabbinique.

6. L'agneau en Égypte : dans le Delta, là où les Hébreux habitaient, Atoum, le dieu primordial et créateur du monde, était à la tête de l'ennéade d'Héliopolis ; il se manifestait dans un bélier. L'immolation de l'agneau devait confondre le système polythéiste (Ex 8, 22).

7. Pessa'h, l'agneau et la fête : l'hébreu *'hag* désigne aussi bien l'animal immolé à l'occasion d'une fête que la fête elle-même. Dans la Tora, la formule *'hag ha-pessa'h,* « le *'hag* de *pessa'h* », ne figure qu'une seule fois (Ex 34, 25) et, contrairement aux traductions courantes, doit être rendue par « le *pessa'h* qu'on immole » (EB 6/515 en accord avec les versions araméennes et le Talmud — Pessa'him 70a). D'après r. Chlomo Goren, (*Moa'dé Israël,* éd. Yedioth A'haronot, 1993, p. 235), « Pessa'h » aurait désigné la fête depuis que les premiers compilateurs de la Michna (Hillel et Chamaï vers -30) ont donné le nom de Pessa'him au traité qui inclut les règles aussi bien du 14-15 nissân (celles de l'agneau pascal) que de la fête qui commence le 15 nissân, et que la Tora, elle, appelle *'hag ha-matsot,* « fête des *matsot* » (pluriel de *matsa,* le pain sans levain). Ainsi, dans Marc 14, 1, ne faut-il pas traduire comme le font généralement les Bibles françaises : « La Pâque et les azymes dans deux jours », mais bien « le *pessa'h* [l'agneau de la Pâque] et les Matsot [la fête des

matsot] dans deux jours ». Il arrive aux trois premiers Évangiles d'appeler Matsot (*tôn azumôn*, les « Azymes ») la fête que Jean va dénommer Pasqha (Matt 26, 17 ; Marc 14, 12 ; Luc 22, 1 et Jean 13, 1). Le terme de *korbân pessa'h*, courant dans le langage rabbinique pour différencier l'animal de la fête, n'apparaît ni dans la Bible ni dans la littérature talmudique. Apparemment, les tossaphistes du Moyen Âge furent les premiers à en faire usage.

8. Sacrifice et *korbân* : le sens habituel donné à la notion de sacrifice se reconnaît aussi dans l'évolution du mot « victime », qui, à l'origine, désigne une « créature vivante offerte en sacrifice aux dieux » (Le Robert). L'hébreu moderne, qui a sans doute emprunté à l'anglais, n'a pas échappé à ce travers. On lit couramment dans les journaux israéliens que « les accidents de la circulation ont causé tant de *korbanot* ». Le linguiste Abba Bendavid condamne cet usage, ajoutant : « Qui écrit en hébreu doit aussi accepter les limites qu'imposent ses concepts, sa manière de penser et de s'exprimer » (*Lechonénou la-am*, éd. de l'Académie israélienne, p. 62). *Korbân* et proximité : Samson Raphaël Hirsch, sur Lév 1, 2 ; Roland de Vaux, *Les Sacrifices de l'Ancien Testament*, Cahiers de la Revue biblique, n° 1, p. 31.

9. Égorgement et *korbân* : si la mise à mort d'un *korbân* était la conséquence obligée du culte, elle n'en était pas le facteur déterminant. Dans le cas d'un *korbân* individuel, le service sacerdotal proprement dit commençait seulement *après* l'égorgement. Selon le Talmud, le grand prêtre 'Ély, qui officiait au sanctuaire de Chilo après l'entrée des Hébreux en Canaan, ignorait cette règle que le jeune Samuel allait lui apprendre par une déduction scripturaire (Berakhot 31b). Au cours de leur longue pérégrination dans le désert, les Hébreux n'étaient autorisés à manger que la viande d'un animal traité en *korbân*. C'est seulement après l'entrée en Canaan que cette règle sera levée (Deut 12, 26). Cependant, l'égorgement d'un quadrupède ou d'un volatile destinés à la consommation continue à réclamer les mêmes prescriptions — abondamment codifiées dans le Talmud — que celles d'un *korbân*. Leur mise en œuvre sacralise le geste qui fait périr l'animal, refuse d'en faire un acte banal. Il y a dans tout égorgement une part d'immolation, qui seule rend la viande *cachère* (« apte » à la consommation).

10. Jésus donne sa vie en rançon : Matt 20, 28.

11. Agneau et bouc émissaire (Lév 16, 10) : on notera ces lignes de René Girard : « L'expression bouc émissaire n'est pas là, certes, mais les Évangiles en ont une autre qui la remplace avantageusement et c'est l'*agneau de Dieu*. Tout comme bouc émissaire, elle dit la substitution d'une victime à toutes les autres mais en remplaçant les connotations

répugnantes et malodorantes du bouc par celles toutes positives de l'agneau, elle dit mieux l'innocence de cette victime, l'injustice de sa condamnation, le sans cause de la haine dont elle fait l'objet » (René Girard, *Le Bouc émissaire*, Grasset, 1983, p. 169). Le cas du « serviteur souffrant », dans lequel Matthieu (7, 17) reconnaît Jésus, n'évoque pas davantage le *korbân*. Identification avec l'agneau pascal : I Co 5, 7 ; Jean 1, 29 et 36 et surtout 19, 36. Sur l'interdiction de briser les os du *pessa'h* : Ex 12, 46 et Nbr 9, 12.

12. Jésus, « victime parfaite » : André-Marie Gerard, *Dictionnaire de la Bible*, Robert Laffont, 1991, p. 1218, qui cite, notamment, He 9, 11-15, 28. Isaac : Rabba 64, 3 sur Gen.

13. La lutte de Jacob, appelé « Israël » (Gen 32, 29) : le Pr. Ithamar Gruenwald : « L'interminable silence d'Abraham après la ligature résonne à mes oreilles comme un cri de protestation » (*Haarets*, 11 mai 1997).

14. La ligature dans la liturgie : la lecture liturgique de la Tora qui, à Roch Hachana, fait le récit de la ligature n'est justifiée dans le Talmud que par le début du récit : les visitations de Dieu à Sara et à 'Hanna, qui auraient eu lieu à Roch Hachana (Berakhot 29a). Évocation de la ligature lors des jours de jeûne : Ta'anit 2, 4.

15. L'esprit de la Pâque juive, écrit Marcel Simon, se trouve ainsi fondamentalement changé. De fête joyeuse, commémorant la sortie d'Égypte, elle devient dans sa transposition chrétienne une fête triste, jour de pénitence « vicaire » pour les péchés du peuple « aveuglé ». *Cf. Verus Israël, op. cit.*, p. 362.

16. Holocauste : la conscience juive refuse d'identifier le martyre d'Israël avec l'une ou l'autre forme de « sacrifice ». Elle ne saurait accepter le terme d'« holocauste » par lequel on a qualifié la tentative de génocide dont le peuple juif fut la victime. Ce qu'ignoraient sans doute, en 1992, les conseillers du président Lech Walesa. Lors de sa visite officielle en Israël, il offrit un candélabre — toujours exposé dans la salle de réception du palais présidentiel. Encore que l'inscription hébraïque soit quelque peu ternie, on déchiffre, au verso, sur une vue panoramique du portail d'Auschwitz, le texte suivant de l'Exode (13, 21-22) : « L'Éternel marchait devant eux le jour dans une colonne de fumée pour leur montrer le chemin et la nuit dans une colonne de feu pour les éclairer... » Le pape et les déportés : voir sermon de Jean-Paul II, à Lorch, en Autriche, le 25 juin 1988.

17. Sortie d'Égypte : Ex 8, 18 ; 9, 16 ; 23, 9 ; Jé 17, 14 et 15. Dans le Décalogue : Ex 20, 2 et Deut 5, 6.

18. Le Décalogue dans le Nouveau Testament : Matt 19, 18 ; Marc 10, 19 ; Luc 18, 20 ; Ro 13, 8.

19. *Contes et Légendes d'Israël,* par A. Weil (illustrations de Kuhn Régnier), paru pour la première fois en 1928 dans la collection des « Contes et Légendes » de Fernand Nathan, fut le livre de chevet de nombre d'enfants juifs en France, pendant une période difficile de leur histoire.

Chapitre 3

1. Synoptiques : ainsi nommés parce qu'un « regard d'ensemble » permet de suivre des récits différents. Johann Jakob Griesbach, note Klausner, fut le premier, à la fin du XVIIIe siècle, à désigner par ce terme les Évangiles de Matthieu, Marc et Luc.

2. Multiplication des pains : Matt 14, 13 ; Marc 6, 30 ; Luc 9, 10. Pour Jean, voir l'ensemble du chapitre 6. Les « doublets » (Matt 15, 32 et Marc 8, 1) ainsi nommés par la Bible de Jérusalem (p. 1435, note d) présenteraient « un même événement selon deux traditions différentes ».

3. Cette donnée apparaît avec netteté dans la traduction de Claude Tresmontant, dont nous respectons l'orthographe et la présentation :

> « ils étaient proches les jours de pesah
> la fête des judéens
> et alors il a levé les yeux ieschoua
> et il a vu qu'un peuple nombreux venait vers lui
> et il a dit à philippos
>
> d'où achèterons-nous du pain
> afin qu'ils mangent ceux-ci. »

Claude Tresmontant a « systématiquement restauré la construction hébraïque qui se trouve sous le texte grec et remis des propositions commandées par des verbes à l'indicatif, là où le texte grec nous offre une construction dans laquelle le première proposition est régie par un participe » (*Évangile de Jean,* éd. F.-X. de Guibert, 1994).

4. Le Baptiste s'appelait Yo'hanan (Jean, dans les traductions françaises). Nous continuons à le désigner par ce qualificatif afin d'éviter toute confusion avec l'auteur du quatrième Évangile. Dans la Tora et la littérature rabbinique, l'immersion vise essentiellement à *laver* une personne d'une impureté rituelle. Elle n'a pas de rapport avec la pureté spirituelle, obtenue par un « retour »... spirituel. Le Baptiste, qui s'est inspiré des esséniens, peut-être aussi d'Ézéchiel, exigeait ce *retour* — le repentir

pour les fautes commises — avant immersion. Jésus s'est rendu auprès du Baptiste pour être immergé par ses soins et aussitôt, disent les Évangiles, l'Esprit saint s'est posé sur lui. Quant au baptême chrétien, il apparaît après la mort de Jésus (Actes 2, 38), devient sacrement, qui, à son tour, procure le pardon et la présence de l'Esprit saint. Voir David Flusser, *Jewish Sources in Early Christianity*, 5e éd. Da'at Zemanénou 1994, p. 21, p. 81-111, en hébreu. Mise à mort du Baptiste et craintes d'Antipas : Flavius Josèphe, *Antiquités*, 18, 5, 2.

5. Jésus renversant les tables des changeurs : Jean 2, 15 (voir aussi note 19 du chap. 8).

6. Guinossar : ainsi nommé d'après le 1er Livre des Maccabées (11, 67). Prononciation différente de « Kinnéret ». *Cf.* Gennésaret dans les Évangiles (Marc 6, 53 ; Luc 5,1) qui, pareillement à « Tibériade », a donné son nom au lac tout entier.

7. Communauté de destin entre Élie et Jésus : Marc 9, 12-13.

8. Jésus enseigne sur le bord du lac : Luc 9, 11 ; Marc 6, 34.

9. Le *séder* hors de Jérusalem : Yosef Tabory, *The Passover Ritual Throughout the Generations*, Hakibbutz Hameuchad, 1996, p. 79 et 91, en hébreu.

10. La Mekhilta, dont la *deracha* sur la date et le moment du *séder* est partie (Bo 17), est attribuée à des tanaïm du IIe siècle ; mais il faut se souvenir que, selon la tradition talmudique, les maîtres ne sont souvent qu'un maillon d'une chaîne forgée antérieurement. Apparemment, c'est dans la Mekhilta qu'on a ajouté la première version écrite de la Hagada de Pessa'h (Shmuel Safrai et Ze'ev Safrai, *Haggada of the Sages*, Carta 1998, p. 66, en hébreu).

11. Calendrier : ce n'est que plusieurs décennies après Jésus, à l'époque de Rabban Gamliel II, que le Sanhédrin installé à Yabné réussit à imposer un calendrier absolument uniforme pour tout Israël (Tal. Roch Hachana 25a). Sur l'usage d'autres calendriers peut-être en usage au temps de Jésus, voir Annie Jaubert, *La Date de la Cène,* J. Gabalda, 1957.

12. Jésus à Jérusalem pour les fêtes de pèlerinage : Jean 2, 23 ; 5, 1 ; 7, 10 ; Luc, 2, 41.

13. La *matsa,* symbole de la libération : Pessa'him 10, 5.

14. Introduction araméenne de la Hagada : selon Y.L. Zunz (*Derachot be-Israël,* éd. par 'Hanokh Albek, Mossad Bialik 1947, p. 61), l'introduction araméenne, commençant par *Ha la'hma 'ania,* pourrait appartenir aux passages les plus anciens de la Hagada. E.D. Goldschmidt, qui cite Zunz, écrit que ce texte remonte à l'époque hasmonéenne (E.D. Goldschmidt, *The Passover Haggadah, its Sources and History,* Bia-

lik Institute, 1960, p. 7, en hébreu). Les premiers manuscrits à peu près complets de la Hagada datent de l'époque des Gaonim et notre formule y figure bien, notamment dans les Hagadot attribuées à 'Amram Gaon (mort vers 875) et à Natronaï Gaon, lequel précise que le texte consigné répond à la tradition du Talmud et des Gaonim. L'absence de ces lignes en araméen dans d'autres manuscrits s'explique parce qu'il s'agit d'une *introduction* qui n'appartenait pas au corps même de la Hagada, comme le rapportent, dans leurs commentaires sur la Hagada, divers auteurs du Moyen Âge. Sur la signification de *'Ania* (Deut 16, 3) et les dissertations auxquelles le pain azyme donne lieu, voir ci-après, chapitre 13.

15. La *matsa* fracturée évoque le « pain du pauvre », selon l'introduction araméenne de la Hagada (et l'usage pratiqué au début du *séder,* consistant à morceler une *matsa,* conformément à Berakhot 39b). Dans une perspective biblique bien plus large, le pain fracturé, ou plus exactement le repas pris en commun, est l'un des signes d'une alliance. Témoins privilégiés de l'Alliance du Sinaï, Aron, 'Hour, Nadav et Avihou ainsi que les soixante-dix Anciens vont « manger et boire » (Ex 24, 11). Le 'Hizkouni, un exégète rabbinique du début du XIVe siècle, dont le commentaire est particulièrement précieux parce qu'il rapporte des enseignements traditionnels dont les sources ont disparu, écrit « qu'ils ont agi à l'instar des personnes qui contractent une alliance ». Voir aussi Jos 9, 14. Peut-être la *matsa* partagée sur le bord du lac, ou pendant la Cène, traduit-elle la même idée. Après la résurrection aussi, Jésus réapparaît pour distribuer à ses disciples le pain ainsi que le produit d'une pêche miraculeuse (Jean 21, 13) ou pour partager avec eux leur repas. Ils le reconnaissent précisément à « sa manière de fracturer le pain » (Luc 24, 30-35). Parce qu'ils sont les « témoins prédestinés par Dieu », disent les Actes, les apôtres ont « mangé et bu avec lui après sa résurrection » (10, 14). Voir Gilles Bernheim, *Un rabbin dans la cité,* Calmann-Lévy, 1997, p. 123 et suivantes. À Qumrân, on pensait qu'au repas communautaire « le Messie d'Israël étendra ses mains sur le pain », après la bénédiction du prêtre, et avant celle de « toute la Congrégation de la Communauté, chacun étant déterminé selon sa dignité » (Rouleau de la Règle, règle annexe 2, 20-21, André Dupont-Sommer, *Les Écrits esséniens de la mer Morte,* Payot, 1996, p. 123).

16. Azyme : mot d'origine grec, composé du *a* privatif et de *zumé,* « levain », entré dans la langue française à partir de la terminologie dont usent la Septante et le Nouveau Testament. L'hébreu dit *matsa,* peut-être d'une racine « sucer », qui renverrait à l'idée d'un pain dont on a extrait le superflu. Quoi qu'il en soit, la *matsa* évoque le pain non trafiqué, absolument pur. Sa structure biochimique est celle d'un polysaccha-

ride non digéré par les enzymes des levures. On notera par ailleurs que confectionner du pain à la hâte, avant que la pâte ne lève et à même la braise, n'avait rien d'exceptionnel. C'était un usage courant, comme il l'est aujourd'hui encore chez les Arabes de la région (EB 5/226.)

17. L'orge était la première des céréales à mûrir. Sa moisson ne devait pas commencer avant le deuxième jour de Pessa'h et ses prémices devaient être offertes au Temple. Cependant, la Michna témoigne (Pessa'him 4, 8, Mena'hot 10, 5) qu'en dépit des protestations rabbiniques l'agriculteur n'attendait pas toujours cette échéance. Il n'est pas indifférent que, lors de la multiplication des pains dont la Bible hébraïque fait mention (II R 4, 42 et suiv.), il s'agit également de pains d'orge, le miracle d'Élisée ayant lieu à la même époque de l'année (*Da'at Mikra* dans la Bible commentée, éd. Rav Kook). Dans le rêve rapporté à Gédéon (Ju 7, 13), il est question d'un « pain d'orge » qui, en roulant, se brise dans le camp ennemi : le rêveur a reconnu un pain d'orge, parce qu'on avait l'habitude de cuire sans levain ce genre de galette *(tsalil)* ; bien que dure, la *matsa* restait comestible (voir là encore *Da'at Mikra*). On ne saurait oublier non plus que, dans la tradition caraïte, la *matsa* de Pessa'h est préparée exclusivement avec de la farine d'orge, et la Tossefta enseigne que la *matsa* des Caraïtes était rigoureusement azyme. Enfin, si l'étymologie de *matsa* est douteuse, ce même mot désigne l'*orge* en grec (la Bible grecque, en ce qui la concerne, fait appel à un autre terme).

18. Le pain, la *matsa* et l'hostie : certes, les textes parlent simplement de « cinq pains ». Mais dans la Tora (notamment Ex 25, 30 — à propos du « pain des faces » qui était azyme — Mena'hot 5, 1 et Ex 29, 23 et 32), on désigne la *matsa* par le vocable « pain ». Dans les Synoptiques, aussi, qui font coïncider la Cène avec le *séder*, il sera question de « pains », et la mémoire chrétienne a justement retenu qu'il s'agissait d'azymes. Il est vrai que l'Église orthodoxe ne le comprend pas ainsi et que, pour elle, le pain de la Cène ainsi que l'hostie ne sont pas azymes. Mais, note Chwolson (*op. cit.*, p. 55), l'idée selon laquelle *artos* (pain) s'opposerait à *azuma* pour désigner spécifiquement le pain ordinaire est tardive (XIe siècle).

19. Jacob aussi, à la veille d'une épreuve décisive, « était resté seul ». La référence n'est pas fortuite. *Cf.* Gen 32, 24.

20. La foule demeure sur place : d'après Matthieu et Marc, Jésus avait renvoyé les gens et dit aux apôtres qu'il les verrait sur l'autre rive.

21. Capharnaüm : forme grecque (dans les Évangiles) de Kfar Na'houm, « le village de Na'houm ». De nombreuses localités dans l'Israël d'aujourd'hui sont composées avec le mot *kfar*. Par exemple, Kfar

Saba, ville de la plaine qui compte plusieurs dizaines de milliers d'habitants, ou le kibboutz Kfar Etsion. Quant à la signification française du terme, elle se réfère peut-être à la description qu'évoque un texte de Marc (2, 2) : venue écouter Jésus à Capharnaüm, la foule s'assembla devant la porte de la synagogue où, là encore, la place manquait. À moins que, dans l'esprit des néologues concernés, le désordre et le bric-à-brac dussent caractériser les synagogues...

22. Le critère de l'« inerrance historique » : les théologiens qualifient d'*inerrance* le « privilège des auteurs inspirés de ne pas dire d'erreurs doctrinales ou morales ». Le signe qui, selon Moïse, assurera aux Hébreux que l'Élu est désigné par Dieu pourrait être appelé d'*inerrance historique*, ou preuve par l'Histoire (voir Deut 18, 14 et suivants, et dans le Talmud, Sanhédrin 89a). Ce critère fait suite à une première mise en garde (Deut 13, 2) : ferait-il des signes et des prodiges qui dépassent l'entendement, un prophète ne saurait se prévaloir de ce titre s'il n'est pas fidèle au Dieu unique et à ses préceptes. De ce point de vue, nul reproche n'est formulé contre Jésus. « Qui d'entre vous peut m'accuser au sujet d'une faute ? » demanda-t-il aux Judéens (Jean 8, 46). Voir Marie Vidal, *Un Juif nommé Jésus,* Albin Michel, 1996, p. 110. Il n'en est pas question non plus au moment de son « procès ». Voir les confrontations de Jérémie et de Michée fils de Yimla avec les faux prophètes : Jé 26 à 29 ; I R 22, 11 et 24, ainsi que Sanhédrin 89 a. Au XIIe siècle, Maïmonide consacre de nombreuses pages au problème des faux prophètes et au critère indiqué. Lui aussi, à une époque où les persécutions en terre musulmane veulent obliger les Juifs à se convertir, doit montrer à ses contemporains désespérés et quelquefois saisis par le doute qui est prophète et qui ne l'est pas. Il conclut pour sa part que le prophète authentique, celui qui est inspiré par Dieu, ne saurait innover. Il peut exiger obéissance seulement hors du domaine de la législation religieuse, laquelle dépend exclusivement de l'autorité rabbinique ! (Introduction au Traité de Zeraïm dans son *Commentaire sur la Michna.*)

Chapitre 4

1. Je ferai revenir les captifs : Amos 9, 14-15.

2. Le prophète défiant Dieu : Abraham défend les villes pécheresses de Sodome et Gomorrhe (Gen 18, 25) ; Élie sur le Carmel (I R 18, 37 — selon la lecture du Talmud en Berakhot 31b). Après le péché du Veau d'or, quand Dieu annonce la fin d'Israël en faveur d'un nouveau peuple dont Moïse serait le père, celui-ci s'écrie : « Si tu ne leur pardonnes pas, efface-moi de ton livre » (Ex 32, 32). Dans le Talmud (*id.* 32a),

rabbi Abahou (IIIe-IVe siècle, Césarée), célèbre pour ses polémiques avec les chrétiens, affirme que Moïse « saisit le Saint béni soit-Il comme un homme qui saisirait quelqu'un par son vêtement. Et s'écria : Maître du monde, je ne te laisserai pas jusqu'à ce que tu leur pardonnes et les absolves ».

3. *Haftara* (plur. *Haftarot*) : quand, sans doute au IIe siècle avant Jésus, l'occupant grec interdit la lecture de la Tora, les maîtres de l'époque instituèrent celle de passages précis tirés des Prophètes qui, d'une manière ou d'une autre, évoquaient les thèmes de la lecture liturgique : la *Haftara*. Lorsque la censure cessa, on décida de maintenir cet ajout prophétique. Après le jeûne d'av, commémorant la destruction du Temple, on lit pendant les sept chabats suivants et jusqu'aux fêtes de Tichri sept textes d'Isaïe appelés « *Haftarot* de la consolation ». Notamment le chapitre 61, mais à partir du v. 10. La longueur des *Haftarot* et leur choix varient selon les usages. Le jeûne d'av fut institué après la destruction du premier Temple (*cf.* Za 7, 5), et rien n'interdit de penser que des textes de consolation, surtout depuis le décret de Cyrus, faisaient partie des lectures liturgiques à l'époque de Jésus. Sur le texte lu par Jésus : Luc 4, 20 (selon la version des Septante qui accrédite la guérison miraculeuse des aveugles).

4. Soucot — l'opposition à Jésus : dans l'Évangile de Jean, l'indication de temps figure au début du chapitre 5, juste avant qu'il ne rapporte les événements qui se sont passés au bord du lac et à Kfar Na'houm, relatés au chapitre suivant. S'il y a continuité dans le récit, la fête passée à Jérusalem devait bien être Soucot, six mois plus tôt, et la réaction de l'autorité rabbinique contre Jésus pourrait provenir de l'appui qu'il aurait donné aux sadducéens. Du moins les rabbins ont-ils pu interpréter dans ce sens son intervention aux piscines à « la Porte du troupeau de petit bétail » (Jean 5, 2). Il a semblé dire à un infirme qui désespérait de guérir, parce que personne ne le poussait dans l'eau quand elle commençait à s'agiter, de laisser là l'eau des piscines, d'avoir la foi, de prendre son grabat et de marcher ! Or l'un des débats essentiels entre sadducéens et pharisiens concernait les libations d'eau sur l'autel du Temple pendant Soucot. Les sadducéens s'y opposaient parce que la Tora n'en donnait pas l'ordre explicite, à quoi les rabbins répondirent en instituant à Soucot des fêtes magnifiques en l'honneur des libations, ce qui rendait ces manifestations encore plus populaires. Le Talmud (Souca 49a) rapporte la croyance selon laquelle des conduits créés depuis toujours amenaient l'eau des libations jusqu'aux profondeurs de la terre. Un autre texte (*id.* 53a) évoque leur remontée. Bref, on a dû imaginer, et le plus logiquement du monde, qu'au moment où l'eau des piscines

commençait à s'agiter sous l'effet du vent — à l'automne commençant — c'étaient les eaux des libations qui remontaient... et que ces eaux-là, pour avoir été versées sur l'autel, avaient un pouvoir curatif ! Jésus a pu être accusé d'avoir mis en doute ce pouvoir et, partant, le principe même des libations. Il pourrait ressortir de la juxtaposition dans le Talmud (*id.* 48b) des récits sur les conduits et sur l'incident provoqué par un prêtre sadducéen refusant les libations — d'après Flavius Josèphe, il s'agissait du roi Alexandre Jannée — que le rejet par les sadducéens de la croyance en ces conduits était caractéristique de leur opposition aux libations d'eau. Chez Jean, la colère de l'autorité rabbinique est attribuée au fait que cette guérison eut lieu un chabat ; que ce jour-là l'infirme n'aurait pas été en droit de porter son matelas. Mais y avait-il dans ce cas particulier transgression du chabat ? Il convient de légiférer selon les principes rapportés ci-après, p. 84. Le quatrième Évangile semble imputer leur dispute avec Jésus à une observance tâtillonne des lois du chabat. Cependant, chez Matthieu (9, 1-8), qui rapporte la guérison du grabataire (à Kfar Na'houm, pas à Jérusalem), il n'est pas question de chabat. De la même façon, Jean (9, 14) situe la guérison — désavouée par ses adversaires — d'un aveugle pendant chabat, alors que Marc (8, 22-26) rapporte cette guérison sans faire mention ni du chabat ni d'un quelconque désaveu.

5. Le désert : au fur et à mesure qu'après la faute des explorateurs le temps du désert va se prolonger, il deviendra une période idéale (Jé 2, 2). Les Hébreux étaient face à Dieu, comme autant d'anachorètes, conviés à prendre leurs responsabilités sacerdotales au plan universaliste (Ex 19, 16) sur la terre que Dieu leur a octroyée.

6. Moïse obtient le don de la manne : Rabba 1, 2 sur Nbr comprend à la lettre Deut 8, 3 : « La manne que tu n'as pas connue et que n'ont pas connue tes pères », c'est-à-dire les patriarches. Le mérite des patriarches ne suffisait pas ; la manne fut accordée aux Hébreux grâce au mérite de Moïse. Premier et dernier libérateur : Rabba 9, 1 sur l'Ecclésiaste, texte rapporté par Hermann L. Strack et Paul Billerbeck, *Das Evangelium erlaütert aus Talmud und Midrasch,* Munich, 1924, vol. 2, p. 481. Sur la présence du Midrach dans le Nouveau Testament, voir aussi Frédéric Manns, *Une approche juive du Nouveau Testament,* Cerf, 1998.

7. La manne égalitaire : Ex 16, 18 ; II Co 8, 13.

8. Moïse et Jésus : dès le début du Nouveau Testament, Jésus est voué à continuer la mission de Moïse. Pourquoi la sainte famille fuit-elle en Égypte ? Parce que (Matt 2, 16 et 20) les rois mages avaient informé Hérode de la naissance, à Bethléem, de l'enfant messie, si bien qu'il ordonna la mise à mort de tous les nourrissons du bourg. Or,

rapportent Rabba 1, 18 sur Ex (1, 18) et Sanhédrin (101b), si le pharaon avait donné l'ordre de jeter les bébés d'Égypte dans le Nil (Ex 1, 22), c'est parce que ses astrologues lui avaient révélé la naissance du libérateur. Jésus jeûnera quarante jours et quarante nuits (Matt. 4, 2) à l'image de Moïse qui, au Sinaï, se priva de nourriture quarante jours et quarante nuits (Ex 34, 28). Et dès l'époque des Pères de l'Église, notent Gérard Mordillat et Jérôme Prieur *(Corpus Christi — Pâque)*, les commentateurs ont reconnu dans la description de Jésus en croix l'image de Moïse lors de la guerre contre Amalek, alors que Aaron et 'Hour lui soutenaient les bras, « l'un d'un côté, l'autre de l'autre » (Ex 17, 12). Particulièrement frappant à cet égard est le long discours d'Étienne (Actes 7), qui cite notre verset du Deutéronome (« Dieu vous suscitera d'entre vos frères un prophète comme moi »). Il appliquera à l'ensemble du peuple juif la rebuffade qu'un esclave hébreu (Ex 2, 14) avait opposée au jeune Moïse : ainsi, le refus des Juifs de reconnaître l'autorité de Jésus s'inscrit dans la longue tradition d'Israël de désobéissance à Moïse...

9. Panier : nous traduisons *tsintséneth* (Ex 16, 33) par « panier », selon la première explication de Gesenius dans son dictionnaire.

10. La *matsa* en Égypte : Ex 12, 8. Voir *id.* 39 et Rachi sur Ex 16, 1 et 35. Selon la tradition mystique, la libération d'Égypte libère de l'impureté. Les quarante-neuf jours de marche, de l'Exode à la promulgation de la Tora au Sinaï, évoquent les « quarante-neuf portiques conduisant à la pureté » que les Hébreux devront franchir avant d'être en mesure de recevoir le Décalogue. Dans ce contexte, la nourriture a des conséquences psychosomatiques, le « pain » doit être d'une absolue pureté. Pour Chlomo Goren (*op. cit.*, p. 238 et suiv.), les Hébreux devaient manger la *matsa* en Égypte, à titre de préparation spirituelle, avant de s'engager dans le désert.

11. Jésus « vient d'en Haut » : Jean 3, 31 ; 8, 23 ; 12, 45.

12. Le messie chargé de délivrer Israël de l'occupant : Luc 1, 71 ; 24, 21 ; Actes 1, 6.

13. Le signe de Jonas : voir ci-après, fin du chap. 8.

14. L'homme vit de tout ce qui sort de la bouche de L'Éternel : Deut 8, 3 et Matt 4, 3.

15. Assimiler la manne-Tora : le psaume 78 indique que, pour nourrir les Hébreux dans le désert, Dieu fit pleuvoir la manne que l'auteur appelle « *lé'hem* [pain] des *abirim* [puissants] ». La Septante et le Targoum traduiront : le « pain des anges ». Paul dira que c'est un « aliment de l'esprit » (I Co 10, 3). Dans le Livre de la Sagesse, un ouvrage apocryphe qui fait partie de la Bible chrétienne, on peut lire également (16, 20) : « C'est une nourriture d'anges que tu as donnée à ton peuple

et c'est un pain tout préparé que, du Ciel, tu leur as envoyé inlassablement. » À Rabbi Akiba (Yoma 75b) qui, lui aussi y reconnaît le « pain des anges », Rabbi Yichmaël, son contradicteur, fait remarquer que les anges ne se nourrissent pas ! Aussi veut-il lire (l'hébreu n'est pas vocalisé) *lé'hem ébarim,* le « pain des organes », référence aux 248 organes qui composent le corps de l'homme — le chiffre est conventionnel —, correspondant aux 248 injonctions bibliques. Un organe par *mitsva,* une *mitsva* pour pénétrer chacun des organes de l'homme ! La manne nourrissant les Hébreux, chargés d'assimiler la Tora pendant quarante années de pérégrinations dans le désert, ce pain céleste qui avait la faculté de « rassasier », de maintenir l'homme en vie d'un point de vue biologique, devait aussi satisfaire sa soif de connaissance et de spiritualité, et lui permettre d'obéir aux injonctions de la Tora. Références : les « mangeurs de manne » : Mekhilta, Bechala'h 17 ; la manne semblable à la Voix de Dieu : Rabba 5, 9 sur Ex ; le « pain de la terre » : Ps 104, 14 ; toutes les lettres de l'alphabet figurent dans Ex 16, 16 — il n'y a qu'un seul autre verset dans la Tora à avoir cette particularité. Nombre des injonctions de la Tora : Ohalot 1, 8 ; Macot 23b. Voir encore à propos de la manne : ci-après, chap. 12.

16. Pain = Tora : le Midrach (Rabba 70, 5 sur Gen) repris dans d'autres passages talmudiques est d'autant plus remarquable qu'il est rapporté à propos d'Aquilas, un païen converti au christianisme, avant d'en venir au judaïsme. Aquilas est l'auteur d'une traduction de la Bible en grec particulièrement proche de l'original hébreu, citée par saint Jérôme, et que les rabbins du IIe siècle qui l'avaient entendue de la bouche d'Aquilas ont adoptée de préférence à la Septante. Selon notre Midrach, Aquilas aurait été choqué par ce propos du Deutéronome (10, 18) : « Dieu aime l'étranger [*guer* que l'on peut comprendre dans le sens de *guer tsédek,* « le converti »] en lui donnant pain et vêtement. » Ce serait là, s'étonne Aquilas, toute la faveur que Dieu témoigne à qui embrasse la foi de Moïse ? Et Rabbi Yehochoua, célèbre par ailleurs pour ses polémiques avec les premiers chrétiens, de répondre que le pain dont il est question, c'est la Tora ! Le converti peut recevoir sans restriction tout l'enseignement de la Tora. Au plan psychanalytique, le thème de la consommation du pain = Tora est traité par Gérard Haddad dans *Manger le Livre,* Grasset, 1984.

17. L'enseignement de Jésus selon Matthieu : 4, 23 ; 7, 28-29.

Chapitre 5

1. Les villes maudites : Matt 11, 20 et Luc 10, 13.

2. Les signes de Jésus en faveur des malades : Jean 6, 2 ; Matt 11, 2 à 5 (réponse de Jésus au Baptiste).

3. Pèlerinages sur les tombes : encore que religieusement contestée, la prière sur la tombe des justes ou de rabbins réputés miraculeux est un phénomène irréductible. À Netivot, aux abords du Néguev, est enterré Baba Salè (*Baba,* de *aba,* qui signifie « père » dans le Nouveau Testament), un contemporain considéré comme rabbin miraculeux ; à Méron, en Galilée, la tombe d'un tana célèbre, rabbi Shimon bar Yo'haï, auteur du Zohar selon la tradition, jouxte plusieurs salles de prières qu'on a intégrées à l'édifice ; les derniers rabbis de Loubavitch ont été portés en terre à Brooklyn et chaque année, à l'époque des fêtes qui précèdent Kippour, d'innombrables hassidim s'en vont à Ouman, en Ukraine, sur la tombe de rabbi Nahman de Braslav, fondateur du courant hassidique qui porte son nom.

4. Pharisiens... esséniens : la division classique entre pharisiens, sadducéens, esséniens et les définitions qu'on en donne généralement — comme si les positions étaient fortement et toujours tranchées — pèche par excès de simplifications. Elle puise aux écrits de Flavius Josèphe mais plus encore à une lecture superficielle ou à des traductions erronées des textes concernés. Les tanaïm, ou les premiers rabbins du Talmud, ne se confondent pas, ou pas nécessairement, avec les PhaRiSiens, qui s'étaient « séparés » (du radical P-R-Sh) du commun *(am haarets)* en vue, notamment, d'observer des règles de pureté non obligatoires. De nombreux chercheurs admettent, aujourd'hui, que les adeptes du système consigné dans le document de Qumrân — apparemment une « épître » dans le style de celles du Nouveau Testament — et désigné sous l'appellation 4QMMT (*Miktast Maassé haTora,* trouvé dans la quatrième grotte de Qumrân) qui prônent la séparation, voire une forme de sécession, étaient des sadducéens ; lesquels sadducéens, comme en témoigne la Michna, pouvaient être plus scrupuleux que les tanaïm dans l'observance de la Loi orale... Dans le Talmud même, la référence aux pharisiens implique, souvent, une connotation péjorative. Y compris dans les invectives des sadducéens contre les Sages et que le Talmud semble rapporter telles quelles, sans devoir accepter pour autant le blâme qu'elle sous-tend. Cette forme d'invective a pu inspirer Jésus, ou les auteurs des Évangiles, traitant les rabbins de « pharisiens ». La plupart de ces éléments ont fait l'objet d'un exposé d'Ithamar Gruenwald, à la réunion annuelle de la Société des études du Nouveau Testament, en

août 1998, à Copenhague. Voir aussi : Étienne Nodet, Julien Taylor, *Essai sur les origines du christianisme*, Cerf, 1998, p. 150.

5. 'Hassidim du Moyen Âge : courant mystique, mais surtout ascétique et perfectionniste qui, aux XII-XIIIe siècles, subit les persécutions antijuives de l'Europe des croisés. À ne pas confondre avec le mouvement du même nom fondé par le Baal Chem Tov, au XVIIIe siècle. Ni avec les 'hassidim de tendance pharisienne, auxquels, selon Chemouel Safraï, appartenait Jésus (voir Salomon Malka, *Jésus rendu aux siens, op. cit.*, p. 179).

6. La censure dans les Évangiles : au début du chapitre 8 de Jean, Jésus accorde le pardon à la femme adultère. Ce passage manque dans la plupart des premiers manuscrits. Selon l'une des deux hypothèses que se partagent les critiques, « ce passage a été retranché très anciennement. Augustin [...] écrit que certains dont la foi était faible, ou plus exactement ennemis de la foi véritable, ayant peur que l'on ne tire de cette page une raison d'excuser leurs femmes infidèles, l'ont retirée de leurs manuscrits » (Claude Tresmontant, *op. cit.*, p. 201).

7. Le Décalogue promu dans le désert : Rabba 1, 7 sur Nbr et 5, 9 sur Ex.

8. « Pessa'h *bis* » : Nbr 9, 10.

9. Les sicaires chez 'Hanania ben 'Hizkiya : J/Chabath 1, 4 ; EH 8/672.

10. Les changements de système dans le Talmud : 'Érouvin 13b et J/Yebamot, fin du premier chapitre (pour la datation) ; Berakhot 28a et Baba Metsia 59b (ci-après, chapitre 6).

11. Fils de l'homme : dans la Bible hébraïque, Ézéchiel (plus de cent fois !) et Daniel (8, 17) sont appelés « Fils de l'homme ». La formule pourrait évoquer une mission de caractère divin dont un personnage est investi en dépit de sa condition humaine.

12. Le miracle comme preuve : comparer Matt 9, 6 avec Ex 8, 18 où Dieu punit Pharaon par l'intermédiaire des dix plaies « pour que tu saches que Je suis le Seigneur au milieu de la terre ». L'évangéliste veut assimiler l'action miraculeuse de Jésus à l'intervention miraculeuse de Dieu en Égypte. Voir aussi Matt 23, 39 et Ex 10, 28. Selon Jean (12, 37), le crime des Juifs est de ne pas avoir cru en Jésus « bien qu'il ait fait tant de signes devant eux ». Leur incrédulité, ajoute-t-il, avait été annoncée par Isaïe. « C'est précisément l'historiographie biblique qui nous apprend que des événements dans lesquels on croit reconnaître le "doigt de Dieu" ne déterminent ni la foi en Dieu ni le culte de Dieu. La génération qui a vu signes et prodiges en Égypte et sur la mer Rouge et à laquelle la Présence divine s'est révélée n'est pas devenue croyante.

[...] À l'inverse, nombreux sont ceux qui ont adhéré à Dieu et à sa Tora, hommes, femmes, enfants qui ont donné leur vie pour Dieu et la Tora, parmi les générations auxquelles la Présence divine ne s'est jamais révélée, qu'aucun prophète n'a assistées, et pour lesquelles aucun miracle n'a été accompli » (Yeshayahu Leibowitz, *Emouna, Historia ve-Arakhim,* éd. Akdamon, Jérusalem 5742, p. 66). Maïmonide, inspirateur du Pr Leibowitz, écrivait : « Israël n'a pas eu foi en Moïse notre maître à cause des signes qu'il a accomplis. Car celui dont la foi est déterminée par des signes, son cœur est déficient. Car le signe pourrait être sortilège ou magie. Non, tous les signes que Moïse a accomplis dans le désert étaient nécessaires par eux-mêmes et non pas pour authentifier la prophétie » (*Michné Tora,* Hilkhot Yessodé Hatora 8,1). « La foi accrédite le miracle et non l'inverse » (r. Mordekhaï Breuer).

13. Abba 'Hilkiya et sa femme priant sur le toit : Ta'anit 23a.

14. Les miracles mis en réserve de l'Histoire : Avot 5, 8 ; Pessa'him 64b (absents au Temple).

15. 'Honi Hame'aguel, le traceur de cercles : Ta'anit 19a.

16. L'absence de pluie contraire à l'ordre normal : encore que, selon le Talmud (J/Berakhot 5, 2), la pluie est une faveur divine « aussi considérable que la résurrection des morts ». Dans cette perspective, la nature tout entière est miracle, rien n'est naturel, tout est divin...

17. J. Genot-Bismuth : *Un homme nommé Salut, Genèse d'une hérésie à Jérusalem*, éd. François-Xavier de Guibert, 1995, p. 142.

18. Ne pas forcer Dieu au miracle : on comparera l'attitude de Jésus, maudissant un figuier parce que, hors saison, il ne lui produit pas de figues (Marc 11, 13) et un récit dans Ta'anit (24a) où Rabbi Yossé de Youkrat maudit son fils pour avoir forcé un figuier à nourrir, hors saison, des journaliers. Voir aussi : Rachi sur Gen 7, 4. Dans Ta'anit (23b), Rabbi Itshak ben Éliachiv refuse de prononcer une prière dont l'exaucement impliquerait le miracle.

Chapitre 6

1. Cyrus, messie de L'Éternel : Isaïe 45, 1.

2. Le sage remplace le prophète : « Avec la destruction du premier Temple, la prophétie a été enlevée aux prophètes pour être offerte aux sages », disait Rabbi Avidimi de Haïfa (Baba Batra 12a et b). Une autre opinion (Yoma 21b) affirme que « l'Esprit saint » était absent du deuxième Temple. Dans cette perspective, la passation des pouvoirs, ou plutôt du savoir des derniers prophètes aux sages de la Grande Assem-

blée, est pleine et entière. Les *Cohanim* y seront présents eux aussi, mais leur influence diminue au fur et à mesure que les rabbins l'emportent sur l'école sacerdotale déjà discréditée à l'époque de Malachie et dont les chefs vont être nommés par Hérode puis par Rome. Cette évolution est irrémédiable. En témoigne notamment une Baraïta (Yoma 71b) où l'on voit que même à Yom Kippour, seul jour où le rôle du grand prêtre était vraiment déterminant, la foule présente sur le mont du Temple accorda son attention et sa sympathie à Chemaya et Abtalyion, deux sages précédant l'époque des tanaïm, au détriment du grand prêtre qu'elle avait suivi jusque-là.

3. Livres bibliques (classification) : dans la Bible hébraïque, les Hagiographes (« écrits saints » — Psaumes, Proverbes, Job, etc., suivis d'Ezra et Néhémie, puis des deux Livres des Chroniques) forment la troisième et dernière partie. La Bible hébraïque regroupe les Livres historiques de Josué, des Juges, de Samuel et des Rois sous le titre de « Premiers Prophètes ». Seuls les prophètes qui apparaissent dans ces livres-là, et dont les discours ne sont connus que de façon accessoire, comme Élie et Élisée, sont faiseurs de miracles. Dans les Bibles chrétiennes, ces « Premiers Prophètes » sont placés avant les Hagiographes. Daniel ne figure pas dans la Bible hébraïque parmi les Prophètes ; le Livre est classé avec les Hagiographes (voir Mequila 3a). À noter que l'épisode de la baleine engloutissant Jonas pour le recracher n'est pas un miracle du prophète ; il est accompli à son détriment.

4. Les Évangiles comme continuateurs des Prophètes : dans son volumineux *Dictionnaire de la Bible* (*op. cit.*, p. 594), André-Marie Gerard voit dans Jean le Baptiste le « dernier prophète de l'Ancien Testament [qui] prélude au Nouveau comme précurseur du Christ ». Quant à *La Sainte Bible* des moines de Maredsous qui, dans son « Introduction », résume les Livres qui la composent, elle parle d'abord de ceux qui forment le Nouveau Testament : le seul objet de la Bible hébraïque est de mener à Jésus. Et rien dans la mise en pages des Livres n'indique que l'on passe de l'Ancien au Nouveau Testament.

5. Les soixante-dix anciens : Ex 4, 29 ; Nbr 11, 16.

6. L'écrit interdit : pendant de longs siècles, l'interdiction (Guittin 60b, *cf.* Maïmonide, *Guide des Égarés*, I, 71) de mettre par écrit la Tora orale s'est maintenue. C'est sous l'occupation romaine, après la destruction du Temple alors que le Sanhédrin était déraciné, puis dans l'exil de Babylonie soumis lui aussi aux aléas et à l'intolérance religieuse des souverains sassanides, que la Tora orale fut mise par écrit. Cependant, les rédacteurs des Talmud ont su éviter le risque de sclérose qu'aurait provoqué un code de lois définitivement fixé en ses articles et ses

paragraphes — et que le développement des sociétés et de l'Histoire aurait rendu caduc. Ils ont rapporté les débats tels qu'ils étaient pratiqués dans les collèges rabbiniques, veillant à identifier avec une précision extrême les auteurs des propositions de lois ou de ceux qui transmettaient l'enseignement au nom de leurs maîtres. On appelle « Tora orale » les textes talmudiques mis par écrit sous cette forme depuis la fin du IIe siècle. On considère cependant que, déjà à l'époque de Hillel et de Chamaï, donc plusieurs décennies avant Jésus, et peut-être même à l'époque hasmonéenne (voir les textes de Qumrân de cette époque), certains textes de la Michna avaient été mis par écrit, recopiés par les scribes et d'autres tanaïm, en particulier rabbi Méir, et finalement intégrés dans son œuvre par rabbi Yehouda ha-Nassi. Les enseignements que ce dernier n'a pas retenus dans la Michna constitueront la Tossefta. La Tora « dite à Moïse » sur le Sinaï : Ex 31, 18. Sur « oralité et écriture », lire Benny Lévy, *Visage continu, La pensée du retour chez Emmanuel Lévinas,* Verdier, 1998, p. 22-23.

7. La terminologie talmudique : Luc 6, 6-11 et Sanhédrin 4, 5 (voir David Flusser, *Jesus,* en collaboration avec R. Steven Noltey, The Magness Press, 1998, p. 63) ; Osée : Matt 9, 13 et Avot de rabbi Natan (*Leçons des Pères du Monde,* traduction d'Eric Smilévitch, Verdier, 1983, p. 107) ; le pardon : Matt 5, 24 et Roch Hachana 17b.

8. Ce que Mireille Hadas-Lebel a fait concernant Hillel dans son ouvrage, *Hillel, un sage au temps de Jésus,* Albin Michel, 1999, p. 104.

9. Le récit talmudique : Baba Metsia 59b. Nous avons donné une traduction et un commentaire du texte dans *Ils sont fous ces Juifs,* Albin Michel, 1993, p. 108. Sur ce récit et l'autorité des décisionnaires rabbiniques : Avi Sagui, *Élou va-Élou,* Kibboutz Hameou'had, 1996.

10. *Bat kol* : dans sa traduction des Évangiles, Claude Tresmontant se réfère à la tradition talmudique. Quand Jésus parle de « la voix des cieux », Tresmontant écrit (par exemple Jean 12, 28) : « Une [fille de la] voix [venant] des cieux. »

11. Libre débat, enseignement et pratique : le débat talmudique et rabbinique est libre, mais l'enseignement peut être réglementé. La Michna (Sanhédrin 11, 2) établit une différence entre le « Doyen rebelle » *(Zaken mamré),* une personnalité marquante du monde juridique, passible de mort au cas où, malgré une mise en garde solennelle du Grand Sanhédrin, il passerait outre de façon ostentatoire, et le sage qui n'a pas obtenu l'ordination. Si ce dernier prodigue un enseignement contraire à la Loi, il n'est pas punissable. Le *Zaken mamré* lui-même pourrait continuer à enseigner selon ses convictions, en dépit de la mise en garde dont il a été l'objet, dès lors qu'il ne transgresserait pas la Loi

et ne demanderait pas à ses auditeurs d'y contrevenir. Il n'est pas impossible que Jésus évoque le cas du « Doyen rebelle » lorsque, blâmant « celui qui violera l'un des moindres préceptes [de la Tora] », il précise : « et enseignera aux autres de faire de même » (Matt 5, 19).

Chapitre 7

1. Compte de l'*'Omer* : Lév 23, 15. Ainsi appelé à cause de l''Omer, une mesure d'orge présentée au Temple à Chavouot.
2. Les Hébreux acceptant la Loi : Ex 19, 8. L'alliance renouvelée : Deut 29, 13.
3. *Plèrôsaï :* Matt 5, 17.
4. Le sermon sur la montagne cité dans le Talmud : Traité Chabat 116a/b. Selon Jules Isaac (*Jésus et Israël,* Fasquelle, 1959, p. 118), « le Talmud cite l'aphorisme évangélique [de Matthieu 5, 17...] en matière de plaisanterie mais de telle sorte, dans un tel texte et contexte, qu'on ne saurait songer sérieusement à en faire état ». En fait, Maurice Güdemann avait consacré à ce texte du Talmud un travail d'une trentaine de pages (*Religions Geschichtliche Studien,* p. 65). Il y reconnaissait une « satire antichrétienne » : à l'accusation d'hypocrisie que les Évangiles formulent contre les pharisiens, les rabbins rapportaient l'histoire d'un juge réputé pour son honnêteté, prétendant rendre son arrêt selon les Évangiles, mais qui se laissa soudoyer sans difficulté. Güdemann a rédigé cette étude afin de montrer que le Talmud contient la première citation des *logia* qui, selon Papias dont le propos est rapporté par Eusèbe, ont été à l'origine des Évangiles. Pour Ephraïm Urbach, la démonstration de Güdemann est toujours valable (*The Sages, op. cit.*, p. 269). On notera encore que, dans son dictionnaire araméen — paru en 1881 ! —, J. Lévy fait référence au « sermon sur la montagne » et note que, dans la Michna et la Guemara, ce même verbe Y-S-Ph, « rajouter », s'applique de façon spécifique à l'étude de la Tora (*Chaldaïsches Wörtebuch über die Targumim,* Leipzig, p. I/339). Jules Isaac écrit que *plèrôsaï* a le sens de « remplir, bourrer, féconder ». Selon la version grecque, affirme-t-il, Jésus aurait dit : « Je ne vide pas la Loi de son contenu, mais j'y ajoute, au contraire, pour la remplir jusqu'au bord. » Dans ce contexte, cette dernière expression figure mot à mot dans J/Chabat 1, 4 — ce qu'Isaac semblait ignorer. Pour lui, la traduction « se réaliser » ou « s'accomplir », dont usent les théologiens chrétiens, ne serait justifiée que si le verbe *plèroô* était au passif.
5. Le respect de la Tora par Jésus : Luc 16, 17.

6. Israël M. Ta-Shma, *Talmudic Commentary in Europe and North Africa, Part one 1000-1200*, Magnes 1999, chap. 2, en hébreu.

7. Pratiques juives dans le Nouveau Testament : David Flusser, *Origines juives du christianisme*, Université sur les ondes, p. 9 et 10, en hébreu. Pessa'him 8, 6 sur le *pessa'h* qu'il convenait ou non d'acheter à l'intention d'un prisonnier, pourrait s'expliquer aussi par Matt 27, 15.

8. Ablution des mains : Matt 15, 1-20. Préconisée par Hillel et Chamaï, l'obligation de se laver les mains avant de manger du pain ne fut pas acceptée par les fidèles (Tal/Chabat 14b). Elle sera adoptée plus tard, mais la Tossefta (Berakhot 5, 14) dit que l'ablution des mains avant le repas est facultative. Flusser considère que telle était la Halakha au temps de Jésus. Y a-t-il lieu de conjecturer que l'ablution des mains qui, dans le Talmud, est une forme d'immersion, et qu'on renouvelait chaque fois qu'on mangeait du pain, s'opposait dans l'esprit de Jésus, ou de ses disciples... à l'immersion-baptême, administrée une fois pour toutes ? Dans 'Édouyot 5, 6, il est question d'un certain Él'azar ben 'Hanokh, frappé d'anathème pour avoir mis en doute l'obligation de se laver les mains avant le repas. Certains estiment que la sanction fut prise en réaction au comportement des premiers nazaréens s'alignant sur l'enseignement des Évangiles (EH 18/52). Sur Paul et la consommation des viandes : I Co 8. David Flusser, *Jesus, op. cit.*, p. 60.

9. Piété imbécile : Sota 20a (Michna) et 21b. Voir aussi les textes correspondants dans le Talmud de Jérusalem. Sur la lutte contre l'hypocrisie : Klausner, *Jésus de Nazareth,* Payot, 1933, p. 315 et suivantes, et les mesures abusives de Rabban Gamliel pour éviter le risque de fausse dévotion. Voir encore ci-dessus la note 4.

10. Chemaya : a vécu quelques décennies avant Jésus. Son propos est rapporté dans le Traité des Pères 1,10. L'apostrophe de Jésus : Matt 23, 8. Voir ci-après la note 17.

11. Les épis « arrachés » : Matt 12, 1 ; Marc 2, 23 ; Luc 6, 1. Voir *Immanuel* n° 24-25 (Jérusalem 1990), p. 35-51 et Flusser, *Jesus, op. cit.*, p. 58. Talmud : Yoma 85b. Le bois ramassé pendant chabat : Nbr 15, 32. Voir ci-après la note 12 : « L'intention déterminante ».

12. L'intention déterminante : la soumission de Jésus à la loi rabbinique, précisément à propos du Chabat, est conservée dans le Codex Bezae (V-VIe siècles), le plus ancien des codex bilingues, grec et latin, qui souligne le caractère décisif de l'intention avec laquelle le geste est accompli. À Luc 6, 4, ce document ajoute : « [...] Voyant quelqu'un travailler le jour du chabat, [Jésus] lui dit : Homme, *si tu sais ce que tu fais* tu es bien heureux, mais si tu ne le sais pas, tu es un maudit et un transgresseur de la Loi. » Les motifs qu'évoque Marie Vidal sur l'interdiction du jeûne

pendant chabat et la joie des repas peuvent également être pris en compte (Marie Vidal, *Le Juif Jésus et le Shabbat*, Albin Michel, 1997, p. 69-80).

13. Les sicaires dans l'entourage de Jésus : Marc 3, 18 ; *Un homme nommé Salut, op. cit.*, p. 108 et suivantes.

14. Ed Paris Sanders parle à ce sujet de « circonstances atténuantes ». Il établit « quatre types d'argumentation », d'où il ressort que, dans les Évangiles, « la position légale de Jésus ne constitue *pas* [souligné dans le texte] une dénégation ou un refus de la Loi » (Daniel Marguerat, Enrico Norelli, Jean Michel Poffet, *Jésus de Nazareth, Nouvelles approches d'une énigme,* Labor et Fides, 1998, p. 213-214).

15. La *deracha* absente : à propos de guérison et de circoncision durant le chabat (Jean 7, 22 et suiv.), Jésus use de la règle talmudique de l'a priori *(kal va-'homer)*, comme le fera Rabbi Él'azar dans Yoma 85b. Mais ce dernier situe le raisonnement par rapport à la correspondance entre les 248 organes du corps (dont l'organe opéré) et les injonctions de la Tora (cf. chap. 4, note 15) de manière à montrer que la guérison durant le chabat n'est pas une concession mais bel et bien une injonction de la Tora. Sur l'herméneutique talmudique dans le Nouveau Testament : *Une approche juive du Nouveau Testament, op. cit.*, p. 41-57.

16. La justice par rapport à la Loi, selon Paul : Ga 2, 21.

17. L'étude doit être désintéressée : Ta'anit 7a. Commentaire de Rachi : « et pas pour être appelé Rabbi » !

18. Les connaissances rabbiniques de Jésus : Charles Guignebert, *Jésus,* Albin Michel, 1969, p. 219 ; Matt 13, 54 ; 22, 41- 45 ; Jean 7, 15 ; Luc 2, 47 ; David Flusser, *Jesus, op. cit.,* p. 29 ; Klausner, *op. cit.,* p. 49 ; Giovanni Magnani, *Origini del Christianesimo, II : Gesù Costruttore e Maestro,* Citadella editrice, Assisi, 1996, p. 235 et suiv. (l'auteur enseigne à l'Université papale et grégorienne de Rome).

19. L'enseignement de Jacques : Klausner, *op. cit.*, p. 43-48. Le texte figure dans Avoda Zara (16b-17a) mais le nom de Jésus a été censuré dans les éditions courantes du Talmud.

20. Jésus dans le Talmud : parce que dans le Talmud (comme d'ailleurs en hébreu moderne) Jésus est désigné par le nom de la ville qui l'évoque, Notsrat (Nazareth), ou en raison de son appartenance à un groupe, dont on ignore les particularités mais que pourrait exprimer le radical N-Ts-R, « garder », on l'appelle *Yéchou ha-Notsri.* Mais comme le terme de *notsri* désigne le chrétien, il s'ensuit que, dans le Talmud puis dans la conscience juive, *Yéchou ha-Notsri* devient « Yéchou le chrétien », alors qu'au temps de Jésus il n'était pas question de christianisme !

Sur l'indifférence que le Talmud manifeste à l'égard de la chronologie historique : une *baraïta*, citée entre autres dans Sanhédrin 107b, fait de Jésus un élève de Yehochoua ben Pera'hia, deux siècles... avant Jésus ! Dans ce texte, la mémoire talmudique retient que Jésus fut l'élève d'un maître auquel elle reproche son excès de rigueur. L'objet du Talmud, écrit Shemuel Safraï, « n'est pas l'étude historique. Il s'agit de textes législatifs, homilétiques, d'exégèse éthique, non pas de notes historiques » (Shemuel Safraï, *Érets Israël ve-'hakhaméa bi-tekouphat ha-Michna ve-ha-Talmoud,* Hakibbutz Hemeuchad, 1983, p. 211).

21. Un fils ou un élève comme Jésus le Nazaréen : Berakhot 17b. Le passage reste censuré dans les éditions courantes. La version originale a été rétablie dans Steinsaltz, *Le Talmud, Berakhot I,* édition bilingue, FSJU et Ramsay, 1996, p. 184.

Chapitre 8

1. Horayot 3, 4. Bien que le texte fasse référence au grand prêtre précédemment mentionné, il n'aurait pas usé du terme de *machia'h,* avec l'article défini, si ce nom devait éveiller les échos que nous lui connaissons.

2. Onction et Messie : l'huile d'onction évoquée dans Horayot avait été fabriquée une fois pour toutes (*ibid.* 12a) selon les indications de l'Exode (30, 22-26). D'après le Talmud, elle n'était déjà plus disponible dès avant la destruction du premier Temple. Le roi Cyrus, qui, par l'édit qui porte son nom, va accorder aux Judéens le droit du retour, est désigné par Dieu comme « son Machia'h », *Cf. supra* chap. 6. Le prophète Élie (1 R 19, 15) est également convié à oindre 'Hazael comme roi de Syrie — 'Hazael l'ennemi d'Israël ! Une pierre, aussi, peut être « ointe » (Gen 31, 13) comme le seront les meubles et les objets du Sanctuaire (Ex 30, 26-30).

3. La Tora contient en germe l'ensemble des débats rabbiniques : r. Nissim ben Reouven de Géronde (XIVe siècle) sur Meguila 19b (*Élou va-Élou, op. cit.*, p. 81). Voir aussi Rabba 28, 6 sur Ex.

4. Le décodage interdit : 'Haguiga 2, 1 et J/'Haguiga 2, 5. Le *Péchèr* sur Nahum : 2, 12. Par rapport aux interprétations du Midrach, le Talmud (Chabat 63a) établit qu'« une Écriture ne saurait s'écarter du sens littéral » : un Midrach n'est pas contraignant mais « signifiant ». Le décodage dans les Évangiles : « Isaïe a dit cela parce qu'il eut la vision de sa gloire et qu'il parla de Jésus » (Jean 12, 41).

5. Les Synoptiques composés de textes de l'Ancien Testament : Char-

les Guignebert, *Jésus, op. cit.*, p. 430. L'auteur se réfère aux *Évangiles synoptiques* de Reus, p. 82.

6. En hébreu *'Ani* ; signifie « pauvre » et « humble » *('anaw)* à partir d'une même racine bilitère.

7. Le Messie sur une ânesse : l'oracle cité par Matthieu (21, 4-5) fait référence à Isaïe 62, 11 et surtout à Zacharie 9, 9. Nombre de commentateurs, comme Rachi, adoptent eux aussi une lecture messianique de ce dernier verset en se référant à un enseignement des tanaïm. Selon d'autres (Ibn Ezra, XIIe siècle), le texte désignerait Juda Maccabée, le premier des Hasmonéens. Le commentaire autorisé de l'édition contemporaine du Mossad Ha-rav Kook, *Daa't Mikra*, comprend que Zacharie, prophétisant après l'édit de Cyrus, annonce l'arrivée d'un monarque exilé de Babel, sans doute Zerobabel. Morde'haï Zeér-Kavod, l'auteur du *Da'at Mikra* sur Zacharie, écrit à ce sujet que, même selon Rachi, le sens littéral du verset reste déterminant. Il cite la note suivante du maître de Troyes ('Houlin 137a) : « Une prophétie, quelle qu'elle soit, n'a été prononcée que pour les besoins de l'heure, la génération [à laquelle elle s'adresse] et pour le fait [qui a eu lieu]. » Dans cette perspective, la présence de l'ânon aux côtés de l'ânesse répond au « parallélisme », une construction rhétorique, courante dans la Bible. On notera, c'est l'opinion la plus extrême parmi les maîtres du Talmud, que, selon l'amora Hillel (sans doute le fils de Rabbi Yehouda Hanassi, à ne pas confondre avec le tana Hillel), il n'y aura plus de Messie, la charge s'étant éteinte avec son détenteur, le roi Ézéchias (Sanhédrin 99a). Maïmonide (XIIe siècle), qui légifère en la matière, suit l'avis de l'amora Chemouel, selon qui les temps messianiques seront essentiellement marqués par la fin des asservissements auxquels les nations soumettent Israël et par la connaissance universelle de la réalité divine. Conformément à l'annonce faite par Isaïe (11, 9) : « Oui, la terre sera pleine de la connaissance de Dieu, comme l'eau abonde dans le lit des mers. » Ses réflexions sur le « Roi Messie » concluent l'ensemble de son œuvre législative — le *Michné Tora*. Sur le « Jour de L'Éternel » : Amos 5, 18. Sur l'interprétation d'Origène commentant Matt 21, 7 : Claude Lagarde, *Pour raconter l'Évangile dans l'homélie et la catéchèse*, Le Centurion, 1991, p. 188.

8. Le roi d'Israël interdit de chevaux : Deut 17, 16.

9. La construction du Temple interdite à David : I Ch 17, 3 et 22, 8 ; le « prince de paix » : Is 9, 5 ; le Pacifique : Gen 49, 10. Sur Chelom-o : Pessikta de-rav Cahana 1, 3.

10. Les montagnes qui entourent Jérusalem : Ps 125, 2.

11. La terre, escabeau de Dieu : Za 14, 4, repris par Matt 5, 35.

12. Les cèdres sur le mont des Oliviers : J/Ta'anit 4, 5.

13. Le séjour de Jésus à Jérusalem : Jésus fera l'aller-retour depuis le Temple jusqu'au mont des Oliviers, passant ses nuits à Béthanie (*Beth 'Ania*). Là, habitait Lazare — les pèlerins chrétiens visitent sa tombe dans le couvent des pères franciscains — au bas d'une mosquée que les musulmans ont construite pendant les années de leur domination. Ce sont eux qui ont appelé le village Elazarié — le nom demeure aujourd'hui — en se fondant sur une tradition remontant à l'époque byzantine. Un court chemin, parmi les pins et les oliviers, relie Elazarié à Betphagué, qui surplombe Getshémani (*Gat Shemen* veut dire « presse à huile »).

14. *Hosanna* : Marc 11, 10, citant Ps 118, 26.

15. Entrée messianique à Jérusalem : Jean 12 ; Marc 11 ; Klausner, *op. cit.*, p. 462.

16. *Avinou, Malkénou* : le Talmud (Ta'anit 25b) indique dans quelles circonstances Rabbi Akiba (50-135) prononça cette supplique, mais ne lui en attribue pas la paternité.

17. Le pardon de Kippour : Lév 16, 30.

18. *Pater* : Luc 11, 2-4 ; Matt 6, 9-13.

19. Les marchands du Temple : la Michna ne garde aucun souvenir de marchands de colombes (sur l'offrande que faisaient les jeunes mères : Ex 12, 8 ; Luc 2, 24). Au contraire, Chekalim (5, 1) stipule que les personnes astreintes déposaient les monnaies correspondantes dans des troncs tenus par les *Cohanim* qui se chargeaient de faire le nécessaire au nom de l'offrant, sans qu'il ait à intervenir. Cependant, à l'opposé de l'opinion majoritaire, Rabbi Yehouda bar Il'aï (quatrième génération des tanaïm) croit savoir que, pour les offrandes obligatoires, on pouvait apporter les volatiles au servant (*id.* 6, 5). Le quatrième Évangile (qui place la scène tout au début du Livre, donc lors d'un premier Pessa'h) fait mention de vendeurs de bœufs et de brebis. Or, toujours dans Chekalim (7, 2), la Michna note qu'une monnaie perdue était considérée comme « consacrée », parce que destinée à l'achat d'animaux à présenter sur l'autel, seulement si elle était tombée du côté des marchands de bestiaux. Mais si on l'avait trouvée sur la montagne du Temple, elle n'était pas consacrée et pouvait servir à tous les usages. Il en ressort qu'on n'achetait ni ovins ni bovins sur la montagne du Temple (les marchés de bestiaux se trouvaient sans doute dans la partie nord de la ville, d'où le nom de « Porte du troupeau de petit bétail »). Ces éléments ont amené divers auteurs à considérer que l'Évangile de Jean — il est aussi le seul à parler des fouets de cordes avec lesquels Jésus aurait chassé les marchands — a pu broder les Synoptiques. *Cf.* S. Safrai, *Pilgrimage, op. cit.*, p. 147.

20. Angélisme : Marc 3, 32 ; Matt 8, 22 ; Luc 12, 22. L'omission « par quelques bons témoins » des versets 43 et 44 du 22e chapitre dans l'Évangile de Luc, « s'explique par le souci d'éviter un abaissement de Jésus jugé trop humain » (Bible de Jérusalem, p. 1515, note b).

21. Rabbi Mena'hem fils de Simaï : Pessa'him 104a, le Tossaphot correspondant et, sur le même thème, l'oraison funèbre prononcée en mémoire de Rabbi Mena'hem : Baba Batra 25b. Et si, dans les Évangiles, le gabelou juif est assimilé au païen (Matt 18, 17), c'est peut-être parce qu'il maniait les effigies (Nodet et Taylor, *op. cit.*, p. 198).

22. On comparera le propos de Jésus avec Kidouchin 4, 14 : « Au cours de ton existence, as-tu vu un animal sauvage ou un oiseau avoir un métier ? Ils se nourrissent sans peine et pourtant ils n'ont été créés que pour me servir ! Et moi qui ai été créé pour servir mon Créateur, ne devrais-je pas être à même de me nourrir sans peine ? » Et Rabbi Chim'on ben El'azar, d'expliquer que, le péché ayant perverti le cours des choses, l'homme est contraint d'exercer un métier au lieu de se consacrer totalement à l'étude.

23. Le jeûne : Luc 18, 12 (sa fréquence) ; le jeûne que veut Jésus : Matt 6, 16 ; le jeûne selon les prophètes : Is 58, 3 et suiv. ; Za 7, 4 et suiv. ; Joël : 2, 13 (le calice et les vêtements déchirés étant les signes extérieurs du deuil et de la douleur). Au v. 17, qui stigmatise le ritualisme du jeûne, les mots « Entre le sanctuaire et l'autel pleurent les prêtres » ont pu inspirer Matt 23, 33 et suiv., sur l'assassinat de « Zacharie fils de Barachie ».

24. L'assassinat de Zacharie : Matt 23, 35. Dans le Talmud (Guittin 57b), on rapporte au nom de Rabbi Yehochoua ben Kor'ha, tana de la cinquième génération, le récit d'un « ancien parmi les gens de Jérusalem » : le sang de Zacharie criait vengeance alors que les troupes de Nabuchodonosor détruisaient le premier Temple de Jérusalem en –586. Le Livre des Lamentations (2, 20) raconte que l'ennemi mettait à mort « prêtre[s] et prophète[s] dans le sanctuaire de L'Éternel » mais, remarquant l'usage du singulier, le Talmud veut reconnaître dans cette forme collective un seul personnage à la fois prêtre et prophète, assassiné autrefois en ces lieux voués à la sainteté. Pour punir ce crime, Nabuchodonosor aurait massacré la population de Jérusalem, ce que le Midrach raconte en termes surréalistes : au sanctuaire, le sang du prêtre-prophète continuait de bouillir. Pour l'arrêter, Nabouzaradan, général et bourreau de Nabuchodonosor, se mit à massacrer sur place les prêtres, les jeunes filles et les enfants de Jérusalem. Comprenant enfin que le sang d'une ancienne victime demandait vengeance, il implora le pardon pour ses propres forfaits et se convertit... Dans l'Écriture (II Ch 24, 20 et suiv.),

il n'y a qu'un seul personnage, victime d'un meurtre, qui ait été à la fois prêtre et prophète : Zacharie, fils du grand prêtre Yehoyada', assassiné sur l'ordre du roi Joas. Un assassinat d'autant plus révoltant — ceux qui aiment Racine le savent bien — que, pour sauver l'enfant Joas des griffes d'Athalie, Yehoyada' l'avait recueilli au péril de sa propre vie. Enseignait-on, au temps de Jésus, la déduction scripturaire sur « le » prêtre-prophète assassiné ? Dans ce cas, les massacres perpétrés par Nabouzaradan n'auraient pas suffi à Jésus ? Il continuerait à réclamer le prix de l'assassinat ! On peut raisonnablement conjecturer que Jésus n'est pas l'auteur du propos. La Bible de Jérusalem, selon laquelle le texte de Matthieu vise effectivement Zacharie fils de Yehoyada', admet que la mention de « Barachie » pour désigner le père de Zacharie, pourrait être une « glose de copiste ». Barachie, ou plutôt Berakhia, était le père du Zacharie bien connu qui appartient, lui, au groupe des douze petits prophètes de la Bible hébraïque et dont le premier verset du Livre de Zacharie nous livre la généalogie : « Zekharia, fils de Berakhia, fils d'Iddo. » Si, comme tout porte à le croire, il s'agit du personnage mentionné dans Néhémie 12, 16 (« famille d'Iddo Zekharia »), ce Zacharie appartenait également à la tribu des prêtres. Mais rien n'indique que sa mort fût violente. Et, pour cause d'anachronisme, sa présence ne peut s'accorder avec le récit du Talmud puisque Zacharie fils de Berakhia prophétisa après la destruction du Temple, au retour de l'exil ! On notera que les versets parallèles dans Luc (11, 49) font simplement mention de Zacharie, sans précision généalogique.

25. Le « signe de Jonas » : Jonas 3, 10 (repris dans Ta'anit 2, 1). Voir Justin Martyr évoquant comme critère du repentir les actions par lesquelles les gens de Ninive ont traduit leur repentir (*Le Dialogue avec Tryphon*, p. 108).

Chapitre 9

1. Un esprit arrogant : Sota 4b-5a.

2. L'amour du prochain (Lév 19, 18) : la conscience populaire n'est pas seule à imputer le commandement à Jésus. Sous l'article *Aimer*, le dictionnaire en six volumes de Paul Robert cite la Bible à quatre reprises : « Tu aimeras L'Éternel ton Dieu... » est attribué au Deutéronome. Mais quand il est question de l'amour envers le prochain, l'unique référence, pour les trois sources, est les Évangiles (vol. 1, p. 91, éd. 1971). Cet éclectisme est d'autant plus remarquable que Jésus lui-même, dans le sermon sur la montagne (Matt 5, 43) puis dans 22, 39, indique qu'il

ne fait que citer la Tora. Sur la montagne, il précise : « Vous avez entendu qu'il a été dit : Tu aimeras ton prochain *et tu haïras ton ennemi*. Eh bien moi je vous dis : Aimez vos ennemis et priez pour vos persécuteurs » (Matt 5, 43-44). Les mots en italique ne figurent nulle part dans la Tora. Il s'agit là, sans doute, d'une prescription essénienne (Yigael Yadin dans *L'Aventure des manuscrits de la mer Morte*, sous la direction de Hershel Shanks, Seuil, 1996, p. 142). Quant à l'idée de prier en faveur des persécuteurs, elle n'est pas étrangère au Talmud (Berakhot 10a) qui la place dans la bouche de Berouria, l'épouse de Rabbi Méir, alors que ce dernier est persécuté par des *minim*, un terme qui peut désigner les nazaréens ! Voir aussi : Ta'anit 23b. « Comme je vous ai aimés » : Jean 13, 24 ; voir aussi *id.* 15, 12 ; Ga 6, 10.

3. Le prosélyte et l'étude : la recommandation adressée au païen : « Va et étudie » répond à une exigence logique qu'un ouvrage tanaïtique, Avot de Rabbi Nathan, illustre par la réponse suivante (attribuée à Rabbi Akiba et non à Hillel) : « Mon fils, notre maître Moïse, qu'il repose en paix, passa quarante jours et quarante nuits sur le mont Sinaï avant de l'apprendre et toi tu me demandes de t'enseigner la Tora tout entière d'un seul coup ! Mais voici, mon fils, une règle générale de la Tora : Ne rends pas ton prochain esclave de ce que toi-même tu hais » (B/26, traduction d'Eric Smilévitch, *Leçons des Pères du monde*, o.c., p. 363). Seule l'étude de la Tora permet la conversion au judaïsme, alors qu'on peut y adhérer par l'observance de la règle d'or (voir *supra*, chap. 15).

4. Le sort des « hérétiques » : en référence à Jean 15, 6, Henri-Charles Lea, *Histoire de l'Inquisition au Moyen Âge*, Paris 1900, vol. 1, p. 222 et 238 (la pagination renvoie à l'édition américaine). En référence à Deut 13, 6-10 et d'autres passages de l'Écriture, un « dominicain fanatique » écrira que « le feu est la grande joie de Dieu et le vrai moyen de purifier le froment en détruisant l'ivraie » (*id.* p. 228, en note).

5. La règle d'or : Matt 7, 12 ; Luc 6, 31. Jeffrey Wattles (*The Golden Rule*, Oxford University Press, 1996) écrit que la règle d'or sert de fondement moral à toutes les religions, dont les plus anciennes (bouddhisme, hindouisme...) ; qu'elle est énoncée par Confucius ; qu'elle apparaît aussi chez les Incas et en Mésopotamie. L'islam l'invoquera à son tour. Pour Hillel, la formulation négative de la règle d'or est la traduction concrète, pratique du commandement sur l'amour du prochain. Ce qui apparaît précisément dans le Targoum de Jonathan sur Lév 19, 18 où la règle d'or, dans sa formulation négative, sert d'illustration au commandement de l'amour du prochain. Jeffrey Wattles (p. 47), qui cite Flusser, relève la même juxtaposition dans l'un des textes de Qumrân. Jésus fut-il avisé de donner un tour positif à la règle de Hillel

(Tal/Chabat 31a), ce qui, à en croire les annotateurs de la Bible de Jérusalem, « est bien plus exigeant » ? On remarquera qu'à propos de la liberté, la Déclaration des droits de l'homme a cru nécessaire, elle aussi, d'adopter une formule négative. La liberté, proclame-t-elle, « consiste à pouvoir faire tout ce qui ne nuit pas à autrui ». Voir aussi l'article de David Flusser dans *The Ten Commandments,* sous la direction de Ben-Zion Segal, The Magnes Press, The Hebrew University 1985, p. 165 et suivantes, en hébreu.

6. Loi du talion : Ex 21, 20-27. Dans le sermon sur la montagne : Matt 5, 38-39. Talmud : Baba Kama 83b et suivantes.

7. La Tora *enseigne* : *Tora,* d'un radical Y-R-H, signifie « Enseignement ». C'est le grec qui traduit par *Nomos,* Loi.

8. Le sermon sur la montagne (Matt 5) : Jésus évoque sa fidélité à la Loi, notamment par ce propos : « L'homme qui détruit l'une de ces *mitsvot,* la moindre, et l'enseigne aux hommes, *Moins-que rien* sera-t-il appelé au royaume du ciel. Mais qui fait la [Tora] et l'enseigne, celui-là sera appelé *Grand* au royaume du ciel » (v.19). Concernant le divorce, il semble partager le point de vue de l'école de Chamaï — que la Halakha plus permissive n'a pas retenu — selon quoi il est seulement autorisé (et nécessaire) en cas d'adultère. Pour la Halakha, le divorce est toujours licite, mais l'idée qui préside au mariage rappelle : « Quiconque répudie sa première femme, l'autel lui-même verse des larmes à son propos... » (Guittin 90b).

9. La grâce sublime la Loi : Jean 1, 17 ; Ro 6, 14. Voir *Verus Israël, op. cit.,* les pages 93 à 99 sur « l'abrogation de la Loi : l'antilégalisme paulinien et ses prolongements ».

10. La dureté dans les Évangiles : Luc 10, 13 ; 19, 27 ; Matt 10, 15 ; 10, 34 ; 13 40 ; Jean 8, 24.

11. Les Soucot du désert : d'après l'un des très anciens Midrachim, *Pessikta de-Rav Cahana,* la protection était assurée par des nuées divines (*Collation de David Mandelbaum,* New York 1987, p. 457). Voir aussi la thèse de Rabbi Akiba (Sifra sur 23, 42). Quand, dans la scène dite de la Transfiguration (Marc 9, 2-8), Pierre propose de « faire trois tentes » pour Jésus, Moïse et Élie, et qu'aussitôt « une nuée survint qui les prit *sous son ombre* », le texte ne fait-il pas référence à la fonction protectrice de la *souca* assurée, dans le désert, par les nuées divines ? L'exégèse chrétienne préfère évoquer la nuée présente devant la tente d'assignation. Il est vrai que le grec traduit *souca* et *ohel* (tente) par un même terme.

12. Nostalgie du désert : Jé 2, 2.

13. Le figuier : « Israël stérile et châtié », ces mots constituent le

commentaire de La Bible de Jérusalem sur Matt 21, 19 (note d). Le figuier chez Luc : 13, 6.

14. Rabbi Yossé : voir la note 18 du chap. 5.

15. Des hommes saints : Lév 19, 2 ; Ex 22, 30 ; Nbr 15, 39.

16. « La justice nouvelle supérieure à l'ancienne » : ce thème apparaît sous forme de sous-titre dans la Bible de Jérusalem (p. 684).

17. Développement des études en Palestine : II Ch 17, 9 ; Avot 5, 21 et Baba Batra 21a. Jacqueline Genot-Bismuth (*op. cit.*, p. 164) donne une bonne description de « l'idéal de démocratisation lettrée » avant et au temps de Jésus. En dépit des présences païennes, la Galilée n'était pas déjudaïsée à l'époque de Jésus (*Pilgrimage, op. cit.*, p. 48-49) mais il n'est pas question, dans cette région, d'un réseau scolaire.

18. Apologie de l'ignorance : Luc 10, 21 et Matt 11, 25. Voir aussi Matt 13, 54 ; Jean 7, 15.

19. Modification du texte des Évangiles en vue du *kérygme* : c'est ainsi que Claude Tresmontant explique les différences dans Marc et Luc par rapport à Matthieu (*Le Christ hébreu,* Albin Michel, 1992, chap. 4, « Le problème synoptique »). Voir aussi, ci-après, la note 22.

20. L'étude, le plus haut des commandements : Tal/Chabat 127a.

21. Jésus et les « pharisiens » (accords) : Marc 12, 32 et 34.

22. L'authenticité des enseignements de Jésus : « Il était assis sur le mont des Oliviers en face du Temple... » lit-on dans Marc (13, 3). Matthieu ne dit pas autre chose. Mais, chez Luc, les enseignements de Jésus — qu'inspirent les prédictions eschatologiques de Zacharie (chap. 14) sur la prise de Jérusalem, les séismes qui frapperont le mont des Oliviers et les luttes finales —, auxquels il ajoute l'annonce du Messie, des douleurs de son enfantement et le mensonge des faux messies, une partie de ces « enseignements » ont eu lieu ailleurs et à d'autres moments ; ou bien ils se confondent avec ceux que Jésus délivre dans le Temple de Jérusalem. Chez Jean, les enseignements prononcés dans le Temple sont réduits à l'extrême, très partiellement intégrés dans le long discours que Jésus prononce au dernier repas. « Concernant les biographies de Jésus, c'est-à-dire les Évangiles, leur publication suppose qu'ils soient conformes au kérygme, autrement dit que le Jésus qu'on y rencontre soit non pas le maître, mais le ressuscité : cela implique donc des remaniements issus de la prédication, mais le maître a bien entendu laissé des traces » (*Essai sur les origines du christianisme, op. cit.*, p. 13).

Chapitre 10

1. « Noms programmes » (la formule est de Hans Küng) : Gen 17, 5 ; Matt 16, 18.

2. Judas = Juifs : dans l'Évangile de Jean, écrit Frédéric Manns, « le rapprochement entre Judas et les Juifs qui appartiennent au monde est constant ». Selon cet auteur qui se réfère au Midrach et à Matt 27, 4, le nom même de Judas implique l'aveu du péché. S'il se garde, par ailleurs, de nier l'historicité de la mort de Judas, Frédéric Manns n'en « démontre » pas moins que les récits de sa mort, « telles que l'Évangile de Matthieu et les Actes des Apôtres la transmettent, sont des *midrashim* chrétiens » (Frédéric Manns, *op. cit.,* p. 79 et 102). Dans un autre genre, on retiendra cette apostrophe du grand prêtre Hanan à Judas : « Ce n'est pas pour rien, Judas, que tu portes le nom de ton peuple... » (Jean Ferniot, *Saint Judas,* Grasset et Fasquelle). Le sceptre ne quittera pas Juda : Gen 49, 10. Sur l'image du traître dans les Évangiles (dans l'ordre des citations) : Luc 22, 21 ; Jean 13, 25 ; Marc 14, 10-11 ; Jean 12, 6 ; Luc 22, 48 ; Jean 13, 30 ; Marc 14, 20. Puis Matt 26, 15 ; Jean 13, 27 ; Luc 22, 39 ; Marc 14, 49. Le recours à Judas dans l'affaire Dreyfus : Jean-Denis Bredin, *L'Affaire,* Julliard, 1983, p. 103, 136. *Civilita' Cattolica* est citée dans John Cornwell, *Le Pape et Hitler,* Albin Michel, 1999, p. 66.

3. Les Évangiles et la puissance romaine : Gérard Mordillat et Jérôme Prieur, *Le Procès,* Arte, 1997 p. 48.

4. L'interprétation des Évangiles : Jean-Paul II a parlé de l'interprétation erronée des Évangiles lors d'un symposium sur les racines chrétiennes de l'antisémitisme qui, le 30 octobre 1997, a réuni au Vatican, et pendant trois jours, quelque soixante théologiens. « De tous les documents théologiques promulgués par le deuxième concile de Vatican, le texte sur les Juifs est le seul qui ne contienne aucune référence à un quelconque enseignement de l'Église, patristique, conciliaire ou pontifical. [...] Il est permis d'affirmer qu'au moment où, pour la première fois, l'Église a voulu traiter du judaïsme d'une manière autre que fragmentaire, occasionnelle ou polémique, le sens chrétien dont le concile était l'interprète ne s'est pas reconnu dans les expressions héritées du passé » (Michel Remaud, *Chrétiens devant Israël serviteur de Dieu,* Cerf, 1983, p. 33 et 101).

5. Le fatalisme dictant le forfait de Judas : les difficultés évoquées ont conduit certains gnostiques à voir dans Judas un personnage héroïque qui se serait sacrifié, comme Jésus lui-même, pour forcer Jésus et la Rédemption. Jorge Luis Borges a sorti de l'anonymat la thèse de Nils

Runeberg, auteur, au début de ce siècle, d'un livre intitulé *Jésus ou Judas*. Selon Nils Runeberg, « il fallait qu'un homme représentant tous les hommes fît un sacrifice condigne. Judas Iscariote fut cet homme. [...] Judas, disciple du Verbe, pouvait s'abaisser à être délateur [la délation étant le comble de l'infamie] et à être l'hôte du feu qui ne s'éteint pas ». Chez Jean Ferniot, « saint Judas » devient traître par amour de Jésus qui le lui demandait : il fallait un traître pour qu'il meure sur la croix. Sur la prédétermination du crime : Jean 13, 18 ; Actes 1, 16 ; Luc 22, 3 ; Jean 13, 27, le psaume de référence étant 41, 10.

6. L'universalité de Soucot : Tal/Soucot 55b ; Zach : 14. Le chiffre conventionnel des soixante-dix nations est fondé sur Gen 10.

7. Bouquet de Soucot : Lév 23, 40.

8. Jésus a le pressentiment de la mort : Matt 16, 21 ; 17, 22 ; 20, 17. Voir aussi Marc 9, 12-13 ; Jean 12, 24-25 ; 13, 1.

9. Jésus à Tsipori (Sephoris) : voir Richard A. Batey, *Jesus and the Forgotten City*, Baker Book House, Grand Rapids, Michigan, 1991 (notamment le troisième chapitre intitulé « Jesus and Theater ») et Giovanni Magnani, *Origini del Christianesimo, II : Gesù Costruttore e Maestro*, Citadella editrice, Assisi, 1996, p. 235 et suiv. Le père Magnani, qui enseigne à l'Université papale et grégorienne de Rome, et qui a participé à la suite de Richard A. Batey aux fouilles de Sephoris, pense que Jésus était un jeune géomètre, plutôt qu'un simple charpentier. Batey croit discerner, dans les paroles de Hécube, l'héroïne des *Troyennes* qui se lamente sur le sac de Troie, les imprécations que, du haut du mont des Oliviers, Jésus prononce contre « Jérusalem, Jérusalem, toi qui tues tes prophètes... » (Luc 13, 34). On peut aussi s'interroger sur l'influence d'autres vers d'Euripide, particulièrement le dialogue suivant, entre Héraclès et Admète :

> « Mais tu sais le destin qui lui est réservé ?
> — Je sais. Elle s'est soumise à mourir pour toi. »

Jésus, serviteur de l'Unique, qui avait en aversion la mythologie grecque et ses dieux, ne pouvait-il être amené à tirer un enseignement a contrario de l'affirmation de Phérès à Admète :

> « Rien ne me fait un devoir de mourir pour toi.
> Les pères obligés de mourir pour leurs fils ?
> Ni mes aïeux, ni mon pays ne m'ont transmis semblable loi. »

10. « Un brave type » (*Le Procès*, *op. cit.*, p. 37).

11. Jésus et ses disciples à Getshémani : Jean 18, 2.

12. La Passion programmée : Luc 18, 32 ; Matt 26, 39 (cette coupe).

13. Isaac sauvé : Gen 22, 11. Comme « symbole » : Héb 11, 19.

14. Jésus monte à Jérusalem : Jésus se rend à Jérusalem pour y accom-

plir la mission exposée aux pharisiens (Luc 13, 31-33) et pas seulement dans le cadre des trois fêtes de pèlerinage. Le pèlerinage lui-même était facultatif, l'obligation dont la Tora fait état s'appliquait seulement au service dans le Temple auquel étaient soumises les personnes qui, pendant ces fêtes, se trouvaient à Jérusalem (*Pilgrimage, op. cit.*, p. 24-38). Citations : Noé et Loth : Luc 17, 26-30 ; le Royaume en marche : *id.*, v. 21 ; l'annonce de la passion et l'incompréhension des apôtres : *id.*, v. 31-34 ; la bonne nouvelle et le Royaume : Matt 24, 14 ; son irruption : *id.*, 11, 12 ; les douleurs de l'enfantement : *id.*, v. 7-8 ; la moitié de la population frappée Luc 17, 34-35 (sans doute inspiré par Zacharie 14, 2 et suiv.) ; Jésus comme Messie : Marc 8, 29 ; le cri final : *id.*, 15, 34. Voir Heinz Kremers, *Jerusalem in the Second Temple Period*, Abraham Schalit Memorial, éd. Yad Izhak Ben-Zvi, Jérusalem, 1980, p. 149, en hébreu.

15. L'incrédulité des apôtres au dernier repas : Jean 16, 5 et 16 17.

16. L'onction de Jésus : selon Matthieu et Marc, cela se passait juste avant Pessa'h, à la veille du dernier repas. D'après Jean (12, 2), Mariam verse le liquide sur les pieds du Christ (l'Oint), six jours avant la Pâque. Claude Tresmontant donne ce commentaire : « Elle ne pouvait [...] se permettre d'oindre le Seigneur sur sa tête, l'onction du grand prêtre, des rois, des prophètes s'effectuait en versant de l'huile sainte sur la tête. Elle effectue l'onction sur les pieds du rabbi. » Chez Luc aussi, le parfum est versé sur les pieds de Jésus (7, 36). Seulement, d'après ce dernier, la scène se passe ailleurs, en Galilée, et bien plus tôt. Pour Matthieu et Marc, si la femme verse le parfum sur la tête de Jésus, c'est sans doute parce que sa mission messianique est immédiate. Le Talmud confirme que, depuis la disparition de l'huile d'onction, on faisait usage d'un parfum précieux pour oindre les grands prêtres (Horayot 11b). Citation : Jean 12, 7. Judas s'insurge contre l'onction administrée à Jésus : il regrette qu'on ait gaspillé l'argent du parfum. Son avarice n'étonnera personne ! Mais les Évangiles ne traduisent-ils pas de cette manière l'opposition de Judas à la messianité de Jésus ? On se rappelle sa réaction après l'échec de Kfar Na'houm (*supra*, p. 59).

17. Les *misvot* pour vivre : Yoma 85b.

18. Nissân, mois de la Libération : Mekhilta, Bô, 14 ; Roch Hachana 11a.

Chapitre 11

1. L'accès à la montagne du Temple est interdite aux Juifs par le rabbinat. Car seule une personne rituellement pure (après rétablissement du rite indiqué en Nbr 19, 1-22) serait autorisée à fouler l'espace où s'élevait le Temple — qu'on ne connaît d'ailleurs pas avec une certitude absolue. L'interdiction rabbinique a le mérite d'éviter les affrontements avec les autorités islamiques qui, pour leur part, interdisent la prière juive à proximité du Dôme et de la mosquée el-Aqsa.

2. Les esséniens chez Flavius Josèphe : *La Guerre des Juifs*, II, 8, 2 et suiv. La porte des Esséniens, *id.*, V, 4, 2.

3. « Pour que tu manges le *pessa'h* » : les Bibles françaises traduisent généralement : « Pour que tu manges la Pâque », ce qui ne veut rien dire. La Bible des moines de Maredsous est plus explicite (*op. cit.*) : « Où veux-tu que nous allions préparer le repas de la Pâque ? » Cependant, à moins de tenir compte d'une note en fin de livre, on aborde allégrement le contresens. Ces traductions ont conduit certains auteurs à écrire, en toute bonne foi, qu'aucun texte évangélique n'évoque à propos de la Cène l'agneau pascal. Cependant, l'absence de toute référence au véritable *pessa'h* chez certains exégètes peut aussi traduire leur intention délibérée d'en gommer la présence. Ainsi, selon le père E. Testa, évoquant I Co 5, 7, si Luc (22, 7) cite l'expression « tuer le *pessa'h* » pour la préparation de la veillée, cela concerne « l'agneau-Jésus » car « pour les chrétiens, la Pâque est seulement le Christ immolé » *(Les Dossiers de l'archéologie*, n° 10 mai-juin 1975). Références sur la préparation du *séder* : Marc 14, 12 ; Zeva'him 5, 8.

4. L'eau pour cuire les *matsot* : Pessa'him 42a.

5. Le chant du coq : Marc 14, 30. (Une autre tradition situe le palais de Caïphe à l'ouest du Cénacle, dans un lieu saint orthodoxe où reposerait Étienne.)

6. La Sainte Communauté de Jérusalem : Shemuel Safrai, *Érets-Israël*, *op. cit.*, p. 43.

7. L'Anonyme de Bordeaux, la synagogue judéo-chrétienne : Simon C. Mimouni, dans *Proche-Orient chrétien XL*, 1990, p. 215-234 ; Bargil Pixner, dans *Biblical Archaeology*, mai-juin 1990.

8. Localisation du Cénacle : les Actes rapportent (chap. 2) que les apôtres étaient réunis à la Pentecôte (Chavouot) cinquante jours après la Cène, « tous ensemble en un même endroit » (v. 1). Logiquement et comme l'enseigne la tradition chrétienne, il pouvait s'agir de la salle du *séder* où, sept semaines plus tôt (semaines = *chavouot*) et pour la dernière fois, le maître leur avait parlé. L'Esprit saint, continuent les Actes, se

manifesta et les « dévots de toutes les nations » qui étaient sur les lieux furent témoins d'une prophétie polyglotte. « Certains disaient en se moquant : ils sont pleins de vin doux » (v. 13). Ce qui provoqua l'intervention de l'apôtre Pierre : « Hommes de Judée, et vous tous qui résidez à Jérusalem [...] Non, ces gens ne sont pas ivres comme vous le supposez, ce n'est d'ailleurs que la troisième heure du jour. » Et d'expliquer que l'esprit prophétique s'était répandu sur tous. La troisième heure dont il est question est une heure astronomique (la troisième depuis le lever du jour, la période diurne étant divisée en douze heures). Il devait donc être environ huit ou neuf heures du matin. Si, à cette heure, les Juifs se trouvaient en cet endroit, c'est parce qu'à Chavouot on se recueillait sur la tombe de David, ou devant un mémorial qui, rapporte Flavius Josèphe, avait été construit en son souvenir. Selon la tradition juive, Chavouot est le jour anniversaire de la mort de David et un usage, toujours perpétué, a fixé ce jour pour la lecture du Livre de Ruth, son ancêtre (Je/'Haguiga 2, 3. Voir aussi *Daa't Mikra*, *op. cit.*, sur Ruth p. 21, note 57).

9. Le tombeau de David : chez les chrétiens on a cru à la présence du tombeau, à la suite, sans doute, d'une interprétation abusive d'un propos de Pierre, déclarant aux apôtres (Actes 2, 29) : « Le patriarche David est mort et a été enseveli et son tombeau est encore parmi nous », c'est-à-dire à proximité immédiate du Cénacle. Références : la tombe de David selon la Bible : I R 2, 10 ; David ancêtre de Jésus : Matt 1, 1 ; l'hommage de Mohamed : Soura 21, 78 ; « David roi d'Israël vivant... » : Tal/Roch Hachana 25a. « David roi d'Israël vivant et toujours existant... » : La formule, qui était sans doute un signe de reconnaissance — et de résistance —, était prononcée à chaque néoménie. Rachi explique : David est vivant à l'instar de la Lune qui diminue, disparaît, revient...

10. Symposium et *séder* : les coussins dans la salle du Cénacle : Marc 14, 15-18. Pieds et têtes des convives étaient à la même hauteur, d'où l'usage de laver les pieds des invités. Un serviteur était assigné à cette tâche. Selon l'Évangile de Jean, Jésus s'en est chargé. Voir dans la suite du texte, la « contestation » sur « qui est le plus grand » (cf. *Jewish Sources*, *op. cit.*, p. 33). Référence de la Michna : Pessa'him 10, 1. Voir aussi dans le même traité : 108a.

11. Le *séder* dans l'Évangile de Luc : 22, 17 ; la contestation : 20, 24 et 27.

12. Le Hallel au *séder* (Matt 26, 30) : nous savons par des sources plus anciennes que les Évangiles, comme le Livre des Jubilés (49, 10), que « tous en Israël sont assis et mangent la chair du *pessa'h*, boivent du

vin, chantent des cantiques (*mehalelim*), glorifient et bénissent L'Éternel ». *Mehalelim,* même racine que *Hallel,* peut signifier « glorifier » ou « chanter des chants de glorification ». De son côté, Philon évoque les « usages ancestraux » qui sont de mise la nuit du *séder,* les « prières et les chants de louange » (*Sur le détail des Lois* 2, 148). Textes cités par Yosef Tabory, *op. cit.*, p. 310, en hébreu). Références : Luc 22, 14 et 26 ; Pessa'him 10, 6 et 7 ; Pessa'him 86a.

13. Le chant du coq et la libération : le processus ayant commencé, dit la Tossefta (Pessa'him 10, 9), il importe peu qu'il ne soit pas encore venu à terme. Aussi convient-il d'en célébrer les différentes phases dans la nuit même où il a été enclenché : la Promesse justifie la louange adressée à Dieu. C'est l'un des thèmes de la Hagada : « Béni qui a tenu sa promesse à Israël [...] Le Saint béni soit-Il nous a sauvés de la main [des persécuteurs]. » La sortie d'Égypte à la mi-*journée* : Lév 33, 3.

Chapitre 12

1. La prière à Getshémani : Matt 26, 39 ; Is 51, 18 (la coupe de poison) ; J/Pessa'him 10, 1 (ambivalence des coupes) ; Gen 40, 11 et 13 (la coupe du pharaon) ; Pessa'him 118a (la souffrance du Messie).

2. *Hoshia-na* : Ps 118, 25. *Hoshia* signifie « Sauve » [-nous] et *na,* « de grâce ! ». Matt 21, 9 : *Hosanna !* À force d'être répété, il y a eu élision du *i.*

3. Les vignerons homicides : Luc 20, 9-18 et 35-36.

4. Hallel : psaumes 113 à 118.

5. Le cri de Jésus en araméen : Matt 27, 46. Ce qui a conduit Erich Fromm à avancer que Jésus, sur la croix, a récité tout le psaume 22 qui commence par ces mots (Erich Fromm, *You Shall Be As Gods,* Holt, Rinehart and Winston, en annexe).

6. La pluie sur Canaan : Deut 11, 11-12.

7. La « Solennité au huitième jour » : Nbr 29, 35.

8. La sépulture inconnue de Moïse : Deut 34, 6.

9. Dieu « a donné son Fils unique » : Jean 3, 16.

10. Le souvenir de la souffrance des Égyptiens : de là l'origine des gouttes de vin versées, pendant le *séder,* hors de la coupe de la joie, avant l'énoncé des dix plaies qui frappèrent les populations d'Égypte. Leur peine est aussi évoquée dans la liturgie de la fête : la réduction du Hallel au septième jour de la fête et par ricochet du second au sixième diminue les louanges chantées à Dieu. Ainsi, l'ensemble de la semaine de Pessa'h, du *séder* du premier soir jusqu'au dernier jour, exprime l'incompatibilité

entre une joie complète et la mort d'hommes — « œuvre des mains de Dieu » (cf. Meguila 10b).

11. Signification des herbes amères : les herbes amères (que la Tora demande de manger avec la chair de l'agneau) ont pour objet de relever son goût (et d'élever la signification théologique) du *pessa'h* (Mordekhaï Breurer, *Pirké Moadot*, 'Horev 1993, vol. I, p. 163). Sur le jeu de mots *maror*-amertume, voir la Hagada et Pessa'him 116b.

12. 'Haguiga : Pessa'him 6, 3. À ne pas confondre avec le *korbân* de la fête, présenté le lendemain.

13. La sortie de Judas : Jean 13, 29 ; l'aide aux démunis pour le *séder* : Pessah'im 10,1 ; J/Baba Batra 1, 4.

14. Nuit de la veillée : Ex 12, 42 ; Luc 12, 35 (parabole des serviteurs) ; Matt 9,15 (le dais nuptial).

15. Parabole des dix vierges : Matthieu, 25, 1 et suiv. qui évoque Ex 12, 29.

16. *Eucharistesas :* I Co 11, 23-24.

17. Le pain du Ciel et le pain de la terre : selon le premier rabbi de Gour, les deux pains présentés sur l'autel à Chavouot unissent le pain du Ciel et le pain de la terre. Voir son commentaire *Sefat Emet* sur Chavouot, commençant par l'abréviation DKA, vol. IV, p. 24, dans la « nouvelle édition », Jérusalem, 5731. Sur le « maître du pain » : Berakhot 40 b.

18. Nourrir les hommes est le plus grand des miracles : Pessa'him 118a.

19. La plus grande des glorifications : d'où l'inclusion, dans la Hagada, du psaume 136 que le Talmud appelle « le grand Hallel »... bien qu'il comporte une soixantaine de versets de moins que le Hallel ordinaire ! Ce psaume qui évoque les bienfaits de Dieu en faveur d'Israël, notamment la libération d'Égypte et le miracle de la mer Rouge, est qualifié de la sorte parce qu'il célèbre la générosité de Dieu pour l'ensemble du monde créé dont, en apogée, au dernier verset, « le pain accordé à toute chair ».

20. L'homme ne vit pas seulement de pain : Deut 8, 3.

Chapitre 13

1. Massora : la Massora, au Xe siècle, a consigné la version autorisée de la Bible, dont sa vocalisation, en intégrant les traditions connues depuis longtemps. Dans notre cas (Deut 16, 3), elle vocalise avec un *'holam* (o) au lieu d'un *kamats* (a), et lit *lé'hem 'oni* au lieu de *lé'hem*

'ani qui a inspiré la version araméenne (Targoum) dite de Jonathan. *'Oni* signifie « état de pauvreté » ou « misère ». Dans le Targoum dit de Jonathan, *'oni* est principalement rendu par le radical S-G-Ph, jamais par *'oni*. La confusion est seulement possible dans le Targoum d'Onkelos, la version araméenne dont on faisait lecture dans les synagogues, qui traduit *'oni* et *'ani* par le même mot, *'ania*. Dans son *Chaldaisches Wörterbuch*, J. Lévy fait de *'ania* un adjectif, notant que le substantif à l'état construit exigerait *de-'ania*. Cependant (voir L. Wogue sur le Pentateuque), on s'attendrait alors à *de-'aniyouta*. Quoi qu'il en soit, *'aniya* comme substantif est attesté, notamment dans Ex 22, 24. Quant au Talmud (Pessa'him 115b-116a), il relève que le texte non vocalisé de la Tora favorise la lecture *'ani*. Ce qui l'amène à établir que la *matsa* sur laquelle on prononce la bénédiction correspondante au *séder* doit être morcelée, évoquant par là le « morceau » de pain dont le pauvre est habitué à se satisfaire. Voir aussi Rachi sur Berakhot 39b. On notera encore en faveur de la lecture *'ani*, que l'« oblation » (*min'ha*) présentée au Sanctuaire était l'offrande du pauvre (*cf.* Rachi sur Lév 2, 1, citant le Talmud). Cette oblation était toujours azyme (*id.* 2, 11.)

2. « Le pain que l'on *commente » :* Pessa'him 115b.

3. *« Ego eimi ho artos »* : Jean 6, 35-48-51 ; le fidèle « vivra dans la durée éternelle à venir » : *id.*, v. 51.

4. L'hébreu ignore le verbe être au présent (sujet = attribut), et « je » ou « moi » se traduit par *ani*. Sur l'ancienneté de l'introduction araméenne : *supra*, note 14 du Chap. 13.

5. *'Ayin* et *aleph* : *'ayin* (gutturale, indiquée par l'apostrophe) et *aleph* sont l'une et l'autre des consonnes muettes, dont on prononce les voyelles. Le Talmud rapporte une déduction obtenue par la confusion de ces lettres par un tana contemporain du Temple : Rabbi Eliézer ben Yacob (Berakhot 31b — *cf.* la note en marge dans les éditions Steinsaltz). Voir aussi J/Berakhot 8, 6 ; Tal/Chabat 77a ; 'Éroubine 53a-b ; Tal/Roch Hachana 23b ; Baba Kama 100 b ; Avoda Zara 2 a-b.

6. Jeu de mots : notamment, parce que *davar* signifie aussi bien « mot » que « chose », différents termes, qui ne le désignent pas, se confondent avec un objet en raison d'une parenté linguistique ou consonante. Nous sommes en présence de mots-objets : ce procédé apparaît déjà dans la Bible. Jérémie (1, 11) voit en rêve une branche d'amandier (*chakèd)*, parce que Dieu « veille » (*choked)* sur sa parole. Dans la Tora, le mot *matsa,* comme on appelle le pain sans levain, évoque selon certains (Yosef Tabory, *op. cit.*, p. 52, note 60) la « sortie » (du radical Y-Ts-A) d'Égypte. Sur la table du nouvel an (Horayot 12a), les mets servis en entrée sont porteurs de sens et doivent rappeler, principalement

par leur consonance, les vœux qu'on formule pour l'année qui commence. La Hagada, elle, nous a rendu familière la signification que Rabban Gamliel, usant de la parenté étymologique, donne au pseudo-*pessa'h* et aux herbes amères posés sur le plat du *séder*. Et la *baraïta* sur le pain que l'on « commente abondamment » a paru suffisamment expressive aux *richonim* (rabbins du XIe au XVIe siècle qui jouissent d'une autorité incontestée) pour servir leurs propres commentaires sur la Hagada. C'est notamment le cas de rabbi Yechaya de-Trani l'Ancien (Rid) et de l'auteur des *Chevilé Haléket*. Jésus, lui aussi, pratique l'art des mots. Nous l'avons relevé pour la nomination de l'apôtre Pierre, c'est aussi le cas dans Matt 3, 9 où *ében* (pierre) jongle avec *ben* (fils) ; Claude Tresmontant soupçonne le jeu de mots en Jean 1, 29 (*sé*, « agneau », et *ha-nossé*, « qui porte »). Et rien n'interdisait aux apôtres, à propos de la *matsa* « commentée abondamment », d'entendre aussi : *Lé'hem 'ani*, « le pain du Pauvre », du Messie, en écho de la prophétie de Zacharie que Jésus a invoquée en entrant dans Jérusalem (ci-dessus chap. 8).

7. Hébreu et araméen : sur la pratique de l'hébreu, on rappellera que les textes de la Michna et de la Tossefta, sauf exceptions très partielles, sont en hébreu. Pour Claude Tresmontant, il y a eu « osmose » entre les deux langues parentes. Jésus enseignait « en araméen et très probablement aussi en hébreu dans nombre de cas, dans plusieurs circonstances, lorsque son public, ses auditeurs étaient des gens du Livre, des gens du métier » (*Le Christ hébreu*, *op. cit.*, p. 17 et 18). Selon David Flusser, Jésus enseignait en hébreu (*Jesus*, *op. cit.*, p. 128).

8. « Je suis descendu du Ciel » : Jean 6, 41-42. Voir *supra* p. 57.

9. Le dogme de la Transsubstantiation : c'est à partir du XIe siècle que l'Église a vu dans le propos de Jésus plus qu'un symbole. Quant au dogme de la Transsubstantiation, il date du concile de Trente, au XVIIe siècle.

10. Lettre aux Corinthiens : première lettre 11, 24.

11. Formules de la Transsubstantiation : Luc 22, 19-20 ; I Co 11, 23-25 ; Marc 14, 22-24 ; Matt 26, 26-28.

12. Luc proche des sources talmudiques : Jésus annonce la consommation du *pessa'h* ; il rend grâce sur une première coupe (*kidouch* ?), puis sur la *matsa*, avant de le faire sur la coupe après le repas. Vient ensuite la « contestation » que nous avons rapportée, qui implique le dialogue des convives, partie intégrante de la veillée. Selon Flusser, c'est bien Luc qui garde la tradition du texte original (*cf. Jesus*, *op. cit.*, p. 22).

13. La formule est d'Emil L. Fackenheim.

14. Discours par symétrie : *Aïdé-dé...* Voir Rabbin Adin Steinsaltz, *Le Talmud, guide et lexique*, Lattès, 1994, p. 95, articles 4 et 6.

15. La Cène chez Jean : le vendredi, lendemain de l'arrestation de Jésus, Caïphe et ses compagnons n'entrent pas chez Pilate « pour ne pas se souiller et pouvoir manger le *pessa'h* ». On en a conclu que le dernier repas précédait le *séder* de vingt-quatre heures. Mais parce que nous sommes un vendredi, et que le début du Chabat risquait de perturber l'égorgement au Temple des agneaux et des chevreaux, cette cérémonie a pu être avancée de vingt-quatre heures, au jeudi, dans l'après-midi, et le *séder*, son corollaire, célébré aussitôt. Cependant, en particulier dans la classe sacerdotale, on a pu dissocier l'un et l'autre. Caïphe s'apprêtait à faire le *séder* à la date théoriquement prévue, quand finit la journée du vendredi 14 nissân, et manger alors la chair de l'agneau... immolé la veille. Si bien que, même selon l'Évangile de Jean, la Cène qui réunit Jésus et ses disciples vingt-quatre heures avant que le grand prêtre ne goûte à l'agneau pascal pouvait être un *séder*... C'était un *séder*, car sinon pourquoi le Nazaréen aurait-il réuni ses apôtres à Jérusalem — seul lieu où le *pessa'h* devait être consommé ? Pour un repas convivial, il pouvait rester à Getshémani où lui et ses disciples avaient l'habitude de se réunir, ou à Béthanie où ils habitaient tous, au lieu de devoir, dans le contexte politique qu'on connaît, franchir à nouveau le Cédron, à l'issue du repas, pour regagner Getshémani. Ce dernier point excepté, c'est là la thèse de Daniel Chwolson (*Das Letzte Passahmahl Christi, op. cit.*), lequel note que sa théorie joue en faveur de l'ancienneté de l'Évangile de Jean. À l'époque où les Synoptiques ont été rédigés, écrit-il, on ne se serait plus souvenu des usages qui avaient eu lieu autrefois, quand la nuit du 14 au 15 nissân coïncidait avec celle du Chabat. Sur l'égorgement des agneaux de la Pâque et le Chabat : voir le récit dont Hillel est l'acteur (J/ Pessa'him 6, 1 et correspondances) ; sur la veille de Pessa'h coïncidant avec la veille de Chabat : Pessa'him 5, 1. On a aussi écrit que les sadducéens avaient un calendrier différent des pharisiens ; que, selon Jean, Jésus a pu suivre un ancien calendrier sacerdotal, conservé à Qumrân ; ou un troisième qui fixait la Pâque à un jour précis de la semaine. Annie Jaubert (*op. cit.*) estime que le quatrième Évangile a été élaboré « dans une optique différente en fonction d'un milieu hellénisé. [...] Le culte dans l'esprit fondé par Jésus a remplacé les rites et les célébrations du judaïsme légal. [...] À la dernière Pâque, il est l'agneau pascal qui remplace tous les sacrifices du Temple ». Références : Caïphe refuse de pénétrer chez Ponce Pilate (les demeures païennes étant réputées contenir des cadavres) : Jean 18, 28 ; veille de Chabat : *id.*, 19, 31 ; Jésus traverse le Cédron : *id.*, 18, 1 ; Jésus et les apôtres habitent Béthanie où ils retournent chaque soir : Marc 11, 11 ; 124 versets : Jean 13, 16-17, 26.

Chapitre 14

1. *Le Bulletin de nos communautés.* Bimensuel fondé par le grand rabbin du Bas-Rhin Abraham Deutsch et par Nephtali Grunewald, dès leur retour en Alsace à la Libération. Il fut à l'origine de l'hebdomadaire *Tribune juive.*

2. « S'il est une douleur » : Lam 1, 13.

3. Yehochaphat Harkabi : *Betokef ha-Metsiout* : Fondation Van Leer, Jérusalem.

4. Les dissertations sur la peine de mort : à l'exemple de la Tora qui pratique l'art des lois théoriques (*supra,* p. 107), le Talmud est coutumier de dissertations du même ordre. Ainsi consacre-t-il de longs débats au cas du « fils rebelle » — passible de mort — pour conclure (Sanhédrin 71a) qu'« il n'y en a jamais eu et il n'y en aura jamais ». Alors pourquoi, interroge-t-il, la Tora (Deut 21, 18-21) élabore-t-elle une législation concernant le « fils rebelle » ? Pour « créditer le méritant d'avoir étudié » le problème d'un garçon totalement rétif à la morale.

5. Le Sanhédrin a-t-il livré Jésus ? : Il est difficile de savoir comment les choses se sont passées, à cette époque particulièrement tourmentée de l'histoire juive, alors que la Palestine était sous occupation romaine et que toute velléité de révolte menaçait la nation entière. On ne connaît pas davantage l'influence exercée sur le Sanhédrin — ou hors de cette institution — par les grands prêtres liés à l'occupant qui leur octroyait leur charge. Cela dit et sans prétendre, ici, établir le partage des responsabilités, on soulignera les points suivants :

a) S'agissant d'un élément objectif, déterminant dans la mort de Jésus, on attendait que la séance du Sanhédrin soit rapportée pareillement. Or, indépendamment des variantes dans les Synoptiques, l'Évangile de Jean ne fait pas intervenir du tout le Sanhédrin. La mort est prononcée par les grands prêtres et la peine recommandée au préfet de Rome.

b) Prétendre comme le font les Synoptiques que Jésus a été condamné par le Sanhédrin pour avoir annoncé la fin du Temple de Jérusalem ou pour s'être proclamé fils de Dieu est pour le moins surprenant. La fin de Jérusalem fut déjà annoncée par des prophètes sous le règne impie du roi Manassé (II R 21, 12) quelque sept siècles avant Jésus ! Quant au fait de se proclamer fils de Dieu, il n'y avait là rien de choquant alors que la Tora proclame (Deut 14, 1) : « Vous êtes les fils de L'Éternel votre Dieu. » Au demeurant, nul besoin n'aurait été, comme le prétendent les Évangiles, d'obtenir à ce sujet l'aveu de Jésus, alors qu'il avait tenu ces propos en public (Jean 18, 20).

c) Le fait que, d'après les Évangiles mêmes, les juges aient refusé les faux témoignages accusant Jésus semble montrer que la législation très précise consignée dans le Traité de Sanhédrin était déjà en vigueur à l'époque de Jésus. Cette législation est en contradiction totale avec le Nouveau Testament, notamment parce qu'un Sanhédrin ne pouvait siéger ni de nuit ni la veille d'une fête, et qu'une condamnation n'était jamais exécutoire le jour même.

d) Les textes du Talmud évoquant la condamnation de Jésus par le Sanhédrin ne sont d'aucun secours. Les motifs qu'ils invoquent, les rapports flatteurs que Jésus aurait entretenus avec le pouvoir romain (Sanhédrin 43a) sont en contradiction avec ce que nous savons de Jésus par les récits des Évangiles. Les délits qui, du point de vue de la Halakha, auraient pu justifier une condamnation à mort ne correspondent pas non plus avec le Nouveau Testament. On répétera que les narrations du Talmud, dont le texte de Sanhédrin ci-dessus fréquemment cité, n'ont pas de valeur historique ; elles s'appliquent à un personnage conventionnel, passible de la peine de mort pour avoir incité les fidèles à pratiquer l'idolâtrie (*méssith* — Sanhédrin 67a) et pour avoir cherché par la sorcellerie (*kichouf*) à provoquer le malheur d'Israël. Le *kichouf* prétend invoquer le *Katégor*, l'Accusateur, l'opposé même du *Paraclet*, le Défenseur, dont Jésus annonce la venue dans les Évangiles ! Il s'ensuit que le personnage du Nouveau Testament et celui dont le Talmud réprouve le comportement, parce qu'il est à l'origine d'une dissidence menaçant le judaïsme dans sa survie, ne sont pas les mêmes. Sur *kichouf* et *Katégor*, on consultera Avraham Weinroth, *Spiritualism and Judaism*, cours radiodiffusés de Tsahal, 1996, p. 126 et suiv., en hébreu. Voir aussi, mais dans une autre perspective, Haïm Cohen, *Le Procès de Jésus*, notamment son entretien avec Salomon Malka (*Jésus rendu aux siens, op. cit.*). Sur le Sanhédrin « meurtrier » : Makot 1, 10.

6. La traduction de Matthieu : nous rendons *logia* d'après Claude Tresmontant (*Le Christ hébreu, op. cit.*, p. 91) rapportant le propos d'Eusèbe de Césarée dans *Histoire de l'Église*, 3, 39.

7. La « passion volontaire » de Jésus : *Le Testament de Notre-Seigneur Jésus-Christ*, cité dans *La Date de la Cène, op. cit.*, p. 94.

8. Les grands prêtres à l'époque du deuxième Temple achetaient leur charge à l'occupant. Certains d'entre eux ne savaient pas lire et d'autres ne comprenaient plus l'hébreu (Yoma 1, 6 avec le commentaire de P. Kahati). Leur esprit de rapine : Sifri Nombres 131 (sur 25, 12) ; la perte des valeurs : Yoma 23a. Voir encore Pessa 'him 57a.

9. L'idée de résurrection : non seulement les « justes sont appelés vivants après leur mort », mais on racontait que certains d'entre eux

réapparaissaient dans ce monde-ci (par exemple Rabbi Yehouda haNassi — Ketouvot 103 a).

Chapitre 15

1. Trinité et monothéisme : pour les Juifs, tenus à cet égard à une rigueur extrême, l'« association » de plusieurs divinités (*chitouf*) est assimilée à l'idolâtrie. À l'égard des Gentils, la Halakha est moins exigeante (*Choulkhan Aroukh, O.H.* 156, glose de r. M. Isserles. Voir E.T./3, p. 350, notes 70 et 71). Sur ce sujet : Jacob Katz dans *Tsion* 1959, p. 181 et suiv. Lire aussi l'article d'Israël Ta-Chema intitulé « Yeméi Eidéhem », dans *Tarbitz,* 1978, p. 197 et suiv. Maïmonide, pour lequel le culte rendu à un ange est déjà une pratique idolâtre (*Michné Tora,* hilkhot Avoda Zara, 2, 1) et qui, par ailleurs, ne côtoyait pas la société chrétienne, voit dans le christianisme un culte idolâtre. Mais lui aussi considère que l'islam et le christianisme préparent l'humanité à la connaissance et au service de Dieu. (Voir, pour les références, José Faur, *Studies in the Mishne Tora,* Mossaad ha-rav Kook 1978, p. 230 et suiv., en hébreu.) On ajoutera que ces appréciations remontent au Moyen Âge et à la Renaissance. Le fait, comme le dit le R.P. Claude Geffré, directeur de l'École biblique et archéologique de Jérusalem, qu'« il est des vérités théologiques qui sont devenues obsolètes, alors que, pendant des siècles, elles ont fait partie de la doctrine officielle de l'Église », devrait conduire l'autorité rabbinique à réévaluer, elle aussi, sa compréhension du christianisme (Claude Geffré, entretiens avec Gwendoline Jarczyk, *Profession théologien,* Albin Michel 1999, p. 86).

2. L'Église vaincue par les païens : cité par Samuel Hugo Bergman, *Naharaïm,* Bialik Institute 1977, p. 11, en hébreu. C'est nous qui soulignons. La citation précédente est extraite de Franz Rosenzweig, *L'Étoile de la rédemption,* trad. Alexandre Derczanski et Jean-Louis Schlegel, Seuil, 1982, p. 446.

3. « Fruits d'amertume et de mort » : c'est nous qui soulignons. La juxtaposition des textes nous amène à préciser que l'auteur ne fait pas référence à Franz Rosenzweig, *op. cit.*, p 70 et 96.

4. L'Église chez les païens : « Pratiquement, écrit John Cornwell [*op. cit.*, p. 353], tous les dictateurs de droite de l'époque [nazie] étaient nés et avaient été élevés dans le catholicisme : il suffit de citer Hitler, Horthy, Franco, Pétain, Mussolini, Pavelic et Tiso (qui était un prêtre catholique). »

5. L'arbre et ses fruits : Matt 7, 18.

6. L'homme a été créé unique : dans certaines éditions du Talmud, on a ajouté : « Quiconque détruit une vie... *en Israël.* » Ce texte de Sanhédrin est, en effet, cité dans le cadre de la procédure judiciaire comme partie intégrante de la mise en garde adressée aux témoins, dont les déclarations à cette époque ne pouvaient viser qu'un prévenu juif. Il reste que les arguments de la Michna puisent dans l'histoire universelle de la Création et ne sont intelligibles que dans ce contexte. Voir l'article d'Ephraïm Urbach, *The World of the Sages,* Magness (p. 561) et son impressionnante recension des censures chrétienne et juive. Voir aussi dans l'édition bilingue du Talmud Steinsaltz, *op. cit.*, vol. II, p. 161, la note en marge.

7. La terre d'élection désignée lors de la Création : To/Avoda Zara 5, 2.

8. Les rois d'Israël sont miséricordieux : I R 20, 31 ; II R 6, 22.

9. La terre ne saurait exister sans Israël : Ta'anit 3b (texte de référence : Za 2, 10).

10. Israël... semé sur le globe : Pessa'him 87b (texte de référence : Osée 2, 25). Voir aussi le commentaire de r. N.T. Yehouda Berlin de Vohllozin sur Deut 29, 28 et son ajout en fin de livre.

11. Sous Cyrus : Néh 10, 29 et *cf.* Ezra 6, 21.

12. Renier l'idolâtrie : l'idolâtrie est considérée comme la source de toutes les immoralités. Dans Deut 12, 31, elle est « détestée » par Dieu « car leurs auteurs vont même jusqu'à brûler au feu leurs fils et leurs filles pour leurs dieux ». Voir le commentaire de Ch. D. Luzzato sur le premier verset de la Tora et sur le premier des dix commandements dans l'Exode.

13. Sept commandements pour être un juste parfait : Maïmonide (*Y. H. Hilkhot Melakhim* 8,11 — selon le texte de r. Moshé ben Yitshak Alachkar, cité par EH 9/162) statuera de la sorte : « Qui accepte les sept commandements et veille à ne pas passer outre appartient aux vertueux des nations et a droit au monde futur. À condition de les accepter et de les accomplir parce que le Saint béni soit-Il les a ordonnés dans la Tora. [...]. Mais s'il les accomplit par bon sens [...] il n'appartient pas aux vertueux des nations, mais [seulement] à ses sages. » Source : Sanhédrin 56a.

14. Une antique promulgation : Sanhédrin 59a et b ; Rachi sur Gen 7, 2. La Tora a entériné certains usages qui ont précédé la promulgation du Sinaï, dira Maïmonide (*Guide des Égarés*, III, 49). Sur la « morale naturelle » : « La crainte du Ciel ne saurait repousser la morale naturelle des hommes. [...]. Le critère de la crainte du Ciel bien comprise est que son apport élève davantage la morale naturelle implantée dans la droite

nature des hommes » (A.I. Kook, premier grand rabbin de Palestine, *Orot ha-Kodech,* 33, 27).

15. Paul abolit la Tora : Ro 5, 15 ; 5, 8.

16. Les païens observent des *mitsvot* : « Les masses ont dès longtemps manifesté un vif désir d'adopter nos observances religieuses ; et il n'existe pas une seule cité, grecque ou barbare, ni une seule nation où notre coutume de nous abstenir du travail le septième jour ne se soit propagée et où les jeûnes, l'allumage des lampes et nombre de nos interdictions en matière alimentaire ne soient pas observés » (Flavius Josèphe — qui s'est sans doute inspiré de Philon — *Contre Apion* 2, 282). Sur les « Craignant Dieu » : *Verus Israël, op. cit.*, le chapitre intitulé « Le prosélytisme juif », p. 316-351. Menachem Finkelstein, *Proselytism, Halakha and Practice,* Bar Ilan, 1994, p. 207 et suiv., en hébreu. S.W. Baron, *op. cit.*, vol. I, le chapitre intitulé « L'expansion du judaïsme ». Le prosélytisme dénigré par les Évangiles : Matt 23, 15.

17. Le christianisme doit être missionnaire : pour Rosenzweig, la répartition des tâches est d'ordre ontologique, entre « vie éternelle et voie éternelle » qui diffèrent « autant que l'infinité d'un point et d'une ligne ». « L'infinité d'un point, écrit-il, ne peut résider ailleurs que dans le fait de n'être jamais effacé ; c'est ainsi qu'il se conserve dans l'éternelle autoconservation du sang qui n'arrête pas d'engendrer. Par contre, l'infinité d'une ligne s'arrête quand il est devenu impossible de la prolonger ; elle réside en effet dans cette possibilité de prolongation illimitée. Comme voie éternelle, le christianisme doit s'étendre toujours davantage. Une simple conservation de son état signifierait pour lui le renoncement à son éternité, et du fait même la mort. Il faut que le christianisme soit missionnaire. » *Cf. L'Étoile*, p. 403.

18. Pie X : *Th. Herzl's Tagebücher,* Jüdischer Verlag, Berlin 1923, vol. 3, p. 558.

19. Hanouca au Vatican : Jean-Paul II s'était excusé ; en cette veille de Noël 1997, le vieil homme se préparait aux cérémonies du lendemain. Mais il avait demandé au cardinal Jean-Louis Tauran, chargé des relations extérieures du Vatican, de le représenter personnellement, alors que le cardinal Edward Idris Cassidy, président de la Commission des relations avec le judaïsme, prenait part lui aussi à la cérémonie, organisée en ces lieux pour marquer le 50e anniversaire de l'État d'Israël. Sur rabbi Yitshak et Aron Lopès : voir *supra,* p. 23 et 25.

20. Une « nouvelle phase » de rencontre : Gilles Bernheim, *op. cit.*, p. 109 et suiv.

21. Les rayons et le feu : *L'Étoile, op. cit.,* p. 469.

22. Jacob et Esaü : Gen 33, 14.

23. Les dons et l'appel de Dieu : Ro 11, 28 et 29.

24. L'olivier franc : *id.*, v. 24.

25. « Réalité vivante à travers le temps » : la formule est celle des *Orientations des évêques français sur l'attitude des chrétiens à l'égard du judaïsme. (Michel Renaud o.c., p. 24)*

26. Bileam et Jésus : dans l'interprétation rabbinique, la typologie n'est jamais qu'un « indice » *(siman)*. Ainsi, Pinhas Heymann explique que le principe talmudique est « rétrospectif et non prospectif, c'est-à-dire qu'on peut déceler [...] une voie ou un événement *signifiant* ». Mais ce principe n'implique pas que des faits et gestes permettent de prophétiser le devenir d'Israël (*Lecture biblique*, n° 227, aumônerie de l'Université Bar Ilan, note n° 6). Si la référence à Bileam peut choquer, le portrait qu'en trace le Yalkout Chimoni comme prophète des nations est flatteur, puisqu'il énumère les domaines dans lesquels il l'emporte sur Moïse. Il arrive au Traité Sanhédrin (105a/106b) d'être moins louangeur, notamment quand il évoque les relations contre nature de Bileam avec son ânesse. Mais il faut se garder de voir ici une insulte grossière. L'indication correspond à la « greffe » chrétienne « contre nature » sur « l'olivier franc ». D'autant que l'ânesse de Bileam n'était pas moins *extra-ordinaire* que celle de Jésus à Betphagué, et qu'Origène identifiait avec l'Ancienne Alliance (*supra*, p. 93). L'ânesse de Bileam, dit le Talmud, avait été mise en réserve de l'Histoire, signifiant par là que l'oracle chargé de prononcer la prophétie fut créé dès l'origine du monde avec d'autres éléments, dont la manne, le miracle de la mer Rouge et... le nom du Messie. Alors, quand le Talmud note, versets bibliques à l'appui, que Bileam était tour à tour prophète et sorcier, quand il souligne que sa communication avec Dieu n'était pas constante, mais que ce « prophète de vérité » (*Midrach Léka'h Tov*, XIe siècle, cité par M. Kasher, *Talmudic-Midrashic Encyclopedia of the Pentateuch*, vol. 42, p. 20 et 30, en hébreu) était inspiré par l'Esprit saint, nous nous rapprochons d'une perception des Évangiles qui, tout en tenant compte des réserves que nous avons formulées et des « erreurs d'interprétation » que le Vatican reconnaît, pourrait satisfaire le fidèle chrétien et ne pas blesser le lecteur juif. Références : Midrach d'origine : Sifri sur Deut 357. Autres références : Deut 34, 10 ; Nbr 22 et suiv. Yalkout Chimoni : dernier commentaire sur la Tora. Ni Klausner (*op. cit.*, p. 36) ni Ephraïm Urbach ne reconnaissent Jésus dans le prophète... païen Bileam. Urbach note cependant : « Parmi les dissertations rabbiniques sur Bileam [...] il y a, apparemment, des éléments de polémique antichrétiens » (*The World, op. cit.*, p. 281, en hébreu.). Voir aussi « À Bible ouverte » : J. Eisenberg et B. Dupuy, *L'Étoile de Jacob*, Cerf, 1989 : pendant de longues semaines, assis à une même table

pour l'émission *À Bible ouverte*, le rabbin et le dominicain ont disserté sur Bileam, s'aidant des Midrachim d'une part, des commentaires des Pères de l'Église de l'autre.

27. Chadaï : l'un des noms de Dieu dans la Bible (ici dans Nbr 24, 4). Parmi les explications rabbiniques : *Ché-daï* : « Qui [dit] : suffit ! » Dans ce sens, Chadaï serait le *Dieu des limites*, qui empêche le déchaînement anachronique des éléments.

28. L'alphabet outil de la Création : « Au commencement était le Parler et le Parler était à Dieu et Dieu était le Parler » (Jean, premier verset). Un midrach du même ordre aurait insisté sur Dieu créateur du Parler. Il n'aurait pas conçu que le parler soit autre que l'hébreu. Pour les religions monothéistes, que Joseph Dan appelle les « religions scripturales », le langage n'est pas un phénomène d'origine humaine. Il est la sagesse divine qui a servi à créer l'univers. C'est l'outil divin dont l'homme a décidé de se servir pour communiquer. Quand le temps de la Révélation a pris fin, commence le temps de l'Écriture sainte. Il y a « textualisation de Dieu ». N'importe quel mot de l'Écriture, voire une lettre ou un signe, autorise tout contexte, parce qu'il n'y en a aucun ! D'où, note-t-il aussi, la contradiction interne propre au Nouveau Testament : l'Écriture sainte implique l'infinie multitude des interprétations, ce qu'une traduction, figeant le commentaire en une seule explication, rend impossible (*On Sanctity, Religion, Ethics and Mysticism in Judaism and Other Religions,* Magness, 1997, chapitre V intitulé « La langue sainte », en hébreu). Voir Anokhi, « première parole » et le « logos de cette théologie » chez Emmanuel Lévinas, étudiés par Benny Lévy, *Visage continu*, Verdier, 1998, p. 67-68. et suiv. À lire également *La Plus Belle Histoire de Dieu,* de Jean Bottéro, Marc-Alain Ouaknin et Joseph Moingt, Seuil, 1998, p. 71-72.

29. *Beth,* lettre de la dualité : chaque lettre de l'alphabet hébreu a une valeur numérique : *aleph* = 1 ; *beth* = 2 ; *guimel* = 3... Les dizaines commencent avec la dixième lettre et les centaines avec la vingtième. *Beth,* comme pronom, signifie « par, pour, avec, dans ».

30. Elie Benamozegh, *Israël et l'humanité,* Paris, 1914, p. 709.

31. Le déluge : Gen 9, 11 (promesse divine) ; sanctionna la violence sur terre : *id.* 5, 13 ; n'a été décrété « qu'à cause du banditisme » : Sanhédrin 108a.

32. Un changement de cap révolutionnaire : les « dix points de Seelisberg », élaborés lors d'une Conférence internationale extraordinaire pour combattre l'antisémitisme, réunie par l'International Council of Christians and Jews, du 30 juillet au 5 août 1947, furent le premier document approuvé par des autorités religieuses chrétiennes, à « rappeler à tous les

éducateurs chrétiens la grave responsabilité qu'ils encourent du fait de présenter l'Évangile, et surtout le récit de la Passion, d'une manière simpliste » (point 7). Voir *Les Églises devant le judaïsme, Documents officiels 1948-1978*, textes rassemblés, traduits et annotés par Marie-Thérèse Hoch et Bernard Dupuy, Cerf, 1980.

33. Étoile et vérité : *cf.* Rosenzweig, *op. cit.*, p. 447, 469.

34. L'équité et le droit : « Car j'ai différencié [Abram] afin qu'il ordonne à ses enfants et à sa Maison après lui de garder la voie de L'Éternel en accomplissant la justice-charité (*tsedaka*) et le droit » (Gen 18, 19).

35. Les mûriers et le grain de sénevé : Luc 17, 6 (*Supra*, p. 73).

36. Les peuples marchant vers la Montagne : Mi 4, 1-8 et le texte correspondant dans Is 2, 2-4.

37. La « maison de prière » pour tous les peuples : Is 56, 7.

38. L'échelle de Jacob à Jérusalem : voir Rachi sur Gen 28, 11.

39. *Jéru-shalaïm* : *Yeru* évoque la vue et l'enseignement (*cf. Torah* dont le radical est Y-R-H), alors que la terminaison *aïm* imprime la marque du duel à *shalem* = *shalom.*

Lexique

Actes : Actes des Apôtres, 5e Livre du Nouveau Testament.

Adonaï : mon maître ; mon seigneur. Dans un texte liturgique, est à la place du Tétragramme, le Nom de quatre lettres, imprononcé, de Dieu.

Amora (ïm) : du radical A-M-R, « dire ». Sage du Talmud après clôture de la Michna. (Voir : Références, datations et terminologie.)

Apôtre : envoyé ou messager, du verbe *apostellein*, correspondant à l'hébreu « envoyer », d'une racine bilitère (ch)-L-'H, proche de (m)-L-'Kh = ange = envoyé ou messager. Dans la Bible hébraïque, Dieu « envoie » ses prophètes ou des éléments naturels pour accomplir une mission. Dans le Nouveau Testament, les apôtres désignent les « disciples » de Jésus, ainsi que Paul — qui ne l'a pas connu — appelé « Prince des apôtres ».

Av : mois de l'année juive, correspondant à juillet-août. Les deux Temples furent détruits en av (en –586 et 70 ap. J.-C.)

Baraïta (ot) : enseignement « extérieur » à la Michna, de même époque. (Voir : Références, datations et terminologie.)

Chadaï : un des noms par lequel la Bible désigne Dieu.

Chavouot : de l'hébreu « semaines ». L'une des trois fêtes de pèlerinage, sept « semaines » après Pessa'h. Commémore la « scène du Sinaï » où, selon la tradition rabbinique, la Tora dans son ensemble fut promulguée.

Cohanim (sing : **Cohen) :** servants, pontifes ou prêtres. Descendants d'Aron.

Deracha (ot) : déduction de l'Écriture, d'ordre législatif ou homilétique/allégorique. Désigne la déduction elle-même, sa conclusion. Même radical que *Midrach*, qui peut aussi désigner une *deracha*.

Érets-Israël : Terre d'Israël.

Gaon : directeur des grandes écoles talmudiques de Babylonie après la clôture du Talmud — jusqu'au XIe siècle. (Voir : Références, datations et terminologie.) Par convention, le titre continue à être attribué à des maîtres particulièrement savants ou qu'on veut distinguer.

Guemara : étude. Désigne spécifiquement l'étude de la Michna par les *amoraïm*, et, à ce titre, forme la partie la plus importante du Talmud. Par extension : Talmud ou l'un de ses traités.

Haftara : lecture liturgique des Prophètes.

Hagada (I) : récit, saga. Désigne spécifiquement le Livret du *séder*. Ainsi appelé parce que le père doit « raconter » la sortie d'Égypte à ses enfants (Ex 13, 8) ou parce que le Livret contient la *hagada*, le récit, sous forme d'action de grâces, du cultivateur d'Israël présentant ses prémices au Temple (Deut 26, 3 et suiv.).

Hagada (II) ou **Agada** : Midrach homilétique/allégorique.

Halakha : droit rabbinique.

Hommes du Livre : voir *Scribe*.

Kérygme : prédication aux païens de la Bonne Nouvelle (Évangile).

Kidouch : formule de sanctification, notamment du Chabat et des fêtes. Est généralement prononcée sur une coupe de vin.

Korbân (ot) : présentation, présent, offert sur l'autel du Sanctuaire. On traduit généralement : « sacrifice ».

Le Baptiste : Jo'hanan, ou Jean, dit le Baptiste.

L'Éternel : dans la Bible du rabbinat, traduit le Tétragramme.

Machal : allégorie propre au Midrach homilétique.

Maror : laitue ou autres feuilles amères.

Matsa (ot) : pain azyme.

Mekhilta : recueils de Midrachim, de l'époque de la Michna, sur l'Exode.

Michna : « enseignement ». Textes et enseignements collationnés par Rabbi Yehouda Hanassi, qui forment la première partie du Talmud. (Voir : Références, datations et terminologie.)

Midrach (im) : voir *Deracha*, dont ce terme peut être synonyme. Recueil de textes provenant généralement de déductions scripturaires, à vocation homilétique ou de droit rabbinique.

Nissân : mois de l'année juive, correspondant à mars-avril. C'est le mois de la sortie d'Égypte.

Perouchim : de l'hébreu P-R-Ch : se séparer. (Voir : Pharisiens.)

Pessa'h : avec une minuscule et en italique dans notre texte, désigne l'agneau (ou le chevreau) pascal. À l'époque du Temple, le *pessa'h* était immolé dans l'après-midi du 14 nissân. Il devait être consommé avant la mi-nuit.

Pessa'h : fête de la Pâque qui, dans la Bible, est appelée « fête des Matsot », célébrée à la nuit tombée du 14-15 nissân, pendant une semaine, au cours de laquelle toute consommation de levain ou de pâte levée est interdite.

Pessa'him : traité du Talmud consacré à Pessa'h et au *pessa'h*.

Pharisiens : désigne généralement les maîtres qui se réclament de la Tora orale, notamment les Sages du Talmud. Voir note 4, p. 194.

Quatrième Évangile : Évangile de Jean.

Rabba : recueils divers de Midrachim homilétiques et allégoriques sur le Pentateuque et les cinq Rouleaux des Hagiographes. Certains de ces recueils datent de l'époque talmudique. Ils ont été réunis par les premiers imprimeurs.

Rachi : acronyme de Rabbi Chlomo Yitshaki, né à Troyes, au XIe siècle. Il est l'auteur d'un commentaire sur le Talmud, imprimé en regard du texte dans toutes les éditions du Talmud. Son commentaire sur le Pentateuque a l'autorité du Midrach — Halakha ou du Talmud — dont il s'inspire principalement.

Scribe : peut désigner un scribe proprement dit, ou l'un des maîtres de la Tora orale. L'hébreu : *sopher*, de *sépher*, qui veut dire « livre », semble comprendre : « Homme du Livre ».

Séder : traité, corpus ou cérémonial. Désigne spécifiquement la veillée pascale

Sifra : Midrach de l'époque de la Michna sur le Lévitique.

Sifri ou **Sifré :** Midrach de l'époque de la Michna sur les Nombres et le Deutéronome.

Soucot : de *souca*, hutte ou cabane. Fête d'une semaine, célébrée cinq jours après Kippour, pendant laquelle les Juifs habitent des demeures aux toits très fragiles, en souvenir de la protection divine accordée aux Hébreux dans le désert (Lév 23, 42-43).

Synoptiques : désigne les Évangiles de Matthieu, Marc et Luc.

Tana (ïm) : du radical araméen équivalant à la racine hébraïque *Michna*. Nom spécifique des auteurs de la Michna. Peut aussi désigner un répétiteur, personne connaissant par cœur les enseignements des maîtres et chargée de les énoncer lors d'un cours. (Voir : Références, datations et terminologie.)

Targoum : traductions et commentaires en araméen de la Bible, datant du second Temple et complétés par la suite jusqu'au Moyen Âge.

Tichri : premier mois du calendrier, mais le septième à partir de nissân et désigné tel quel dans la Bible. Correspond à septembre-octobre. Marqué par les solennités de Roch Hachana, Kippour et Soucot.

Tora : du radical Y-R-H, enseigner. Désigne spécifiquement le Pentateuque, mais plus généralement l'ensemble de l'enseignement de Moïse et des maîtres du Talmud. Et de ceux qui s'en réclament.

Tossaphot (« ajouts ») : études ou commentaires, publiés dans toutes les éditions du Talmud, face à ceux de Rachi, dont les auteurs, appelés *tossaphistes*, sont des rabbins français et allemands des XIIe-XIIIe siècles.

Tossefta : recueil législatif des *tanaïm*, correspondant et parallèle à la Michna.

Typologie : chez les exégètes chrétiens, concordance de l'Ancien et du Nouveau Testament. Interprétation, actualisation de la Bible.

Remerciements

Je suis profondément reconnaissant à Bernard Geoffroy, du Bet Hagat, Centre de rencontres judéo-chrétiennes, qui m'a guidé dans les ruelles de Jérusalem et dans les arcanes des Évangiles ; à Marianne Picard qui a bien voulu relire un premier jet du manuscrit, et à Léa Marcou pour ses conseils et sa disponibilité.

Ce livre doit beaucoup aux entretiens que j'ai eus, plus particulièrement, avec le père Jean Dujardin, le professeur Ithamar Gruenwald, Jean-Georges Kahn, le rabbin Jean-Jacques Gugenheim, le père Michel Remaud, le rabbin Adin Steinsaltz, et à l'extrême obligeance de Chlomo Goldberg, directeur des prêts et dépôts de la Bibliothèque nationale et universitaire de Jérusalem.

Table

EXTRAITS DU CATALOGUE

Spiritualités vivantes / poche

95. *À Bible ouverte, Tome I*, Josy Eisenberg et Armand Abécassis.
101. *À Bible ouverte, Tome II*, Josy Eisenberg et Armand Abécassis.
105. *Tsimtsoum. Introduction à la méditation hébraïque*, Marc-Alain Ouaknin.
107. *À Bible ouverte, Tome III*, Josy Eisenberg et Armand Abécassis.
116. *Le Puits d'eaux vives. Entretiens sur les Cinq Rouleaux de la Bible*, Claude Vigée et Victor Malka.

Espaces libres

35. *Le Christ hébreu. La langue et l'âge des Évangiles*, Claude Tresmontant.
40. *Jésus raconté par le juif errant*, Edmond Fleg.
71. *Moïse raconté par les Sages*, Edmond Fleg.
77. *Le Livre des prénoms bibliques et hébraïques*, Marc-Alain Ouaknin et Dory Rotnemer.

La Bibliothèque spirituelle

La Rose aux treize pétales. Introduction à la Kabbale et au judaïsme, suivi de *Introduction au Talmud*, Adin Steinsaltz.

Albin Michel Spiritualités / grand format

Sagesse des sens. Le regard et l'écoute dans la tradition hébraïque, Catherine Chalier.
Les Neuf portes du ciel. Les secrets du hassidisme, Jiri Langer.
Treize Inconnus de la Bible, Claude Vigée et Victor Malka.
Jésus rendu aux siens. Enquête en Israël sur une énigme de vingt siècles, Salomon Malka.
L'Aventure prophétique. Jonas, menteur de Vérité, Ruth Reichelberg.
Un Juif nommé Jésus. Une lecture de l'Évangile à la lumière de la Torah, Marie Vidal.
Le Juif Jésus et le Shabbat. Une lecture de l'Évangile à la lumière de la Torah, Marie Vidal.

Présences du judaïsme / poche

1. *Être juif à Amsterdam au temps de Spinoza*, Henry Méchoulan.
2. *Théodore Herzl*, Alain Boyer.
3. *Rachi de Troyes*, Simon Schwarzfuchs.
4. *La Polémique chrétienne contre le judaïsme au Moyen Âge*, Gilbert Dahan.
5. *L'Hébreu, 3 000 ans d'histoire*, Mireille Hadas-Lebel.

6. *Les Juifs du Pape*, René Moulinas.
7. *Martin Buber*, Pamela Vermes. Avant-propos d'Emmanuel Lévinas.
8. *Le Judaïsme dans la vie quotidienne*, Ernest Gugenheim.
9. *Les Juifs à Paris à la Belle Époque*, Béatrice Philippe.
10. *Les Caraïtes*, Emanuela Trévisan-Semi.
11. *Les Juifs dans l'Espagne chrétienne avant 1492*, Béatrice Leroy.
12. *Lévinas, l'utopie de l'humain*, Catherine Chalier.
13. *Les Juifs dans le monde au tournant du XXIe siècle*, Doris Bensimon.
14. *Être juif au Maghreb à la veille de la colonisation*, Jacques Taïeb.
15. *Massada, histoire et symbole*, Mireille Hadas-Lebel.
16. *Albert Cohen ou Solal dans le siècle*, Jean Blot.
17. *L'Opinion juive et l'affaire Dreyfus*, Philippe E. Landau.
18. *Moïse Mendelssohn. Un penseur juif à l'ère des Lumières*, David Sorkin.
19. *Abravanel, conseiller des princes et des philosophes*, Roland Goetschel.
20. *Jérusalem, Trois millénaires d'histoire*, Renée Neher-Bernheim.
21. *Juda Halévi, d'Espagne à Jérusalem, 1075-1141*, Masha Itzhaki.
22. *La Terre sainte au temps des kabbalistes*, Gérard Nahon.
23. *Être juif en Chine*, Nadine Perront.
24. *Être juif en Provence au temps du roi René*, Danièle Iancu.
25. *Hillel, un sage au temps de Jésus*, Mireille Hadas-Lebel.

Présences du judaïsme / grand format

Les Temps du partage, Tome I, Les Fêtes juives de Pessah à Tich'a Be'ab, Armand Abécassis.
Les Temps du partage, Tome II, Les Fêtes juives de Roch Hachanah à Pourim, Armand Abécassis.
À Bible ouverte, Tome IV, Jacob, Rachel, Léa et les autres, Armand Abécassis et Josy Eisenberg.
La Parole et l'Écrit. Penser la tradition juive aujourd'hui, Léon Ashkénazi.
Le Temps désorienté, Colloque du C.R.J.M.
L'Idée d'humanité, Colloque du C.R.J.M.
Le Corps, Colloque du C.R.J.M.
Monothéismes et tolérance, Colloque du C.R.J.M.
À Bible ouverte, Tome V, Un Messie nommé Joseph, Josy Eisenberg et Benjamin Gross.
À Bible ouverte, Tome VI, Le Testament de Moïse, Josy Eisenberg et Benjamin Gross.
L'Homme debout. Essai sur la prière juive, Josy Eisenberg et Adin Steinsaltz.
Judaïsme au présent, Emil Fackenheim.
Écrits. Le Renouveau de la pensée juive en France, Jacob Gordin. Préface de Léon Ashkénazi.
Le Messianisme juif dans la pensée du Maharal de Prague, Benjamin Gross.
Que la Lumière soit. « Ner Mitsva » du Maharal de Prague, Benjamin Gross.
Les Lumières du retour. « Orot ha Teshuva » du Rav Kook, Benjamin Gross.
Les Portes de la Loi, Ernest Gugenheim.
Difficile Liberté. Essai sur le judaïsme, Emmanuel Lévinas.

Le Talmud et ses Maîtres, Tome I, David Malki.
Le Talmud et ses Maîtres, Tome II, Les Sages du Yabneh, David Malki.
Éthique juive et modernité, Alexandre Safran.
Hommes et Femmes de la Bible, Adin Steinsaltz.
Le Maître de prière. Six contes de Rabbi Nahman de Braslav, Adin Steinsaltz.
Les Églises, diaspora d'Israël ?, Jean Vassal.

Carnets de sagesse

Paroles de sagesse juive, Victor Malka.

La composition de cet ouvrage
a été réalisée par Nord Compo
l'impression et le brochage ont été effectués
sur presse Cameron
dans les ateliers de **Bussière Camedan Imprimeries**
à Saint-Amand-Montrond (Cher),
pour le compte des Éditions Albin Michel.

Achevé d'imprimer en mars 2000.
N° d'édition : 18854. N° d'impression : 001381/4.
Dépôt légal : avril 2000.